JN428869

Understanding Wine Sommelier

와인소믈리에의 이해

신형섭 · 박진희 공저

석학당 Seok Hak Dang
www.shdbook.co.kr

Preface

오늘날 현대사회의 국민의 경제수준과 생활수준이 높아지면서 소비자의 라이프 스타일이 변화하면서 와인에 대한 문화의 인식도 점차 다양화 하고 있는 추세에 있으며 이러한 소비자가 충족하는 경험 중에서 얻어지는 것이 각 국가의 지역의 특색 있는 와인과의 접촉이라 할 수 있다.

와인은 생명의 물이며 무공해 식품으로서, 인간이 만든 음료 중 영원하고 존귀한 존재로서 역사에 기록 되어 왔다. 또한 와인을 두고 신이 인간에게 기쁨을 느낄 수 있도록 내려주신 최고의 선물 이라는 표현을 한다. 한번 맛을 들이면 와인의 세계에 푹 빠져들고 다양한 종류와 배경 속에 마시면 마실수록 오묘한 이치를 발견하게 된다. 와인은 포도를 발효시켜 만든 술인데 와인이 들어있는 폴리페놀이라는 성분은 육류를 많이 먹어도 심장질환 등 성인병 발생률이 낮은 이유 중 하나이다. 몸에 좋다면 무엇이든 먹는 소비자들도 와인의 맛과 기능성에 매료되면서 와인에 대한 관심이 증가하면서 와인에 대한 수요가 폭발적으로 늘어나고 있다.

와인은 단순히 입으로만 마시는 음료가 아니라 오감을 사용해 즐기는 음료다. 와인은 즐기기 위해 마시는 것이지 다른 사람에게 과시하기 위해 마시는 것이 아니므로 와인의 품위와 우아함을 느끼며 그윽하고 풍부한 맛을 느낄 수 있고 즐거움을 느낄 수 있으면 된다. 따라서 우리는 국제화 속에 생활하고 있으며, 건전하고 올바른 음료 문화 속에 와인문화를 대중화 시키고 정착해 나가야할 소명이 있다. 이제 와인 문화가 국내에 수입 된지도 십수년이 지났으며, 와인에 대한 기초적인 지식에서 벗어나 전문적으로 와인전문가를 배출하여야 하며, 건전하고 올바른 와인 문화를 선도적으로 진행되어야 할 시기가 도래되었다.

현대사회에 살아감에 있어 음료에 대한 지식 외에도 와인의 구매에서 저장, 판매 및 마케팅에 이르는 다양한 지식과 고객서비스 차원에서의 다양한 언어로의 의사소통능력 등 폭 넓은 지식이 요구되고 있다. 따라서 와인 소믈리에는 고객에 대한 접대기술 및 기호파악능력, 와인의 구매 및 저장관리, 와인의 숙성과 보존, 음식에 따른 와인의 선별능력, 와인의 고객 서비스매너 등을 갖추어야 한다.

본서는 와인의 관련 내용이 전문분야임에도 불구하고 최대한 전문용어를 알기 쉽게 설명하려고 노력하였고, 가능한 와인이 어떤 음료이고, 이를 위해 접객서비스는 어떻게 하며, 어떤 업무와 역할을 하는 것인가를 가장 쉽게 배우고 이해하기를 원하는 학생들의 지침서가 되길 바라는 와인소믈리에 자격 준비서이다.

또한 본서에서는 와인소믈리에를 정확히 이해시키고 실무에 대한 전반적인 사항을 기술하여 올바른 지식을 갖도록 노력하였다. 또한 와인소믈리에 대한 전반적인 이론적 지식과 와인서비스 실무에 대한 실무가 용이하도록 내용으로 구성되었다.

끝으로 이 책이 나오기까지 지도와 격려 및 도움을 주신 와인소믈리에 관계자 분들과 편집에 정성을 다해주신 도서출판 석학당 편집부 직원 여러분께 깊은 감사를 드리는 바이다.

2015년 8월 저 자 씀

Contents

Overview of wine. 와인의 개요

1. 음료의 정의

음료는 인간이 마실 수 있는 모든 액체의 총칭이며, 물을 비롯하여 인간이 갈증해소나 기호충족 등을 위해 마시는 모든 것이라고 할 수 있다. 음료는 일반적으로 알코올 유무에 따라 알코올성 음료와 비알콜성 음료로 나뉘며, 알코올성 음료는 하드드링크(hard drink), 비 알코올성 음료는 소프트드링크(soft drink)라고 한다.

알코올성 음료는 제조 방법에 따라 양조주, 증류주, 혼성주로 분류되고, 비 알코올성 음료는 청량음료, 영양음료, 기호음료, 기타음료 등으로 분류할 수 있다.

2. 와인의 이해

1) 와인이란

와인은 싱싱하고 잘 익은 포도를 발효하여 만든 천연의 포도 음료로 자연성, 순수성 덕분에 기원전부터 인간에게 사랑 받아 왔다. 알칼리성 식품인 와인은 노화를 예방하고 콜레스테롤을 낮춰주며 체내 무기질 흡수를 도와 인간의 음주욕구와 산성 체질의 중화라는 두 가지를 모두 충족시켜주는 음료이기 때문에 복잡한 현대생활 속에서 산성화된 현대인의 체질을 바꿔주는 중요한 역할을 한다.

와인은 일반적으로 신선한 포도를 원료로 발효시켜 만든 음료를 의미하며 우리나라 주세법에서도 역시 과실주의 일종으로 정의 하고 있으며, 신이 인간에게 준 최고의 선물이라고 플라톤이 극찬한 와인은 소아시아에서 처음 생산되기 시작했지만 유럽에서 열매를 맺은 술이다. 와인의 어원은 라틴어의 '비넘'(Vinum)으로 '포도나무'로부터 만든 술이라는 의미로서, 와인을 뜻하는 말로는 이태리의 비노(Vino), 독일의 바인(wein), 프랑스의 뱅(Vin), 미국과 영국의 와인(Wine) 등이 있다. 와인은 다른 술과는 달리 제조과정에서 물이 전혀 첨가되지 않으면서도 알코올 함량이 적고, 유기산, 무기질 등이 파괴되지 않은 채 포도 성분이 그대로 살아 있는 술이다.

와인은 다른 술과는 제조과정 중 물이 한 방울도 첨가되지 않고 알코올 함량이 적으며 유기산, 무기질 등이 파괴되지 않은 채 포도 성분이 그대로 살아있는 술로 취하기 위해서 마시는 술이 아닌 음식과 함께 들면서 식사와 소화를 돕는 건강 음료로 매혹적인 향기를 지닌 예술품이라 할 수 있다.

와인의 성분을 분석하면 수분 85%, 알코올 9-13% 정도이고 나머지는 당분, 비타민, 유기산, 각종 미네랄, 폴리페놀(동맥경화 예방에 효능이 있는 카테킨 등)로 나뉘어진다. 또한 와인의 맛은 토질, 기온, 강수량, 일조 시간 등 자연적 조건과 포도 재배 방법 그리고 양조법에 따라 달라지게 되며, 나라마다, 지방마다 와인의 맛과 향이 다른 것이 그 이유이다.

와인은 서구 문명의 중요한 한 부분이며, 또한 음식 문화의 근간을 이루는 발효 식품이자 살아있는 음식으로서 완전한 식품이라 할 수 있다. 지구상에는 약 8,500여종 정도의 포도 종류가 있다. 하지만 모든 포도로 와인을 만들 수 있는 것은 아니다. 이 중에서 와인을 만들수 있는 양조용 포도로 인기 있고 널리 알려진 것은 약 50여종 정도에 불과하다. 양조용 포도는 식용 포도에 비해 포도알이 작고 촘촘하며 껍질이 더 두껍다. 특히 당도가 높으며, 당분을 알코올과 탄산가스로 분해시킬 수 있는 천연 효모의 양이 많다.

포도를 수확해 압착한 뒤 포도즙 100%를 발효시킨 것이 와인이다. 액체 성분은 포도가 함유하고 있는 즙에서 나온 것이다. 프랑스 등지에서 생산되는 양조용 포도는 농약 살포가 엄격하게 관리되는 무공해 포도로서 대개 와인 750㎖ 짜리 한 병을 만드는데 1,000~1,200g의 포도가 사용된다.

와인의 양조과정은 뒤에 자세히 소개되겠지만 와인은 포도 껍질에 있는 천연 효모가 포도당을 알코올과 탄산가스로 분해하는 과정을 통해 만들어진다. 이렇게 생산된 와인은 천연 당분이 분해된 천연 알코올과 수분, 그리고 무기질인 철분, 칼슘, 칼륨 등이 잘 조화된 알칼리성 식품이다. 따라서 소화 흡수가 잘 되고, 이뇨 작용의 효과가 있으며 병당 104칼로리의 열량밖에 안되는 완전한 알코올 음료이다. 또한 코르크마개를 통해 호흡을 하기 때문에 우리 몸에 들어갈 때까지 살아 숨쉬는 음식이기도 하다.

와인은 일반적인 음식으로뿐 아니라 여러 분야에서도 다양한 가치를 지니고 있다. 농업, 상업, 의학, 종교, 성, 문화, 감각 등 여러 방면에서 와인은 그 가치가 인정되고 있다.

첫째, 와인은 역사적 가치가 있다. 7000~8000년전 메소포타미아에서 출발하여 이집트 문명, 고대 그리스, 로마로 이어지고 지중해와 남,서부유럽의 역사와 함께 발전하였다. 와인의 역사는 생명, 제사와 신화의 상징으로서 오랫동안 인간의 역사와 함께 하고 있다.

둘째, 와인은 문화적인 가치가 있다. 고대의 모든 문명권에서 와인은 생명을 상징하는 음료였다. 따라서 제식때에는 신에게 와인을 바치는 것을 관례로 삼았다. 이뿐만 아니라 와인은 축제와 로맨스, 섹스의 상징이기도 하였다. 결국 고대부터 서양문화의 한 흐름을 좌우한 와인은 곧 문화적 가치이자 유산인 것이다.

셋째, 경제적인 가치가 있다. 와인은 희소성과 높은 가격 때문에 오랫동안 중요한 상품으로 간주되어 왔다. 아직까지 우리나라에서도 그렇듯이 와인은 고가의 품격있는 제품이라는 인식이 강한만큼 경제성과 수익성이 큰 우량품목이다. 프랑스의 경우 와인은 10대 수출품목 가운데 하나이다.

넷째, 기호적 가치가 있다. 모든 와인은 각자 역사성과 전통, 이야기가 있다. 특히 와인이 가진 시각, 후각과 미각의 다양성은 애호가들로 하여금 계속하여 다시 찾게 하는 데 이처럼 와인은 기호식품으로서 특징이 있다.

다섯째, 식문화적 가치가 있는 것이 와인이다. 와인은 음식과 동반할 수 있는 대표적 주류이다. 특히 와인이 종교적인 이유를 떠나 여러 문화권에서 인기를 얻는데, 이는 탁월한 맛과 그 효능 때문이다. 와인은 기분을 좋게 만들고 인간관계를 원활하게 하며 건강에 효과를 주는 큰 가치가 있다.

여섯 번째 사회적 가치이다. 와인은 억지로 권하지 않고 각자의 주량에 맞게 마시므로 술을 못하는 사람에게도 심리적인 부담이 덜하다. 또한 천천히 마시는 동안 많은 대화를 하게 됨으로 더 즐거운 시간을 가지게 된다. 따라서 고도주의 알코올 소비와 비교해 볼 때 와인을 마시게 되면 비용이 절감될 뿐만 아니라 건강도 좋아지는 등 중요한 사회적 가치가 있다.

2) 와인의 역사

고대인류에게 와인만큼 신비스럽고 영험한 음료수는 없었다. 비위생적인 환경에서 물을 비롯한 모든 음식물이 쉽게 상하고 이러한 음식물을 섭취함으로서 많은 질병들이 발생하였는데, 우연히 발견되 포도즙 즉, 와인은 발효과정을 거치는 동안 포도껍질에 묻어 있는 효모 이외의 생물이 자랄 수 없어 병원균의 침투가 있을 수 없었고, 또 발효 후에는 생성된 알코올로 인하여 거의 무균상태에 가까운 위생적인 음료로서 이러한 문제를 완벽하게 해결해 주었기 때문이다.

의학의 아버지라 불리는 히포크라테스는 "알맞은 시간에 적당한 양의 와인을 마시면 인류의 질병을 예방하고 건강을 유지할 수 있다."라고 말했다. 2천 5백년 전에 이런 말이 나왔다는 것은 와인의 역사가 얼마나 오래 되었는지를 말해준다.

아직까지도 누가 처음 와인을 만들어 마셨는지는 알려져 있지 않다. 다만 고대 페르시아와 이집트, 그리스에서 와인을 만들어 마셨다는 것은 확실하다. 지구상에서 가장 오래된 포도 품종의 하나인 비티스 비니프라 (Vitis Vinifera)는 페르시아가 원산지이다.

최초의 와인은 메소포타미아 지방에서 고대문명의 유적들을 보면 아주 먼 옛날부터 와인을 만들었다는 증거물들을 발견할 수 있다.

그 첫번째가 바로 BC3,000년 경에 제작한 와인을 운반하는 사람의 조각이다. 이 조각이 발견된 곳은 메소포타미아 우르 지역이다. 또한 성경에 기록된 노아는 인류 최초로 와인을 만든 인물이라고 나와 있다. 재미있는 사실은 성경학자들에 따르며 노아가 당시 포도밭을 가꾸었던 곳이 우르에서 멀지 않는 메소포타미아 코카서스 지역으로 추정된다고 한다.

BC1,500년. 이때부터 와인을 재배하고 양조했던 기록들이 구체적으로 나오기 시작한다. 한 무덤벽화에서는 포도를 재배하고, 수확한 다음에 포도송이를 으깨어 즙을 만들고 다시 발효시키는 와인을 만드는 모든 과정이 자세하게 그려져 있다. 뿐만 아니라 기원전 1,000년 경 그리스의 호머가 쓴 오딧세이를 보면 "와인빛 같은 바다" 라는 표현이 있는가 하면 와인 마시는 장면 등을 자세하게 묘사하고 있다.

와인 무역의 신조로 그리스와 로마를 우선으로 할 만큼 세계에 와인이 퍼져나가도록 포문을 연 첫번째 전파자는 바로 그리스인들이다. 이들은 자신들의 식민지였던 이태리 남부지방과 시칠리아,프랑스 남부지역에 와인 제조기술을 전파하면서 동시에 와인무역활동을 펼쳤다. 이 당시 와인무역은 그리스 식민통치의 알파요 오메가 였다고 할 만큼 차지하는 비중이 컸다고 한다.

그 후 로마인들은 더욱 활발하게 무역활동을 펼친다. 본격적으로 서유럽까지 진출했는가 하면 이들의 영향으로 프랑스의 보르도, 부르고뉴 그리고 독일의 론강과 라인강 유역, 이베리아 반도 그리고 영국 남부지역까지 포도 재배 지역이 확장되었다.

중세에는 카톨릭 수도원을 중심으로 와인을 제조하기 시작하였다. 콘스탄티누스 황제의 기독교 공인 이후, 와인이 교회미사에서 성찬용으로 쓰이면서부터 유럽 전역에 퍼져나갔다. 수도사들은 와인제조 방법을 연구하고 발전시키는데 큰 역할을 했다. 우리가 잘 알고 있는 프랑스의 상빠뉴를 개발한 동 페리뇽 또한 수도사였다.

와인의 역사

- 와인은 보다 대중화 되었고 상업적 목적을 위해 와인의 고급화할 필요해짐에 따라. 1855년 프랑스 메독 지방 와인에 대한 그랑 크루(Grand Cru) 등급 분류.
- 1935년 현재프랑스 와인 산업의 근간인 AOC 법규 제정 철저한 품질관리를 통해 세계적 명성유지하고 있다.
- Vitis Vinifera종의 탄생 : 19세기 Phylloxera등장. 전염병으로 포도원 황폐화. 미국 포도나무뿌리+유럽의 포도줄기 접부치기.
- 올드 월드인 프랑스, 스페인, 이탈리아, 독일 등 유럽 전통 와인 생산국과, 뉴월드인 미국, 칠레, 남아공, 아르헨티나, 뉴질랜드등 전 세계 약 50여 개국에서 연간 250억 병이 생산되어지고 있다.

3) 와인의 종류

와인은 포도로 담은 술이다. 다시 말해 포도를 짜서 그 즙을 발효하고 숙성시켜 만든 것을 와인이라고 부른다. 하지만 우리가 와인을 사거나 주문할 때 특별한 특징없이 "와인 한 병 주세요" 할 수는 없는 일이다. 왜냐하면 와인의 종류는 수 만가지가 있기 때문이다. 누군가의 말처럼 하늘의 별만큼 많다는 와인 그러나 몇 가지 분류방법만 알면 그리 어려운 일은 아니다. 와인의 종류를 가르는 몇 가지 기준을 알아보자.

각 나라별로 부르는 와인의 이름

한국어	적포도주	백포도주	로제와인
영어	Red Wine(레드와인)	White Wine(화이트와인)	Rose Wine(로제와인)
프랑스어	Vin Rouge(벵루즈)	Vin Blanc(뱅블랑)	Vin Rose(벵로제)
이태리어	Vino Rosso(비노로쏘)	Vino Bianco(비노비앙코)	Vino Rosato(비노로자토)
스페인어	Vino Tinto(비노틴토)	Vino Blanco(비노블랑코)	Vino Rosado(비노로자도)
독일어	Rotwein(로트바인)	Weiswein(바이스바인)	Rosewein(로제바인)

(1) 색깔에 의한 분류

① Red Wine

적포도로 만들어 붉은색을 띠고 있다. 포도껍질에 있는 붉은 색소를 추출하는 과정에서 씨와 껍질을 함께 넣어 그대로 발효한다.따라서 껍질에 있는 탄닌 성분이 추출되어 화이트와 달리 떫은 맛이 난다. 레드 와인은 일반적으로 상온(섭씨 18~20도)에서 제 맛이 난다.

② White Wine

화이트 와인은 잘 익은 청포도나 일부 적포도를 이용하여 만든다. 포도를 으깬 뒤 바로 압착하여 나온 주스를 발효시킨다. 화이트는 맛이 순하고 상큼하며 황금색을 띤다. 10도 정도로 차게 해서 마셔야 제 맛이 난다.

③ Rose Wine

핑크색을 띠고 있는 로제와인의 제조과정은 레드와인과 비슷하다. 레드와인과 같이 포도껍질을 같이 넣고 발효시키다가 어느 정도 색이 우러나오면 압착하여 껍질을 제거한 후 과즙만을 가지고 와인을 만든다.

보존기간이 짧으면서 오래 숙성하지 않고 마시게 되는 로제와인은 오히려 화이트 와인에 가깝다.

(2) 식사 시 용도에 의한 분류

① Aperitif Wine

Aperitif Wine은 본격적인 식사를 시작하기 전에 식욕을 돋우기 위해서 마신다. 그래서 한 두잔 정도 가볍게 마실 수 있는 주로 산뜻한 맛이 나는 와인을 선택한다. 달지 않은 샴페인 혹은 세리 등을 마셔도 좋다.

② Table Wine

보통 "와인"이라고 하면 이 "테이블 와인(table wine)을 가리킨다. 테이블 와인은 식욕을 증진시키고 분위기를 좋게 하는 역할 외에도 음식의 맛을 잘 볼 수 있게 입안을 헹궈주는 역할을 한다.

③ Dessert Wine

식사 후에 입안을 개운하게 하려고 마시는 와인으로 약간 달콤하고 알코올 도수가 약간 높은 디저트 와인을 한잔 마심으로써 입안을 개운하게 마무리 짓는다. 포트나 세리가 대표적인 디저트 와인이며 약간 단 샴페인도 좋다.

(3) 거품 유무에 따른 분류

① 일반 와인(Still wine)

비발포성 와인이라고도 한다. 포도당이 분해되어 와인이 되는 과정 중에 발생되는 탄산가스를 완전히 제거한 와인으로 대부분의 와인이 여기에 속한다.

② 스파클링 와인(Sparkling wine)

발포성 와인이라 부른다.발효가 끝나 탄산가스가 없는 일반 와인에 다시 설탕을 추가해 인위적으로 다시 발효를 유도해서 와인 속에 기포를 만든다. 이러한 스파클링 와인 중에서도 특히 프랑스 샹파뉴 지방에서 생산되는 것만을 샴페인이라고 부르는데, 이 샴페인과 이탈리아의 스푸만테가 대표적인 스파클링 와인이다.

(4) 알코올 첨가 유무에 의한 분류

일반적인 스틸 와인에 알코올이나 브랜디, 또는 향료 등을 첨가하여 알코올 도수를 보강한 외인을 의미하며 세리와인이나 포트와인이 이에 속하는데 이를 fortified wine

이라고 하며 알코올 도수를 보강하지 않은 와인을 unfortified wine이라고 한다. 또한 스틸 와인에 여러 가지 향료를 착향시킨 와인으로 vermouth를 들 수 있다.

(5) 제조 방법에 의한 분류

① 스틸와인(Still wine)

비발포성 와인이라고도 하는 스틸 와인은 흔히 우리가 마시는 보통의 와인이다. 제조 과정에서 발생되는 탄산가스를 완전히 제거한 것으로 보통 알코올 도수 가 8-14% 이며 단맛부터 쌉쌀한 맛까지 다양하다.

② 주정강화와인(fortified wine)

스페인의 셰리나 포르투갈의 포트처럼 발효 중 증류주를 첨가해 알콜 함유량을 16~20% 정도로 높인 것이다.

③ 가향와인(flavored wine)

와인 발효 전후에 과실즙이나 쑥 등 천연향을 첨가하여 향을 좋게 한 것이다. 베르뭇(Vermouth)이 가향와인의 대표적인 예로 칵테일용으로 많이 쓰인다

(5) 당분에 의한 분류

① 드라이 와인(dry wine)

포도 발효 시 천연 포도당이 모두 발효하여 단맛이 거의 나지 않는다. 주로 aperitif용으로 적합하며 세리, 드라이 버먼치 등이 있다.

② 미디엄 드라이 와인(medium-dry wine)

드라이와 스위트의 중간으로 약간의 단맛이 난다.

③ 스위트 와인(sweet wine)

드라이와는 반대로 발효 시 천연 포도당이 남아 단맛이 난다. 주로 식후 디저트와 함께 마신다.

4) 와인의 라벨

와인이 어렵게 느껴지는 이유 중 하나는 와인 라벨 때문이다. 와인 라벨은 각 나라마다 각기 다른 기준으로 표기하기 때문에 혼동될 수 있다. 그러나 일반적으로 라벨에는 몇 가지 공통적으로 표기된 점이 있다.

와인 라벨에는 포도 품종, 포도가 자란 지역, 등급, 와인 제조 회사, 년도 등이 표기되어 있어, 소비자가 라벨에 담긴 정보로 와인을 구입하기 때문에 라벨 읽기는 와인 선택에 있어서 중요한 부문이다.

(1) 프랑스 와인

AOC등급

㉠ 원산지 명칭

원산지는 그 와인에 사용된 포도가 재배된 지역을 의미한다. 예시된 라벨처럼 보르도일수도 있고 보르도의 뽀므롤처럼 세부지역으로 표기할 수도 있다. 프랑스의 AOC등급 와인의 경우 포도 품종을 따로 표기하지 않는다. 원산지에 따라 품종을 엄격하게 통제하기 때문에 원산지의 명칭만 봐도 어떤 품종인지 대략 알수 있다.

㉡ AOC 급 와인임을 표기

프랑스는 원산지를 통제하기 때문에 반드시 기입해야 한다. 와인 등급에 관한 자세한 설명은 세계 와인 산지에서 자세히 볼 수 있다.

㉢ 와인 병입자의 이름과 주소

이 와인의 경우 바롱 필립 드 로칠드사가 와인을 병입했다는 것이 표시되어 있다. 와인에 따라서는 7번에 표기된 제조업체와 와인 병입자가 다를 수도 있다.

㉣ 용기내의 와인 순용량

일반적인 Bottle은 75cl (750ml의 프랑스식 표기)이지만 375ml 의 미니 와인도 있으며 1.5리터의 경우 매그넘(Magnum), 3리터는 제로보암(Jeroboam)이라고 칭하기도 한다.

㉤ 알콜 도수

선택 사항

㉥ 브랜드 네임

상품의 이름을 나타내며 이 상품의 이름은 무똥 까데이다.

㉦ **제조업체**

소유주의 주소 무똥 까데를 만든 바롱 필립 드 로칠드사의 주소가 기재되어 있다.

ⓞ **병입장소**

포도원에서 직접 병입한 경우도 있지만 와인에 따라 생산자의 주소와 병입장소가 다를 수 있다.

㉨ **원료**

포도의 수확 년도 빈티지를 의미하고 와인 병입 년도와는 다르다. 기후가 좋았던 빈티지 년도에 따라 와인 가격이 달라지기도 한다.

㉩ **생산국가**

와인을 생산한 국가를 표기한다.

지역등급 와인
(Vin de pays)

의무기재사항

㉠ **Vin de Pays 뒤에 생산지역 명칭 표기**

지역에 따라 다른 특징을 지니고 있기 때문에 표기한다. 이 와이은 랑그독 지역에서 생산된 포도를 원료로 사용한다.

㉡ **와인 병입자의 이름과 주소**

㉢ **용기내의 와인 순용량**

㉣ **알콜 도수**

선택사항

㉤ **원료 포도의 수확 년도**

㉥ **원료 포도의 품종 이름**

AOC등급과 달리 뱅 드 뻬이급에는 포도 품종을 명시한다.

㉦ **생산국가**

테이블 와인
(Vin de table)

의무기재사항

㉠ **Vin de Table 뒤에 프랑스 국명 표기**

EC 내의 타국산 원료를 사용할 시 이름 명기한다

㉡ **와인 병입자의 이름과 주소**

㉢ **용기내의 와인 용량**

㉣ **알콜 도수**

선택사항

㉤ **상표**

㉥ **생산국가**

(2) 이태리 와인

㉠ 상표(브랜드)

생산자 이름이나 포도원 명칭이 주로 사용된다.

㉡ 포도 재배 지역

토스카나의 볼게리에서 제조되었음을 나타낸다.

㉢ 등급

이탈리아 와인 등급 중 DOC등급임을 나타낸다. 이탈리아에서는 DOCG급이 고급이지만 사시까야의 경우 DOC등급에도 불구하고 세계 100대 와인에 들 정도로 명주이다.

㉣ 빈티지

㉤ 병입지 : 현지에서 생산자가 직접 병입 했다는 표시

㉥ 생산회사의 이름 및 소재지

㉦ 알코올 함유량

㉧ 용량

(3) 독일와인

㉠ 생산국가

㉡ 포도 생산지역

독일에는 13개 와인 생산지역이 있다.

㉢ 빈티지

㉣ 등급

독일에서는 타펠바인(Tafelwein), 란트바인(Landwein)이 가장 대중적인 와인이며, 이보다 한 단계 높은 품질등급이 QbA. 독일 와인의 65%가 이 등급에 해당된다. QbA보다 한 단계 높은 품질 등급은 QmP급으로 최고급 와인이다.

㉤ 공식 품질 관리번호

타펠바인이나 란트 바인에는 붙이지 않는다.

㉥ 알코올 함량

㉦ 용량

(4) 캘리포니아 와인

㉠ **상표(브랜드)**

Kendall-Jackson처럼 소유주의 이름을 쓰는 경우도 있으나 대개 포도원 명칭을 사용한다.

㉡ 빈티지

빈티지가 표기되면 포도의 95%이상이 명시된 해에 재배된 것을 의미한다.

㉢ **생산지**

캘리포니아를 상표에 명시하기 위해서는 포도 100%가 캘리포니아에서 수확되어야 한다.

연방정부에서 지정한 포도 재배 지역 (AVA:American Viticulture Area)을 사용하려면 와인에 사용된 포도 품종 85%가 그 지역에서 수확되어야 한다.

㉣ **포도 품종**

미국의 경우 고급 와인은 버라이어털(Varietal, '품종의'란 뜻) 와인으로 분류되는데, 포도 품종 자체를 상표에 표기하는 것이 특징이다. 다만 그 품종이 반드시 75%이상 와인 생산에 사용되어야만 한다. 이 와인의 경우 샤르도네 품종이 75%이상 들어간 것이다.

㉤ **알코올 함유량**

(5) 기타

오스트레일리아 와인

㉠ **와인 회사명**

㉡ **상표(브랜드)**

포도원 명칭,생산자이름

㉢ **포도 품종**

㉣ **빈티지**

㉤ **생산 국가**

뉴질랜드 와인

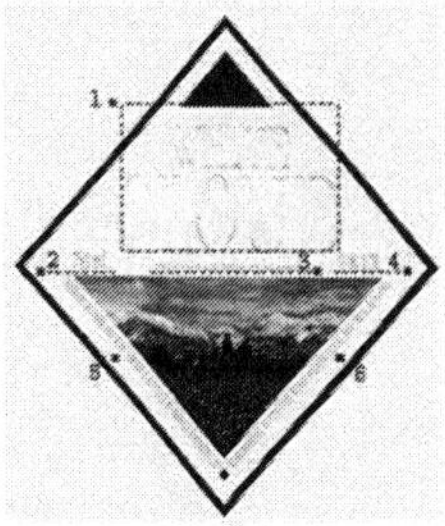

㉠ 상표(브랜드)

포도원 명칭, 생산자이름

㉡ 용량

㉢ 생산국가

㉣ 알코올 함유량

㉤ 와인의 특성 및 와인회사

㉥ 와인 회사 주소

칠레 와인

㉠ 회사 로고

㉡ 빈티지, 포도품종

㉢ 상표(브랜드)

㉤ 생산지 알코올 함량

■ *와인이 품질 등급*

컬트와인(Cult Wine)에 관하여

예전 부터 컬트와인(Cult Wine) 이라 불리는 와인들이 있으나 많은 양이 있는 것은 아니다. 이 와인들의 명성은 와인 애호가들 사이에서 개별의 특성에 맞추어 은밀히 알려져 있으며 해당 국가에서만 국한되어 알려진 희귀 와인이었으나 상업적 영향으로 이제는 국제적으로 알려진 와인이 되었다. 이에 따라 증가되는 수요는 가격이 높아지는 요인이 되기도 한다.

컬트 와인들은 최고의 포도원에서 최고의 포도만을 골라서 생산하여 작은 수량 만이 손수 만들어 지는 와인이다. 와인메이커의 입장에서는 도전해 볼만한 수공 걸작품이다. 주로 레드와인을 많이 이용하며 최고의 오크통을 사용하여 가장 신중하게 만들게 되는 와인인 것이다.

처음 이 컬트와인이 시작된 대표적인 예는 뽀므롤 지방의 샤또 르뺑 (Chateau Le

Pin) 이다. 1979년 까지 이 와인은 벌크로 판매되던 와인이었다. 그러나 소유주 자끄 티엔포르(Jacques Thienport)가 첫 번째 와인 라벨을 시장에 내놓으면서 주요 와인 평론가들로부터 극찬을 받으면서부터 알려지게 되었다.

이 당시 소개된 와인은 1982년 산 샤또 르뺑(Le Pin) 으로 100% 멜로(Merlot) 포도품종을 이용하여 2헥타의 조그만 면적에서 극소량 얻게 된 와인이었던 것이다. 이때 병당 가격은 1600 불로 심지어 샤또 페트루스 에 버금가거나 더욱 높은 가격으로 올라갈 만큼 매력적인 와인 이었던 것이다.

그후 컬트 와인은 좀 더 구체화된 카테고리로 보르도에서부터 시작하여 버건디, 이태리 그리고 미국에 까지 영향을 주면서 꽃을 피우기 시작하였다. 호주의 바로사 벨리에서도 컬트 와인이 등장하였다. 약 10년 전부터 알려져 왔던 토브렉(Torbreck) 과 쓰리 리버스(Three Rivers) 등과 같은 이름들은 호주의 최고급 와인들인 펜폴즈 그랜지(Penfolds Grange) 와 헨쉬케 힐오브 그레이스(Henschke Hill of Grace) 들 보다 훨씬 더 높은 가격에 판매되고 있다.

호주의 빅토리아 에서는 와일드 덕 크릭(Wild Duck Creek)이 높은 가격에 판매되고 있으며 지아콘다(Giaconda), 바스필립 피노누아(Bass Phillip Pinot Noir)는 최고의 피노누아 유명한 프랑스 부르고뉴 지방의 피노누아 를 압도할 정도였다.

고급 와인 전문 딜러들은 이러한 와인들에 극도의 관심을 가지고 있으며 새로운 와인 스타가 나타나는 것에 촉각을 곤두 세우고 있기도 하다.

그렇다면 최상급의 컬트 와인을 만들기 위해서는 어떠한 요소들이 필요할 것인가…

이러한 조건을 위해 와인을 만들기에는 많은 복합적인 요소들이 있으나 간단하게 설명한다면 아래와 같다.

① 높은 품질은 전문가들과 와인 애호가들의 시음에 따른 선호도가 주요 요인이 된다.

② 전문가들의 평은 중요한 요소들로 높은 점수를 부여 받아야 한다.

③ 수상경력은 중요한 요인중의 하나로 세계적인 와인 경연대회에서 최고의 와인으로 수상 된 경력이 있는 것이 좋다.

④ 한정된 수량은 높은 품질을 만드는데 있어서 주요한 요소가 된다.

⑤ 최고의 빈티지가 중요하다.

⑥ 경매에서 높은 가격으로 평가 받는 것이 좋다.

⑦ 와인의 이미지와 평판은 또 다른 중요한 요인으로 뛰어난 마케팅 기법이나 훌륭한 포장은 그리 중요하지 않고 성공적인 역사적 배경을 통해서 가능하다.

전세계적으로 알려진 훌륭한 와인들은 제한된 빈티지, 생산면적 그리고 생산수량으로 꽤 많이 한정되어 있다.

훌륭한 와인 맛을 경험하고자 하는 와인애호가들 사이에서 컬트와인은 충분히 관심거리가 된다. 한정된 수량만 생산됨으로써 선택된 일부 와인 애호가들만이 구매할 수 있다는 컬트와인은 이젠 전세계적으로 알려져 있다. 컬트 와인들을 맛보려는 사람들의 수는 더욱 늘어나고 있으며 그에 따라 와인 가격도 계속해서 올라가고 있는 추세이다.

와인 메이커에게 있어서도 컬트 와인의 범주에 들어갈 수 있는 와인을 만드는 도전에 충분히 매력적인 부분이 있다. 와인애호가들 또한 선택된 일부에게 맛 보여질 수 있는데 에서 더욱 더 큰 만족감을 얻고자 한다. 그러나 이러한 컬트 와인들이 더욱 상업적으로 발전하게 될까 우려하는 의견들도 있다.

■ 유기농 와인 인증원 – 에코서트(ECOCERT)

2011년 11월 25일 대한민국 건국 에코서트 인증원(Konkuk ECOCERT CERTIFICATION SERVICE)이 에코서트 그룹의 새로운 자회사로 합류했다. 2008년에 설립된 건국국제인증센터(KIOCC)는 직원 8명과 비상근무심사원 45명으로 구성되어 있으며 연간 약 200건 이상의 친환경 농림 축산물 인증을 진행하고 있다. 2010년 1월1일부터 한국 시장에 진입하는 모든 유기농 제품이 농림수산식품부(MIFAFF)가 인증하는 기관으로부터 인증을 받아야 함에 따라 에코서트 그룹과 건국국제유기인증센터는 한국 시장 수요에 충분히 대응하고자 2009년 업무 협약을 체결하였고 에코서트는 2009년 농림수산식품부로부터 유기가공식품 인증 기관으로 지정 받았고, 건국국제유기인증센터는 친환경농산물인증기관으로 지정 받았다. 건국국제유기인증센터는 2011년 국립농산물품질관리원(NAQS)이 선정한 친환경농산물 인증기관 73개 중 전체 3위, 축산, 취급자 부문 1위를 차지했다.

건국에코서트 인증원이 새로운 자회사로 합류함에 따라 에코서트 그룹은 현재 21개국에 진출한 23개 자회사를 두게 되었고 아시아에서는 중국, 인도, 일본에 진출해 있다.

에코서트(ECOCERT)는 현재 그룹 CEO인 윌리엄 비달(Willan Vidal)에 의해 1991년 프랑스에서 시작되었다. 유기농 농업 부문의 국제적 전문 인증기관인 에코써트그룹은 서비스 제공에 있어서 완전한 기밀유지, 독립성, 공정성 그리고 전문성을 보장함으로써 인정기관으로부터 ISO Guide 65(인증기관 지정기준) 에 따른 인정을 받았다. 또한 폭넓은 인증 서비스(유기농산물, 투입자재, 유기농 화장품, 공정무역제품, 유기농 직물, 친환경 공간, 유기농 가정용 방향제, 청소제품)를 제공하여 지속 가능한 개발의 핵심 주자로 자리매김하고 있다. 에코써트 회사명 및 로고는 전세계에서 인정

받은 등록상표이며 전세계 소비자, 기업, 업계, 정부의 신뢰를 받고 있으며 고객으로 아베다(Aveda), 키엘(Kiehl's), 눅스(Nuxe), 코라(Kora), 오리진스(Origins), 로레알(L'Oreal), 클라란스(Clarins) 등 세계적으로 유명한 브랜드가 포함되어 있다.

2012년 3월 18일 유기농 와인에 관한 새로운 에코서트 인증 법규가 공표되었다. 새로운 법규는 2012년 수확되는 유기농 와인부터 적용된 예정이며 유기농 와인 생산자들은 레이블에 "유기농 와인(Organic Wine)"을 표시할 수 있게 된다. 이 경우 레이블에는 반드시 유럽 연합 유기농 로고(EU-Organic-logo)와 인증 번호를 표시해야 하며, 다른 레이블 관련 법규를 충실히 따라야 한다. 이미 "유기농 포도로 만든 와인(wine made from organic grapes)"에 관한 법규가 있지만, 이 법규는 와인 양조 과정을 포함하고 있지 않다. 새 법규는 양조 과정과 Wine Common Market Organisation (CMO) regulation 606/2009이 정하는 유기농 와인을 하나의 집합으로 두고 마련되었다. 예를 들어, 소르빈산과 탈황과정은 허용되지 않으며 유기농 와인에 쓰이는 아황산염은 30~50mg/L이하 여야 한다. 이 규정과 더불어 기존에 적용되던 유기농 와인 규정도 함께 적용된다. 또한 포도뿐만 아니라 유기농 와인 양조에 사용되는 물질들 또한 Regulation 834/2007. (source : European Commission press release)에 부합하여야 한다.

유기농 와인 인증도 에코서트 그룹이 인증하는 다른 유기농산물 인증과 같이 1년간 인증 및 로고 사용이 유효하다. 따라서 에코서트 검사는 매년 시행되며 인증과 로고 또한 매년 부과된다. 유기농 와인에 관한 인증 및 로고는 1년간 유효하며 매년 인증 검사가 시행될 예정이다.

에코써트의 인증을 받은 유기농 제품(식품, 화장품, 직물)에 찍히는 인증로고

5) 포도재배와 품종

(1) 포도품종

와인의 종류만큼 다양한 포도 품종, 홀로 빚어서도 훌륭한 맛이 나는 독창에 능한 포도 품종이 있는가 하면 다른 품종과 한데 어울려 조화로운 합창곡을 부르는 포도품종들이 있다. 포도품종을 알면 와인이 보인다고 한다. 품종에 따라 맛이나 향이 달라지기 때문에 와인을 고르는데 도움이 된다는 것이다.

① 레드와인

까베르네 쏘비뇽(Cabernet Sauvignon)

레드 와인의 왕관 자리를 차지하고 있는 포도품종으로 가장 인기가 있고, 전세계적으로 널리 재배된다. 예전엔 주로 보르도 메독 지역에서 재배되었으나 지금은 세계 각국에서 재배되고 있다. 까베르네 소비뇽의 장점 중의 하나가 다양한 기후와 토양

에 적응을 잘 하는 것인데, 이런 장점으로 더욱 더 인기 있는 품종이 되었다. 까베르네 소비뇽은 질병과 냉해에 저항력이 강하다. 또한 자체적으로 숙성 능력도 뛰어나다. 까베르네 소비뇽은 두꺼운 껍질, 작은 포도알, 높은 탄닌 성분을 가지고 있다. 탄닌 성분이 많아 쓴 맛이 강하기 때문에 항상 부드러운 멜로이나 까베르네 프랑과 함께 블렌딩을 한다. 미디엄/풀바디이며, 구조가 견고하고, mouth-drying finish를 가지고 있다. 더운 지역에서 잘 자라는 품종으로 초코렛, 블랙체리, 계피, 그린벨 페퍼, 민트, 아스파라거스, 삼나무, 유칼리나무, 커피, 담배, 타르의 향 등 수많은 향을 가지고 있다. 멜로, 시라, 삐노 누아와 함께 레드 와인을 만드는 4대 품종 중의 하나이다.

한편 까베르네 쏘비뇽의 대표적인 단덤은 첫째, 성숙이 늦어서 가을이 습하거나 추운지역에서는 제대로 완숙하지 못하며 여름 일조량이 부족해도 잘 익지 않는다. 둘째, 야생성을 띤 강한 개성을 가지고 있어 일찍 와인을 마시기를 원하는 사람들이나 처음 시작하는 사람들에게는 강한 거부감을 느끼게 한다. 또한 같은 포도라도 그 포도가 자라고 익은 토양이나 기후에 따라 전혀 다른 와인이 만들어지는데, 까베르네 쏘비뇽은 보르도와 같이 북위 45도선에서 재배되면 떫은 맛이 강한 반면, 칠레나 호주와 같이 남위 30도 선상에 있는 나라에서 생산된 까베르네 쏘비뇽은 매우 유순한 맛을 보인다. 그래서 호주와 칠레 등이 나라에서는 까베르네 쏘비뇽만 사용한 단일품종의 와인들이 호평을 받을 수 있는 이유가 된다.

메를로(Merlot)

보르도 뽀므롤과 쌩떼밀리용 지역의 주 품종으로 전세계적으로 널리 재배되고 있으며 부드럽고, 과일향이 풍부하고, 까베르네 소비뇽보다 탄닌 성분이 적은 적포도 품종. 주로 까베르네 소비뇽과 블렌딩을 한다. 가격이 저렴하고 마시기 쉬워서 점차 인기를 얻고 있다. 그러나 까베르네 소비뇽보다 재배하기는 어려운 편이다. 질병에 더 약하고, 특별한 기후와 토양에서만 재배된다. 그럼에도 불구하고 세계 여러 나라에서 재배되고 있다. 멜로의 특징은 미디엄/풀바디, 서양자두와 체리향이 나며, 블랙커런트, 담배, 초코렛, 바닐라, 민트의 향도 조금씩 난다. 더운 지역에서 자란 멜로는 조금 더 스파이시하며 꽃향기가 나고, 추운 지역에서는 조금 더 가볍고 허브향이 난다. 까베르네 소비뇽, 시라, 삐노 누아와 함께 대표적인 적포도 품종으로 꼽힌다.

피노누아(Pinot Noir)

와인 제조자들이 가장 까다로워하는 포도품종이다. 얇은 껍질을 가지고 있어서 껍질이 단단한 까베르네 소비뇽이나 샤도네이보다 재배 및 양조가 훨씬 어렵다. 부드럽고, 섬세하며, 아주 다양한 향을 가진, 고급 레드 와인을 만들어낸다. 또한 샹파뉴 지방에서 blanc de noir 샴페인을 만들기 위해서 블랜딩되는 품종이기도 하다. 연한 적색이기는 하지만 풀바디이며 알코올 함량도 높다. 산도는 높고, 탄닌의 양은 많은 편이 아니다. 스트로베리, 라즈베리, 레드커런트 같은 과일향이 난다. 프랑스 부르고뉴의 꼬뜨 도르 지역, 샹파뉴 지역에서 많이 재배되며, 미국, 오스트레일리아, 뉴질랜드에서도 재배된다. 우수한 빈티지일 경우 40년 이상 숙성시킬 수도 있다. 일반적으로 까베르네 소비뇽보다 탄닌과 산도가 적기 때문에 더 빨리 숙성되는 경향이 있다. 로마네 꽁띠와 같은 최고의 와인을 만드는 품종이기도 하다.

진판델(Zinfandel)

미국 캘리포니아에서 가장 많이 재배되는 적포도품종. 이탈리아에서는 Primitivo라 부른다. 포도알이 굵고, 검푸른 색이며 달콤하고 즙이 많다. 1970년대에는 white zinfandel이라고 불리는 라이트 바디의 달콤한 와인을 생산했으나 지금은 만들지 않는다. 그러나 요즘엔 'big Zins'이란 이름으로 체리향을 가진, 밸런스 좋은 와인을 다시 만들고 있다. 포트 와인처럼 진한 스타일, 클라렛와인처럼 약간 가벼운 스타일, 두 가지 스타일 모두 생산 가능하다. 일반적으로 진판델 와인은 풍부하고, 강하며(robust), 블루베리와 블랙체리 향이 진하게 난다. 또한 감초와 라즈베리 향도 나며, 후추향도 난다. 당도가 높기 때문에 알콜도수가 높은 편이다. 주로 캘리포니아 북쪽에서 재배되는데, 서늘한 해안 지역에서 좋은 품질의 와인이 많이 만들어진다. 가벼우면서 산뜻하며, 레드, 화이트, 로제 와인 모두에 쓰인다.

쉬라즈(Shiraz)

쉬라, 쉬라즈. 프랑스 론 지방에서 생산되는 유명한 와인, Cote-Rotie와 Hermitage의 원료가 되는 적포도 품종. 오스트레일리아 사람들은 쉬라즈라 부른다. 두꺼운 껍질을 가진 거무스름한 포도알이 열린다. 만들어지는 와인의 타입은 진하고, 풍부하고, 농축되어 있고, 미디엄/풀바디의 와인이다. 또한 후추향, 체리, 블랙커런트, 블랙베리의 과일향이 난다. 알콜함량은 높은 편이고, 산도는 적당하거나 약간 낮은 편이다. 때때로 가죽, 타르, 구운 견과류의 향이 나는 것도 있다. 너무 많이 익은 포도로 만든 와인은 잼같이 달다. 탄닌 성분이 강한 편이며 오랜 기간동안 숙성이 필요하며, 맛이 매우 강건한 와인이다.

Cabernet Sauvignon, Pinot Noir, Merlot와 함께 대표적인 적포도 품종 4가지 안에 포함된다.

템프라니오(Tempranillo)

스페인 리오하 와인을 만드는 주요 적포도 품종. 주로 스페인 리오하 지방에서 재배되어 Grenache 품종과 블랜딩된다. 척박한 환경에서도 잘 자라며, 수확이 빠른 품종이다. 진홍색의 적당한 산도를 지닌 미디엄/풀바디의 와인을 생산한다. 스트로베리, 레드커런트, 정향 등의 붉은 과일류의 향을 지녔으며, 흙냄새, 가죽같은 향도 가지고 있다. 향은 그다지 우수하지 않기 때문에 향이 좋은 그르나쉬와 블랜딩된다. 과일 향이 풍부한 영한 상태에서 마실 수 있는 와인, 오랫동안 오크통에서 숙성 시킬 수 있는 와인, 두 가지 타입 모두 생산 가능하다.

가메이(Gamay)

보졸레 와인을 만드는 포도품종. 주로 부르고뉴 보졸레 지방에서 재배된다. 밝은 색의 레드 와인이 되며, 신선하고, 과일맛이 풍부하고, 적당한 산도을 가지고 있다. 탄닌과 알콜함량은 낮은 편이다. 특히 보졸레 누보로 유명하다. 프랑스 루와르 계

곡, 캐나다, 미국 나파밸리에서도 잘 자란다. 미국에서는 '나파 게메이(Napa Gamay)'라고도 한다.

네비올로(Nebbiolo)

이탈리아 피아몬테 지방, 특히 Barolo나 Barbaresco에서 주로 재배되는 적포도품종으로 이탈리아 피에몬테 최고의 와인을 만든다. 두꺼운 껍질과 짙은 보라색을 가진

이 포도는 수확이 늦은 편이다. 탄닌, 산이 많은 미디엄-풀/ 풀바디의 와인을 생산한다. 또한 힘있는 와인으로 롱피니시를 준다. 블랙체리, 아니스, 감초의 향이 난다. 오랜 숙성을 필요로 하는 포도 품종으로써, 최소한 6년이상은 숙성시켜야 먹을 수 있다. 질 좋은 Barolos나 Barbarescos는 20년 이상 숙성시킬 수도 있다. 남아메리카나 캘리포니아에서도 재배되지만 이탈리아 북부에서 생산되는 것이 가장 질이 좋다. '스파나(Spanna)'라고도 한다.

브라케토(Brachetto)

브라케토의 원산지는 이탈리아 피에몬테(piemonte)dlau, 딸기, 라즈베리, 체리향이 특징이다. 오늘날 특히(Aqui)지역에서 주로 재배되고 있으며, 아로마가 강한 피에몬테주의 브라케토와 단순한 맛을 내는 니짜 마리티마의 브라케토 등 두 종류로 알려져 있다. 포도 익는 시기가 빠른 편이며 섬세하고 부드러운 맛의 스푸만테(spumante)로 생산하는 것이 일반적이지만, 강도가 높은 파씨토(passito)도 있다. 이 품종을 사용하여 DOCG 등급의 브라케토 다퀴(Drachetto d'Acqui)가 만들어진다.

브라케토의 잎은 중간 크기로 원형이며, 길게 늘어진 포도송이는 원추가 각추형을 보이고 밀도가 높은 편이다. 중간 크기의 포도 알은 타원형이고 껍질은 검보라색으로 두껍다.

삐노따쥐(Pinotage)

1925년 남아프리카에서 삐노 누아와   쏘를 교배하여 만든 품종. 진한 색, 베리향이 풍부한 와인을 만들어 낸다. 최악의 경우엔 달기만 하고, 고급스럽지 않은 색의 와인을 만들어 낸다.

바르베라(Barbera)

바르베라의 원산지는 이탈리아 피에몬테(Piemonte)이며, 주 분포지역은 이탈리아 롬바르디아(Lombardia), 에밀리아 로마냐(Emilia Romagna)지방, 캘리포니아 오스트레일리아 등에서도 번성하고 있다. 또한 바르베라는 네비올로와 함께 이탈리아의 대표적인 양조용 포도 품종이며, 가장 평범한 포도품종이기도 하다. 피에몬테에서는 바르베라를 사용한 와인이 생산되고 있는데, 특히 아스티(Asti) 몬페라토(Monferrato), 알바(Alba) 마을의 와인이 유명하며, 캘리포니아 호주에서도 널리 재배되는데, 늦게 익고 열악한 백악질 토양에서 잘 자란다.

바르베라는 동일한 이름의 와인을 생산하며, 총 7개의 다양한 DOC 등급 와인을 생산하고 있으며, 품종의 기원은 매우 오래되었으나 서류상으로는 니짜 몬테라토(Nizza

Monferrato)시의 자료실에 보관되어 있던 1600년대의 자료가 최초이다. 곧바로 마실 수 있는 영한 기포성 와인 뿐만아니라 중간 숙성(3년-5년)에 알맞은 와인을 생산하는 데에도 적당한다. 포도의 특징으로는 짙은 감홍색을 띠고 기분 좋은 산도와 과즙을 지니고 있으며, 체리, 자도, 레드 커런트 향이 난다.

까베르네 프랑(Carbernet Franc)

까베르네 쏘비뇽과 유사하지만 색이 훨씬 밝고, 탄닌이 적게 들어있다. 주로 보르도 지역과 루와르 지역에서 많이 재배된다. Carbernet Sauvignon, Merlot과 함께 블렌딩하여 보르도 와인을 만든다. 까베르네 프랑은 미디엄/풀 바디이고, 향이 매우 좋다. 알콜과 산도는 중간정도이다. 허브향 같은 아로마와 부케가 좋고, 삼나무향, 약한 담배향, 블랙커런트, 계피향, 스트로베리향이 나며, 블랙베리의 뒷맛이 특징이다. 전세계적으로 널리 재배되는 품종 중의 하나이다. 최근엔 미국 나파나 소노마에서도 많이 재배된다.

까르미네르(Carmenere)

까르미네르는 18~19세기에 프랑스 오리지널 보르도 와인을 제조할 때 꼭 들어갔던 품종이다. 하지만 유럽의 포도밭을 황무지로 만든 포도 질병 필록세라가 나돌 때 전멸되었다. 한데 1970년대 초, 우연히 보르도의 유명한 학자에 의해 칠레에서 발견되어 화제를 모았다. 필록세라가 전세계 포도밭을 휩쓸었으나 칠레만은 유일하게 영향을 받지 않은 것.

까르미네르는 진하면서 부드러운 맛이 메를로와 비슷하다. 그러면서 오랜 여운과 힘을 지녀 남미 여인의 정열을 떠올린다. 특히 코끝을 자극할 정도로 스파이시한 향미는 순간 움찔할 정도로 강하다. 하지만 입안에서 한바퀴 굴리고 나면 깊고 부드러운 질감이 감미롭게 혀끝을 감싼다. 칠레 특유 진흙모래의 충적토가 만들어내는 촉촉하고 진한 맛이 그대로 배어 있되, 향은 여느 품종과 확연히 다르다.

산지오베제(Sangiovese)

이탈리아에서 널리 재배되는 품종으로, 이탈리아 레드 와인 Chianti, Vino Nobile di Montepulciano, Carmignano의 주재료이다. 다양성을 지닌 품종이라 신선하고 라이트한 와인도 만들 수 있고, 힘있고, 풀바디한 와인도 만들 수 있다. 시큼한 블랙체리 또는 라즈베리향이 나며, 흙냄새도 난다. 산도와 수렴성 또한 인상적이다. 오크통에 숙성시키면 좀더 깊고 풍부한 맛을 얻을 수 있다. 캘리포니아에서도 블랜딩용으로 많이 재배되며, 아르헨티나의 Sangiovese wine도 유명하다.

브루넬로(Brunello)

원산지는 이탈리아의 토스카나(Toscana)이며, 주 분포지역은 이탈리아 중부 지방에서 널리 재배되는 산지에베제 포도종의 한 가계에 속하며, 브루네로 디 몬탈치노(Brunello di Montalcino)를 양조한다. 브루넬로는 늦게 수확이 가능한 대신 병충해에 강하며, 단단한 포도송이와 갈색 빛이 도는 두꺼운 껍질의 포도 알을 갖는다. 산지오베제 품종보다 맛이 더 화려하지만 많이 재배되지 않고 있다. 포도의 특징으로는 짙은 루비 색상, 알맞은 산도와 넉넉한 탄닌을 보이고 있어 입안 가득히 풍만감을 주며, 여운이 길고 풀바디(full body)와인의 스타일을 보인다. 또한 일반적인 와인은 양조후 4년(오크 숙성 3년 반)이상, 리제르바(reserva) 와인은 5년 이상 숙성되어야 하며, 버섯, 스파이시, 브랙커런트 향을 지니고 있다.

피노 뮈니에(Pinot Meunier)

프랑스 샹파뉴 지방에서 샴페인을 만들기 위해 제일 많이 재배되는 적포도품종. 제일 많이 재배되는 이유는 추운 날씨에도 잘 자라고, 블랜딩할 때 과일향과 산도를 주기 때문이다. 오스트레일리아에서 재배되는 것은 100% Meunier 스틸와인으로 만들어진다.

까리냥(Carignan)

원산지는 스페인이나 프랑스에서도 널리 재배되는 적포도 품종. 특히 프로방스, 론, 랑귀독 지방에서 저렴한 테이블 와인용으로 많이 재배한다. 또한 지중해 주변의 국가, 이탈리아, 이스라엘, 스페인과 캘리포니아에서도 많이 재배한다. 때때로 스페인 리오하 와인의 색을 내는데 첨가되기도 한다. 까리냥 포도품종은 다른 어떤 품종보다도 더 짙은 와인 색을 낸다. 진한 보라빛으로 탄닌과 알콜 성분이 높고, 진하고, 풍부하고, 과일향이 나며 스파이시한 향을 지녔다. 탄닌 성분이 많기 때문에 부드러운 와인, 쎙쏘, 그르나슈와 블렌딩을 많이 한다.

코르비나(Corvina)

원산지는 이탈리아 베네토(Vento) 지방이며, 주로 동북쪽의 베로나(Verona) 지방에서 생산되는 제2의 포도 품종이다. 이 지방에서 생산되는 발폴리첼라(Valpolicella) 레드와인의 주원료로서 양으로는 이탈리아에서 제 2위에 속하는 가벼운 레드와인에 속한다.

코르비나는 1824년 폴리니(Pollini)에 의해 처음 언급된 품종으로 충적토와 자갈토 그리고 퇴석토양을 선호하며, 흰가루병(Powedery Midew)에 매우 민감하고 오이듐

군(Oidium)에 약하다. 코르비나 품종으로 만든 와인은 신선하면서도 색이 진하고 맛이 좋고, 탄닌도 약간 느껴진다. 다른 품종과 혼합하여 양조되며 DOCG 등급의 바르돌리노 슈페리오레(Bardolino Superiore)와 DOC 등급의 발폴리첼라(Valpolicella)와 가르다 오리엔탈레(Garda Orientale)를 만들 사용되어진다. 때로는 여러 유형의 와인을 만들기 위해 론디넬라(Rondinella) 품종과 모리니라(Molibara) 품종과 혼합하기도 한다.

그르나슈(Grenache)

원산지는 스페인이며 프랑스에 전파되어 론 지방과 남 프랑스지역에 널리 재배되고 있다. 포도의 색상은 황갈색을 띠며, 딸기와 향신료 향을 내고, 맛은 감미가 넘치며 신맛과 떫은 맛이 거의 없다. 또한 알코올 함량이 높으면서 와인의 스타일은 미디엄 바디(medium body) 또는 풀 바디(full body) 한 특지을 보이며, 입안 가득히 넉넉한 맛을 보인다.

그르나슈는 내구성이 강해 더운 지방에서 번성하는데, 특히 자갈이 많고 건조하며, 척박한 토양에서 잘 자란다. 하지만 테이블 와인으로 독자적으로 양조하기에는 부적합하여 주로 시라, 까리냥, 므루베드로 등과 블렌딩 한다. 단 로제 및 강화와인 양조의 경우는 독자적으로 쓰이기도 하는데 VDN(뱅 두 나뛰렐, Vins Doux Naturels)의 기초 원료로 쓰이며, 특히 바뉼(Banyuls) 라스또(Rasteau), 모리(Maury)에서 생산되는 VDN(Vins Doux Naturels)의 명품을 빚는데 쓰인다. 한편 그르나슈 품종은 다른 이름으로 불리기도 하는데, 스페인에스는 가르나차 틴타(Garnacha Tinta) 또는 알리깐띠나(Alicantina), 틴토 아라고네스(Tinto Aragones), 우바 디 스파냐(Uva di Spagna) 라고 불리며, 프랑스에서는 알리칸테(Alicante) 틴토(Tinto) 루씨용 틴토(Roussillon Tinto), 그르나슈 누아(Grenache Noir), 까리냔느 루스(Carignane Rousse) 라고 한다.

말벡(Malbec)

원산지는 프랑스 보르도 지방이며 주로 지롱드강 오른쪽 언덕지역인 꼬뜨 드 부르그(Cotes do Bourg)와 꼬뜨 드 블라이(Cotes de Blaye)지역과 루아르지방, 서남부(Sud-Quest)지방에서 주로 재배되고 있다. 말백은 아르헨티나로 전파되어 멘도사 지역의 기후와 토양조건에 적응되어 아르헨티나의 대표적인 포도품종으로 재배되고 있다.

말백의 특성은 풍부한 타닌과 짙은 검붉은 색을 띠고 있어 메를로 품종에서 수분을 뺀 것과 비슷하다고 하며, 산도는 다소 낮고 영(Young) 와인에서는 블랙베리향이 진하게 나며 포도는 일찍 익는다.

이처럼 포도의 특성이 진한 색상이 나오기 때문에 서남부지방의 까오르(Cahors)지역에서 생산되는 와인의 별명은 검은색 와인이었다고 한다. 이 지역에서 와인을 제조할 때는 메를로와 탄나(Tannat)를 함께 사용하고 있다.

아르헨티나는 말백 재배면적이 3만 헥타르로 많이 재배하고 있으며, 알맞은 타닌으로 깊은 맛의 와인을 생산하고 있다. 칠레에서는 와인의 구조가 더 짜임새 있고 힘이 있는 와인을 생산하는데 주로 메를로와 쁘띠 베르도(petit verdot)와 함께 사용하고 있다. 향은 진향 과일향을 보이며, 스타일은 미디엄 바디(medium body) 또는 풀 바디(full body)하고 말린 과일, 쟈스민, 서양자두 등의 향미를 지니고 있다.

네로 다볼라(Nero d'Avola)

원산지는 이탈리아 시칠리아(Sicilia)이며 최고의 토착 품종으로 근래 시칠리아 섬의 와인이 품질 좋은 와인으로 이탈리아 안팎에서 평가 받고 있다. 네로 다볼라로 만든 와인은 알코올 도수가 높고 산도와 바디가 뛰어나며, 네로 다볼라 단일 품종으로 양조되거나 네렐로 마스칼레제(nerello maascalese) 품종, 프라파트 디 빅토리아(frappato di vittoria) 품종과 혼합되기도 한다. 중간 크기의 잎은 갈라진 부분 없이 동그랗고, 포도송이는 상부가 넓은 원추형으로 밀도가 높으며, 포도 알은 타원형이고 껍질은 남색으로 단단하다. 단일품종 또는 시라(syrah) 등 다른 품종과도 블랜딩 된다. 체리, 후추, 블랙베리 등의 향미를 지니고 있으며, 칼리브레제(calabrese)라고도 불린다.

뿔사르(Poulsard)

뿔사르 품종은 포도품종 가운데 흔히 볼 수 있는 포도 품종이 아니며, 프랑스 국토 가운데 비교적 오지에 해당하는 쥐라(Jura) 지방에서만 볼 수 있는 품종이다. 어느 면서는 무르베르드(Mourvedre) 품종과 뿔사르는 매우 대조적이라 할 수 있는데, 무르베드르 품종이 국토의 남쪽에 많이 분포되어 있는데 비해 뿔사르는 쥐라의 산맥이 발달되고 두(Doubs) 강이 흐르는 협곡에 자리 잡은 포도원에서 찾아 볼 수 있다. 뿔사르는 포도 알이 비교적 크며 길고 껍질이 엷은 편이다. 또한 색소를 많이 함유하고 있지 못해 와인은 연 붉은 색을 띠며, 마치 부르고뉴의 창백한 붉은 빛깔을 닮은 형상이다.

뿔사르의 포도 품종은 곧바로 AOC 아르부아의 레드와인을 빚는데 있어 주된 품종으로 쓰이고 있으며, 뚜르소(Toursseau)의 포도 품종과 함께 블렌딩되어 이곳의 로제와인, 그리고 이 지역의 특이한 와인인 뱅드 빠이으(Vin de paille)를 빚는 데도 쓰이고 있다. 또한 마을 AOC의 하나인 에투알(Etoilo) 화이트 와인을 빚는데 있어서도 르도네나 사바냥(Savagnin)과 함께 블렌딩 되어 이 지역의 특이한 화이트 와인을 만들고 있다. 뿔사르는 섬세하고 꽃 향이 넘치는 특징을 보이는데, 이는 점토와 화산토의 토양에서 영향을 받고 또한 겨울과 봄이 추우며 여름이 비교적 선선한 준 대륙성 기후 탓으로 보여 진다.

프리미티보(Primitivo)

프리미티보 품종은 강한 햇살과 따뜻한 기후로 인해 진한 색상을 띠며, 짙고 강한 풍미를 소유한 와인을 만든다. 많은 프리미티보는 원산지통제명칭(AOC) 지역보다 자유로운 IGT(Indicazione Georafica Tipica) 등급의 와인을 생산하고 있어 생산자의 개성이 잘 드러나는 와인들이 많다. 미국에 수출되는 프리미티보는 미국 사람들의 입맛에 맞게 과일향과 당도가 강한 와인을 생산하여 수출하고 있는데, 진판델 와인과 비교해 보면 전반적으로 알코올 도수가 낮고 농축된 맛이 강하다.

프리미티보 가운데 가장 좋은 품질은 역시 AOC 지역인 프리미티보 디 만두리아(Primitivo di manduria)에서 생산된다.

상부가 넓은 싹은 옅은 녹색에 테두리가 붉고 솜털로 덮여있으며 어린잎도 붉은 테두리에 초록색이며 안쪽으로 솜털이 나있다. 중간 크기의 잎은 오각형에 다섯 갈래로 갈ㄹ져 있으며 테두리는 진한 녹색에 안쪽에는 솜털이 나있다. 포도송이는 상부가 넓고 퍼진 원추형에 포도 알은 남색의 타원형이며, 껍질은 두껍고 와인색의 과즙은 달며 풍부하다.

토링가 나시오날(Touriga Nacional)

토링가 나시오날 품종은 포루투갈의 주된 토종품종으로 포트 와인을 만들기에 아주 좋은 품종으로 널리 알려져 있으며, 열매의 수확이 적어 소량 생산된다. 오래 되지 않은 와인은 깊고 농후한 흑포도 향이 나며, 타닌이 강하고 까베르네 쏘비뇽과 잘 비고되고 있다. 호주에서는 포토와인을 만들기 우해 사용되기도 한다.

토링가 나시오날은 풀 향기와 과일향이 풍부한 편이며, 다른 포도 품종과 블렌딩하는 것이 일반적이고 레드 프루트, 장미, 제비꽃 향미를 지니고 있다.

② 화이트 와인

샤도네이(Chardonnay)

프랑스에서 가장 잘 알려진 화이트 와인 포도 품종으로 부르고뉴 지방과 샹파뉴 지방에서 대표적인 품종이다. 레드 와인의 까베르네 소비뇽처럼 화이트와인하면 샤도네이를 쳐준다. 추운 지역부터 더운 지역까지 다양한 기후에 서도 잘 자라 동유럽, 오스트레일리아, 뉴질랜드, 남아프리카, 캘리포니아, 태평양 북서지방, 아르헨티나, 칠레 등 세계 여러 나라에서 재배되고 있다. 드라이한 화이트 화인과 스파클링 와인을 만드는데 많이 사용되며 미네랄 향을 비롯하여 사과, 파인애플의 향과 갓 구운 빵 냄새가 복합적으로 풍긴다.

품질 특성으로는 고유의 향과 바디(Body)가 높으며 오크 숙성을 하여 고급 와인으로 판매된다. 오크통에서 발효와 숙성을 하면 크리미한 맛과 바닐라, 버터, 오크 향을 갖기도 한다. 샤도네이 품종으로 만든 와인은 풀바디이며, 알콜함량은 적당히 높고, 과일향이 풍부하며, 적당한 산도를 가지고 있다. 추운 지역에서 자란 샤도네이 경우 풋사과, 레몬, 감귤의 향이 있으며, 높은 산도와 견고한 특성이 있다. 따뜻한 지역에서 자란 샤도네이 경우 파인애플, 망고 같은 열대 과일의 향과 복숭아, 사과, 배 등의 향이 있다. 화이트 와인을 만드는 인기 있는(classic varietal) 5가지 품종 안에 포함되며 생선, 굴, 새우, 연우 햄 등과 잘 어울린다.

리슬링(Riesling)

독일에서 제일 많이 재배되는 화이트 와인의 대표적인 품종. 독일의 요하네스버그(Schloss Johamnisberg)가 원산지이며 추운 지방에서 잘 자라는 생육 특성을 나타낸다. 또한 전세계적으로도 재배되어 독일, 프랑스의 알사스 지방, 이태리, 캘리포니아, 호주 뉴질랜드, 남아프리카 공화국 등에서 많이 생산한다. 향이 매우 강하며 잘 숙성되면 황금색을 띈다. 더운 지방에서는 품질 특성 중 향이 약해지며 재배가 잘 되지 않는다. 따라서 이러한 문제를 해결하기 위해서 이탈리아에서 개량한 이탈리안 리스링을 더운 지방에서 재배한다.

얇은 껍질을 가진 청포도로 연녹색을 띤 라이트바디 와인을 생산한다. 산도는 높으며 꽃향기를 포함하는 상큼한 향을 가지고 있다. 추운 지역에서 자란 리슬링은 감귤류, 레몬, 배, 풋사과, 그레이프프룻의 향의 가지고 있고, 더운 지역의 리슬링은 복숭아, 벌꿀, 빨간 그레이프프룻의 향을 가지고 있으며 약간 무거운 바디감을 가지고 있다. 숙성하기 좋은 품종 중의 하나이다. 알사스 지방의 드라이한 와인에서부터 풍부하고, 달콤한 아이스바인까지 다양한 스타일로 와인을 제조할 수도 있다. 대표적인 화이트 와인 포도품종 5가지 안에 포함된다.

쏘비뇽 블랑(Sauvignon Blanc)

샤르도네와 더불어 화이트 와인을 대표하는 품종으로 샤르도네처럼 재배하기는 쉽지 않지만, 쇼비뇽 블랑의 장점은 재배지역에 따라서 매우 다양한 특성을 보인다. 프랑스 보르도 및 루아르 계곡 Pouilly-Fume와 Sancerre 지역에서 생산되는 화이트 와인의 주요 품종이며, 보르도 지역에서는 세미용과 블랜딩하여 드라이 화이트 와인을 만들거나 달콤한 소테른 와인을 만든다. 뉴질랜드에서 자란 쇼비뇽 블랑은 식물성의 아로마가 강한 것이 특징이며, 캘리포니아나 프랑스에서 자란 것은 보다 복잡한 플레이버와 점성이 특징적이다. 일반적으로는 라이트/ 미디엄 바디, 중간 이상의 산도, 적당한 알콜 함량의 특징을 가지고 있으며, 허브, 올리브, 레몬향, 그레이프프룻 향이 많이 나는 편이다. 또한 광물적인 느낌과 식물성의 느낌을 동시에 가지고 있다. 보통 서늘한 온도에서 스테인레스 통에 발효시켜, 병입한 뒤 빨리 먹는 게 좋으나, 잘 만들어진 Pouilly-Fumes는 오랜 숙성 후 먹을 수 있다. 샤도네이, 슈냉 블랑, 리슬링, 쎄미용과 함께 대표적인 화이트와인 품종 5가지 안에 포함된다.

세미용(Semillon)

보르도 그라브, 소떼른 지역의 주 품종으로 호주나 칠레 등지에서 재배되며, 특히 쇼비뇽 블랑 품종과 블랜딩되어 드라이 화이트 와인을 만들거나 늦게 수확하여 당도가 높은 스위트한 화이트 와인을 만드는데 사용된다. 즉 미디엄/풀바디, 낮은 산도, 높은 알콜함량, 황금색을 가진 와인을 만든다. 샤도네이 향과 비슷한 레몬, 그레이프프룻, 사과, 복숭아, 배, 열대과일, 오렌지, 마멀레이드의 향을 가지고 있다. 껍질이 얇고, 포도송이가 크고, 조밀하게 달려서 귀부병에 걸릴 확률이 높은 편이다. 보르도에서 많이 재배되며, 오스트레일리아, 미국, 칠레, 아르헨티나, 남아프리카에서도 재배된다. 샤도네이, 슈냉 블랑, 리슬링, 쇼비뇽 블랑과 함께 대표적인 청포도 품종 중의 하나이다.

게브르츠트라미너(Gewurztraminer)

독일과 프랑스 알사스 지방을 비롯한 독일, 오스트리아에서 리슬링과 함께 재배되고 있고 분홍색 껍질을 가진 포도품종으로, 향이 매우 좋고 풀바디한 화이트 와인을 생산한다. 여러가지 특징이 리슬링과 비슷하지만 리슬링보다 건조하고 자극적이다. 독일의 팔츠(Pfalz)가 원산지이며 초보자도 금방 알아 볼 수 있을 정도로 개성이 강하며 과일 향이 풍부하고 스파이시한 향을 풍기는 특징을 가지고 있다. 프랑스 알사스 지방에서 만들어진 것을 가장 좋은 게뷔르츠트라미너로 쳐준다. 이 와인의 특성은 진한 황금빛 칼러, 장미향과 같은 꽃향이 난다. 일반적으로 게뷔르츠트라미너는 높은 알콜도수를 가진 부드러운 와인이다. 단점은 낮은 산도 때문에 뒷맛이 별로 좋지 않다. 뉴질랜드, 캘리포니아의 북쪽, 태평양 서북부쪽 같은 추운 지방에서도 잘 자란다. 'Gewurz'는 spicy(양념을 넣은, 향긋한)의 뜻을 가진 독일어이다. 간편하게 '트라미네르(Traminer)'라고도 한다.

슈냉 블랑(Chenin Blanc)

프랑스의 발 드 루와르 지방에서 가장 많이 재배되는 화이트 와인용 포도품종으로 삐노 드 라 루아르(Pineau de la Loire)라고도 불리며, 루아르 지방의 앙쥬(Anjou)와 뚜렌(Touraine)의 무감미, 중감미, 감미 화이트 와인의 대표적인 품종이다.

슈냉 블랑은 신선하고 매력적인 부드러움이 특징이며 껍질이 얇고 산도가 좋고 당도가 높은 편이다. 적당한 알콜과 신맛이 나며, 미디엄 바디를 가진 와인을 만들며, 세미 스위트 타입으로 식전주로 많이 이용되며 간편하고 과일 향이 짙다.

슈냉 블랑 품종으로만 만든 와인은 벌꿀향, 꽃향기, 젖은 지푸라기향, 스모크향 등이 풍부하하며, 사과향, 복숭아향, 배향, 달콤한 벌꿀향 등이 특히 매력적이다. 늦게 익는 성질 때문에 매우 섬세한 꿀향과 꽃향기 향을 얻을 수 있으며, 꼬또 뒤 레이옹(Coteaux du Layon), 까르 드 숌(Quarts de Chaume), 부브레(Vouvray), 몽루이(Montlouis) 등의 토양에서는 눈에 띄게 좋은 균형을 얻는다. 또한 전통적인 방법에 따라 제조되는 발포성 포도주의 기초가 되는 품종이기도 한다.

신세계 와인 생산 국가에서는 테이블 와인 양조의 기초품종으로 사용하기도 하며 호주에서 많은 양이 생산되지만 대부분 블렌딩 목적으로 사용되므로 품질이 낮은 편이다. 남아프리카공화국에서는 주정강화 와인과 스피리츠(spirits)를 생산하는데 기초품종으로 사용되며 꽃, 견과류, 복숭아 등의 향미를 지니고 있다.

알리고테(Aligote)

원산지는 프랑스 브루고뉴 지방의 꼬뜨 샬로네즈(Cote Chalonnaise), 부즈롱(Bouzeron)이며 18세기말 부르고뉴에서는 삐노(Pinot)종의 일부라고 기록하고 있다.

1980년대에는 매우 인기 있는 품종이었으나 지금은 부르고뉴 지역에서 재배되는 2등급 청포도로 빨리 성수하며, 산미와 상쾌한 맛을 지닌 품종으로 화이트 와인의 원료로 쓰인다. 또한 껍질이 얇고 산이 매우 높으며, 상큼한 느낌을 지니고 있고 산출량이 많으며 일찍 마실 수 있는 장점이 있지만 품질은 높게 평가 받지 못한다.

한편 샤로도네와 삐노 누아에 비해 중요성은 떨어지지만 샤블리 지방에서는 꾸준히 생산량이 늘고 있으며, 데일리 드라이 화이트 와인을 생산하는데 사용하고 부르고뉴의 크레망 양조에도 쓰이고 있다. 동유럽에서는 매우 대중적인 품종으로 스파클링 와인 양조의 기초품종으로 쓰이고 감귤류, 개암, 복숭아 등의 향미를 지니고 있다.

뮈스캇(Muscat)

특정 품종이 아닌 백 가지 넘게 변종을 가지고 있는, 세계에서 가장 오래된 포도품종으로 식용, 건포도, 와인용 등 다양하게 쓰이는 여러 가지 품종을 하나로 묶어서 표현한 말이다. 색깔도 다양하고 아주 다양한 기후에서 여러 가지 와인을 생산한다.

모두 특이한 냄새를 가지고 있는데 이 향은 사향(Musk)과 비슷하면서 포도와 와인에서 모두 풍긴다. 따뜻한 지역에서는 스위트 와인을, 추운 지역에서는 드라이 와인을, 이탈리아에서는 스파클링 와인을 만들어 내고 있다. 기본적으로 낮은 산도와 풍부한 플레이버를 가지고 있으며, 독특한 꽃향기를 지니고 있다. 여러 변종이 있는데, 대표적인 것들은 다음과 같다. Muscat Blanc a Petits Grains, Muscat Canelli, Brown Muscat, Moscato Bianca, Liqueur Muscat이다

뮐러 트루가우(Muller-thurgau)

독일에서 널리 재배되는 포도품종. 리즐링(Riesling)와 실바너(Sylvaner)의 교배종이다. 이것을 만든 사람의 이름을 따서 붙여졌다. Liebfraumilch 와인을 주로 만든다. 영국이나 헝가리, 뉴질랜드, 오스트리아, 스위스 등 비교적 추운 지역에서 잘 자란다. 수확량이 많은 것이 특징이며, 부드럽고, 꽃 향기가 나며, 산도가 낮은 와인을 만든다.

뮈스카데(Muscadet)

뮈스카데는 루아르 지방의 패이 낭테(Pays Nantais)에서 생산되는 향이 뛰어난 무감미 화이트와인 이름이며, 원산지통제명칭(AOC)와인의 생산에 사용되는 유일한 포도 품종이다. 원래는 '믈롱 드 부르고뉴(Melon de Bourgogne)' 혹은 '가메 블랑(Gamay Blanc)'이라고 하는 품종으로 '뮈스카데(Muscadet AC)', 그 이름이 바로 포도품종을 가리킨다.

대서양 기후의 영향으로 온화하고 습한 기후에서 생산되는 이 지역 와인은 적당한 신맛과 부드러운 특징을 지니며, '뮈스카데'는 게, 가재와 같은 갑각류와 굴, 조개 등의 싱싱한 해산물과 어우러지면 음식의 맛을 잘 살려주어 그 진가를 발휘한다. 특히 '뮈스카데 드 세브르 에 멘(Muscadet de-Sevre-et-Maine)'은 주로 '쉬르 리(Sur Lie)'라는 이 지역 전통적인 와인 제조기법을 사용해 만들어져 과일 향이 풍부하다.

실바너(Sylvaner)

원산지는 오스트리아며 주 분포지역은 프랑의 알자스 비방, 중부 유럽 지역에서도 널리 재배되고 있으며, 라인 강 유역, 스위스, 오스트리아 등지에 분포하고 있고, 오늘날 뉴질랜드, 호주, 캘리포니아 등지에서 매우 넓게 재배하고 있다.

실바너는 화이트 와인의 여러 스타일 가운데 가장 가벼운 와인에 속하는 품종으로 상쾌한 과일 향의 맛과 신맛을 함께 동반하는 특징을 보인다. 또한 실바너 포도 종은 다산에 속하며, 일찍 수확하는 계열에 속한다. 때로는 독자적인 맛을 내는 와인을 빚

을 수도 있으나 그리 흔한 일이 아니며, 일반적을 다른 포도 종과 블렌딩하기에 적합하다. 특히 모리오 무스카트(Morio-Muskat)와 좋은 파트너가 되고 있다. 실바너는 기온이 약간 찬 곳에서 빚은 와인이 훌륭하며 파란사과 파란허브, 견과류의 향미를 지니고 있다.

트레비아노(Trebbiano)

이탈리아에서 대표적인 화이트와인 품종 중 하나로 토스카나 지방에서 주로 재배되고 있는데, 트레비아노 로마뇰로(Trebbiano Romagnolo)라고도 불린다.

이 포도는 재배가 쉽고 생산량이 많으며, 산도가 높고 알코올 생산량이 낮다. 새순이 늦게 나와 서리의 피해가 적으며, 잎이 매우 크고 날카롭고 포도송이는 좁고 길다. 또한 향이 다소 단순하여, 부드러운 맛이 덜하지만, 포도 익는 기간이 길어 적당한 산도를 유지하고 와인에 안정감을 준다. 포도송이가 서롤 떨어져서 병충해 피해를 줄이는데 도움이 된다.

주 분포지역은 베르디키오(Verdicchio), 이탈리아 중부와 남부 특히, 마르케(Marche) 지역에 주로 재배되며, 프랑스, 캘리포니아, 남아프리카공화국, 아르헨티나, 오스트리아에서도 재배되고 있다. 프랑스에서는 위니 블랑(Ugni Blanc) 혹은 쌩-밀리옹(Saint-Emlion)으로 불리며, 이탈리아 프랑스 양국에서 가장 평범한 청포도 품종에 속한다.

트레비아노는 표피가 두껍고 산도가 높으며 알코올 생산량이 낮아, 맛과 향이 라이트 하면서 맑은 기풍의 감귤류의 자연향이 난다. 특히 가르가네가(Garganega)품종과 블렌딩할 경우 가르가네가의 전형적인 틀과 농도에 톡 쏘는 상쾌함을 더해준다.

피노 블랑(Pinot Blanc)

샤도네이와 여러 가지로 비슷하기 때문에 가난한 자의 샤도네이라 불리기도 한다. 드라이하며, 입안에서의 느낌이 꽉차고 풍부하며, 감귤류, 풋사과의 신맛이 나는 신선한 와인을 생산해 낸다. 프랑스 알자스 지방에서 많이 재배되며, 독일이나 이탈리아 북쪽에서도 재배된다. 캘리포니아에서는 오크통에서 숙성시킨 스타일로 생산되기도 한다.

피노 그리(Pinot Gris)

회색빛이 도는 포도품종. 서늘한 기후의 알자스와 토카이 지역에서 재배된다. 풀바디, 부드러운 향, 중간 정도의 산도를 가지고 있으며 피니시가 기분 좋은 와인을 만들어 낸다. 같은 품종이지만 이탈리아 북동쪽에서 재배되는 것은 Pinot Grigio라 불리는

데, 이것은 프랑스산과 전혀 다른 스타일을 보여준다. 일찍 수확해 낮은 온도에서 발효시켜 산도가 풍부하고 상큼한 와인이 된다. 뉴질랜드나 캘리포니아, 오리건 같은 서늘한 지역에서도 많이 재배되고 있다.

샤슬라(Chasselas)

원산지는 이집트 또는 프랑스의 마꽁(Macon)지방이며 다른 종과는 달리 식용과 양조용의 두 가지 기능을 두루 갖추고 있다. 1536년 프랑수아 1세의 치세 EO 터키와 무역에 관한 조약을 체결 한 후 프랑의 한 대사가 귀국길에 샤슬라 포도나무의 줄기를 들고 둘어와 퐁텐블루(Fontanine bleu) 성과 토므라(Thomery)에 식재한 것이 연유가 되어 궁정에서 숍게 찾아볼 수 있게 되었다고 한다. 이런 이유로 '왕실의 포도(A Royal vine)'라 불리우기도 한다. 또한 중세 시토(Citeaux) 수도회의 수도사들에 의해 샤슬라는 데잘레(Dezaley) 언덕에 처음으로 재배되고, 이름도 펜단트(Fendant)이라 불리우게 되었다.

샤슬라는 프랑스으 가장 일반적인 테이블 와인 생산 품종으로 품질이 떨어진다는 인식이 다소 있다. 하지만 스위스에서는 가장 인기 있고, 널리 재배되는 품종이며, 독일, 이탈리아, 이베리아 반도, 알제리, 칠레. 캘리포니아 및 뉴질랜드 등에서 재배되 있다. 샤슬라는 가볍고 드리이하며, 약간의 기포가 일고, 매누 산뜻한 맛을 보인다. 또한 피니쉬가 조금 자극적이고 사과류, 감귤류, 복숭아, 미네랄 등의 향미를 지니고 있다. 스위스의 퐁듀의 잘 어울린다.

피오나(Fiano)

원산지는 이탈리아 캄파니아 주이며 포도송이는 작은 편이고 원추형에 밀도는 낮으며, 포도껍질은 단단하다. 또한 포도 알은 호박색에 가까운 노란색에 타원형이며 약간 아삭아삭하고 과즙이 달다. 피오나는 당 함유량이 매우 높고 우아한 맛과 세련된 균형이 특징적이라고 할 수 있으며 풀리아(Puglia)에서는 '마르티나 프란카(Martna Franca, DOC)'의 블렌딩 품종으로 이용된다. 서부 시칠리아에서도 꾸준히 생산량이 늘고 있으며 꿀, 스파이시, 야생화 등의 향미를 지니고 있다.

가르가네가(Garganega)

원산지는 그리스이며, 주 분포지역은 그리스와 이탈리아 일부지방이다. 품종의 모양은 중간 크기의 잎이 다섯갈래로 나누어져 있으며, 끝이 매우 뾰족하고 탁한 녹색이다. 포도송이는 상부가 넓고 긴 원통형이며, 포도 알맹이는 타원형의 중간 크기이고 금빛이 도는 노락 색에 잘 떨어지는 경향이 있다. 껍질이 두껍고 단순한 맛의 과즙이 풍부하다. 주로 이탈리아 베네토 지방에서 소아베(이탈리아 화이트 와인의 좋은 유형 중의 하나로서 항상 여러 포도품종과 블렌딩하며, 주로 북부 이탈리아에서 생산되는데, 특히 병입 후 1-2년 이내에 마시는 것이 좋다)와인의 양조에 쓰인다.

가르가네가는 소아베(Soave) 양조에 매우 중요한 품종으로 70-100%를 차지하며 종종 트레비아노 디 소아베(Trebbiano di Sozve)의 집중감을 높여주기 위해 블렌딩되며 샤르도네 또는 다른 풍종을 돋보이게 하기 위해 첨가되기도 한다.

자연적으로 높은 산도로 인해 밋밋한 와인에 매력적이 섬세한 풍미를 더해 줄수 있으며 아몬드 향이 약하지만 분명하게 느껴지고, 과일의 당도로 조화를 이끌어 낼 수 있다. 아몬드, 감귤류, 야생화 등의 향미가 특징이다.

비오네에(Viognier)

원산지는 프랑스 남부 론 지방이며, 프랑스 꼬뜨 뒤론(Cotes du Rhone) 지방과 미국의 캘리포니아 지역, 이탈리아, 오스트리아, 캔다, 아르헨티나, 칠레, 오스트레일리아, 남아프리카 등에서 생산되며, 산출량이 적고 병충해에 약한 화이트 와인 품종이다. 경우에 따라서 볏집색이 나며, 라이트-미디엄 바디 와인에서는 강한 오렌;지 꽃 복숭아와 배향이 난다. 꼬뜨 로띠(Cote Rotie)와인을 만들기 위해서 쉬라즈 품종과 블렌딩 되지만 론 북부 지방의 꽁드리외(Condrieu)와 샤또 그리에(Chateau-Grillet)는 이 품종만을 이용하고 있다.

비오니에는 메마르고 더운 지방에서 잘 자라며 알코올 도수가 높고 배와 살구의 풍미가 특색이 있다.

■ 와인의 종류별 특징과 다양한 스타일

아마로네(Amarone)

말린 포도를 가지고 만드는 와인 아마로네(Amarone)

이탈리아 와인 중 3대 명품을 꼽으라면 피에몬테(Piemonte) 지역의 바롤로(Barolo), 토스카나(Toscana) 지역의 부르넬로 디 몬탈치노(Brunello di Montalcino), 그리고 베로나(Verona) 지역의 아마로네(Amarone)를 이야기한다.

이 중 우리에겐 아직 많이 알려지지 않은 와인이 바로 베로나 지방에서 생산되는 아마로네다. 이 와인은 로미오와 줄리엣의 본고장인 베로나에서 말린 포도로 만든다.

아마로네를 좀 더 정확하게 표기한다면 '아마로네 델라 발폴리첼라(Amarone della Valpolicella)'라고 한다. 이를 풀어보면 '발폴리첼라 마을에서 나온 아마로네'란 뜻이다. 발폴리첼라(Valpolicella)란 라틴어로 '포도주저장고가 많은 계곡(Valley of many cellars)'이라는 의미를 지니고 있다.

포도가 완전히 익은 11월 중순경에 최고의 포도만을 직접 손으로 선별하여 수확한 후 바람이 잘 통하는 볏짚 위에 올려 놓고 4~5개월 정도 제대로 말린다. 아파시멘토(Appassimento)라 불리는 이 방식은 세심한 손질이 필요하며 꽤 까다로운 편이다. 4세기경부터 소개된 아주 오래된 양조 방식이다. 규정상 알코올 도수가 최하 14% 이상 되어야 한다. 통상 15% 정도이며 17%까지 올라가는 경우도 있다.

높은 알코올 도수가 부담스럽게 느껴질 것 같지만 실제로 맛을 보면 의외로 부드럽게 넘어가는 것이 특징이다. 처음 맛을 보면 코냑과 같은 브랜디의 향기가 살짝 느껴질 것이다.

아마로네는 매우 적은 양만 생산된다. 최고의 포도만을 선택해야 하기 때문에 재배면적에 비해 생산량이 적고 세심한 주의를 기울였을 때에만 제대로 된 아마로네가 만들어지기에 더욱 그러하다. 일단 '아마로네 델라 발폴리첼라' 라는 말이 들어가면 프랑스 보르도의 특급와인에 버금갈 만큼 가격이 높다.

아마로네 와인은 진한 풍미로 인해 음식을 곁들이지 않고 그라나 파다노와 같은 딱딱한 파마산 치즈를 안주 삼아 즐겨도 충분히 즐겁다. 이 와인을 제대로 즐기려면 마시기 2시간 전에 미리 열어 두거나 디켄팅을 해두는 것이 좋으며 온도는 일반 레드 와인보다는 1~2도 정도 높은 19~20도에 마셨을 때 더욱 제 맛을 느낄 수 있다.

■ 아이스 와인(Ice Wine) 혹은 아이스 바인(Eiswein)

아이스와인 – 한겨울에 수확하는 얼음 와인

1월이 되면 독일과 캐나다의 추운 지방에서는 얼음과 눈으로 덮여있는 포도밭에서 단단하게 얼어붙은 포도들을 수확한다. 10일 이상 영하 7~10도 혹은 그 이상에 달할 때에만 수확이 가능한 아이스 와인. 건포도에 가까울 정도로 쪼그라든 얼음 같은 포도를 강한 추위 속에서 직접 손으로 수확한다. 이렇게 만들어지는 아이스와인은 생산 가능지역이나 그 양이 극히 제한적이다.

수확된 얼음 포도들은 양조장으로 옮겨진다. 포도를 으깨어 얼음을 제거한 후 압착한다. 거의 꿀처럼 농축된 극도로 달콤한 극소량의 포도즙을 짜내어 발효하게 된다. 포도나무 한 그루당 일반 와인 병의 절반 정도인 375ml 용량의 포도즙 한 병이 겨우 만들어진다. 이 포도즙을 발효하여 만든 것이 바로 아이스와인(Ice wine)이다.

아이스와인의 원조인 독일에서는 아이스바인(Eiswein)이라 부른다. 18세기경 어느 농부에 의해 우연히 발견되면서 시작됐다. 전 세계적으로 최고의 화이트 와인 품종으로 알려진 리슬링(Riesling) 품종을 주로 사용하고 가끔 실바너(Silvaner) 품종을 사용한다.

'베른카스텔러 닥터 리슬링 아이스바인(Berncasteler Dr. Riesling Eiswein)'은 독일 아이스와인으로 우리가 시중에서 접할 수 있는 유명 와인 중 하나이다. 와인 병에 표시된 닥터(Doctor)란 이름에는 꽤 의미 있는 사연이 있다. 1360년경 신성 로마제국시절 트리어 대주교인 뵈문트(Boemund) 2세가 베른카스텔을 방문하던 중 열병에 걸려 모든 의사를 동원했지만 병세의 차도가 없이 거의 사망 지경에 이르렀다. 이때 이 마을의 농부가 바친 와인을 마시고 그 다음날 완쾌됐다. 대주교는 농부에게 감사의 뜻으로 와인에 베른카스텔의 의사란 의미의 '베른카스텔러 닥터'란 칭호를 부여하게 된 것이다. 이 와이너리의 와인은 그 전통성이나 우수성에서 최고 중 최고로 인정받고 있다. 정상회담이나 만찬행사에서 자주 서빙된다.

좀더 저렴한 가격으로 쉽게 아이스와인을 접할 수 있게 된 것은 캐나다에서 아이스와인이 만들어지면서부터이다. 캐나다의 포도품종인 비달(Vidal)은 독일의 클래식 아이스와인을 만드는 화이트 리슬링(Riesling) 포도 품종에 비해 저렴하고 부담없이 접근할 수 있다.

캐나다의 아이스와인이 급속도로 높은 인기를 얻게 된 것은 저렴한 가격 덕분이지만 그래도 여전히 아이스와인의 가격은 만만치 않다. 캐나다는 리슬링, 비달 품종뿐만 아니라 다양한 포도 품종을 가지고 아이스와인을 시도한다. 심지어 레드 품종인 메를로나 피노누아를 가지고 아이스와인을 만들어내기도 한다.

귀부 와인 – 보트리티스(Botrytis) 영향을 받은 와인

곰팡이가 가득한 포도를 수확하여 만드는 와인이 있다. 그런데 이 와인의 가격은 상상을 초월할 정도로 비싸다.

모든 포도밭이 수확이 끝나 낙엽이 뒹구는 10월 초가 되면, 비로소 이 지역은 포도수확을 시작한다. 노랗게 익다 못해 곰팡이가 풀풀 날릴 정도로 부패한 듯 보이는 포도를 일일이 손으로 수확한다. 겉으로 보면 도저히 먹을 수 없을 것 같은 이 볼품없는 포도가 세상에서 가장 진귀하고 달콤한 와인으로 변신하는 것이다.

보르도는 단지 레드 와인만 최고가 아니다. 보르도의 가장 남쪽으로 내려가면 매우 조용한 시골마을 소테른(Sauterne)이 나타난다. 이 마을에서 바로 이 독특한 와인을 만들고 있는 것이다.

와인 애호가라면 보트리티스 시네리아(Botrytis Cinerea)라는 이야기를 한번쯤은 들어보았을 것이다. 다른 말로는 귀부(Noble Rot · 귀하게 부패한) 와인이다.

포도가 가지는 독특한 곰팡이가 사람 몸에 이롭게 작용하는데, 이러한 독특한 현상이 가능한 곳은 매우 한정되어 있고 특별한 기후환경이 주어졌을 때만 가능하다. 오전에는 안개가 심하게 끼어 습기 찬 날씨지만 오후가 되면 강한 햇빛이 내리쬐어 포도를 건조하게 한다. 이런 기온이 반복되는 과정에서 포도는 변질되지 않고 더욱 맛있고 몸에는 이롭게 변신하는 것이다.

노블 보트리티스를 통해 최종적으로 얻어지는 와인에서는 꿀과 같은 달콤한 맛뿐만 아니라 믿어지지 않을 정도로 복잡 미묘한 향과 맛을 발산하게 된다.

이러한 방식으로 만들어지는 와인으로는 프랑스산 소테른(Sauternes)에서 생산되는 와인들이 유명하다. 이 지역은 세미용(Semillon)과 소비뇽 블랑(Sauvignon Blanc)을 이용해 일부는 혼합하기도 하고 일부는 한 가지 품종만을 가지고 달콤한 와인을 만든다. 그 외 보트리티스 시네리아의 영향을 받는 와인들은 독일을 포함한 기타 지역에서도 다른 이름으로 매우 소량 생산된다.

소테른 와인 중 최고로 알려진 것은 샤토 디켐(Chateau d'Yquem)이다. 디켐의 경우 가치 있는 포도주 한 잔을 만들어내기 위해 포도나무 한 그루가 쓰인다. 이 와인은 병입하기 전에 3~5년간 오크통에서 숙성을 시킨다. 병입 후에도 20년 이상은 기다렸다가 마셔야 그 와인의 맛과 향의 진가를 느낄 수 있다. 시간이 지날수록 점점 더 좋아져 100년 이후에도 마실 수 있는 와인으로 유명하다. 이 와인은 375㎖ 용량으로 기존 와인 병의 절반 사이즈이다. 그리고 시중에서 적어도 50만~70만원은 줘야 맛볼 수 있는 매우 귀한 와인이기도 하다.

(2) 포도의 재배

① 기본조건

위치

현재 지구상에서는 남반구, 북반구 모두 와인재배가 이루어지고 있다.

대략적으로 위도 남북위 30도-50도 사이에서 평균 기온이 10℃-20℃를 나타내는 곳이 포도 재배 지역이다. 동해안에 비해서 습기가 덜 차고 시원하며 안개와 산이 포도나무를 바람과 비로부터 보호한다. 일반적으로 가장 좋은 포도밭은 언덕, 구릉 같은 약간 경사진 지면에 위치하여 일조량을 많이 받을 수 있는 곳이다.

이런 지역은 서리의 피해도 덜 입을 수 있고 자연적인 배수도 용이하다.

날씨와 기후

기후 역시 좋은 포도를 생산하기 위한 중요한 요소 중 하나이다.

좋은 포도를 얻기 위한 최적의 기후 조건은 다음과 같다.

- 화창하고 따뜻한 여름이 길게 지속되어야 한다. 이런 기후는 포도의 당도와 산도가 조화롭게 성숙될 수 있도록 돕는다.
- 건조하고 햇빛이 많은 가을은 포도가 성숙하는데 필요한 요소이다.
- 겨울 동안 날씨가 유동적이어야 한다. 그래야 포도나무가 온도에 잘 적응되고 견딜 수 있다.
- 이런 요소 이외에 포도 품종에 따라 조건이 달라진다. 예를 들어 리슬링의 경우 시원한 날씨, 시라는 더운 날씨에 잘 자란다.

포도가 싫어하는 날씨

- 겨울의 추위 : 포도나무 둥지와 뿌리에 막대한 피해를 입게 된다.
- 봄 서리 : 꽃봉오리와 어린 싹에 피해를 주어 수확에 큰 해를 끼친다.
- 홍수, 더위 : 포도나무에 밀디유, 오이듐균, 보트리티스등의 병을 일으킨다.
- 추위 : 포도알의 성장을 막아 포도의 결실을 방해하므로 수확에 손실을 준다.

토양

역설적인 이야기지만 척박한 땅일수록 좋은 포도를 만들어 낸다. 영양분이 많은 부식토는 포도 경작에는 부적합하다. 포도 나무는 석회석, 자갈, 모래, 암반 등이 섞인 볼품없는 토양을 좋아한다. 자갈이 섞인 토양은 낮 동안 태양의 열을 받아 간직했다가 밤에 다시 발산함으로 해서 포도나무의 생장에 적합한 지열조정역할을 한다. 진흙은 포도나무 뿌리 쪽에서 수분이 완전히 빠져나가는 것을 막아주는 한편 흙 속에 저장된 수분을 필요에 따라 뿌리에 공급해주는 기능을 한다.

토양	특징
Alluvial deposits 충적토	자갈, 모래 , 흙 등이 퇴적되어 만들어진 토양으로 비옥하다.
Calcareous 석회질 토양	석회질 토양은 칼슘, 마그네슘, 탄소를 풍부하게 함유하고 있다. 특히 통기와 배수가 잘 되고 구조가 견고하여 포도나무가 자라기에 아주 좋은 토양이다.

Chalk 백악질 토양	석회암 지질 중 하나. 백악질은 지질이 부드럽고 흰색과 옅은 색을 띠며 알칼리성 토양이라 상대적으로 포도의 산도를 높여준다. 양분과 수분을 충분히 공급해 주며 싸늘하고 촉촉한 기후를 지닌 샴페인 지방에서 흔히 볼 수 있는 지질이다.
Clay 진흙 토양	입자가 가장 작다. 대체적으로 진흙은 차갑고 배수가 잘 안 되며 침수가능한 산성질로 자체 토양만으로는 포도 농사에 적합하지 않다. 그러나 다른 토양과 잘 섞어서 경작하면 도움이 된다.
Colluvial deposites 사적토	풍화된 자갈과 토양의 잔해로 경사면의 가장 낮은 지역에 퇴적된 토양이다.
Granite 화강암	단단하고 미네랄이 풍부한 바위 지질로 빨리 열이 달아오르고 오래 지속된다. 화강암은 산도가 높은 토양이라 와인의 산도를 약간 감소시킨다. 따라서 가메이를 재배하는 보졸레 지역에 딱 맞는 토양이다.
Limestone 석회암	탄산을 포함하고 있는 퇴적암으로 옅은 색을 띠고 있다. 단단한 지반과 배수 관계가 용이하고 알카리성이 풍부하여 산도가 높은 포도를 생산해 낸다.
Silt 침적토	매우 정제된 고운 지질로 모래보다 잘고 진흙보다 거칠다. 비교적 영양분이 많은 비옥한 땅에 물을 잘 흡수하는 특징을 지닌다. 나파 밸리에서 많이 볼 수 있는 토양이다.
Slate 점판암	이판암과 점토에서 나오는 딱딱한 형태의 토양으로 열을 받으면 잘 식지않고 상태를 유지한다. 포도 나무 성장에 적합한 토양으로 우수한 품질의 와인을 생산해 낸다. 모젤 지역에서 많이 볼 수 있는 토양이다.
Terra rossa	붉고 진흙과 같은 성분의 토양. 주로 지중해성 기후나 호주의 쿠나와라 지역에서 볼 수 있는 토양이다.

테루아르 (Terroir)

같은 품종이라도 다른 와인을 만들어 내는 차이는 양조 방법에도 있겠지만 무엇보다 테루아르의 차이라고 볼 수 있다. 테루아르는 포도밭의 특징을 지워주는 자연적요소의 전반을의미한다. 즉, 토양, 자연환경, 위치, 지형학적 조건, 기후 등을 일컫는 것이다

재배방법

포도 재배는 기후를 비롯한 환경적인 조건도 중요하지만 재배자의 기술 역시 많은 영향을 끼친다. 같은 지방에서 같은 품종으로 재배하여도 다른 맛을 내는 것은 바로 이 기술의차이이다. 포도는 원래 생장속도가 빠른 식물로 그냥 두면 잎이 크게 자라나 작은 열매를 얻게 된다. 양조에 적합한 알이 큰 포도를 얻기 위해서는 기본적인 작업을 거쳐야 한다. Vine Traning 이라 칭하는 이 방식은 가지 고르기 방법으로 각 지방마다 독특한 방식을 지니고 있다. 여기에서는 가장 대표적인 포도 가지 고르기를 형태

에 따라 몇 가지 소개하고자 한다

㉠ Guyot - 울타리 만들기

Jules Guyot에 의해 1869년 발전된 방식으로 기요 심플과 기요 더블 두 가지 방식이 있다.

기요 방식은 포도밭을 관리하기에 가장 쉽고 수확하기에도 편하다. 주로 보르도, 부르고뉴 등에서는 기요심플방식을 채택하고 독일을 비롯한 다른 유럽 캘리포니아 등에서는 기요더블방식을 채택하고 있다.

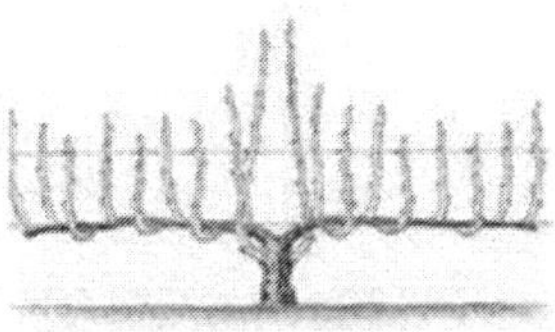

Guyot Double

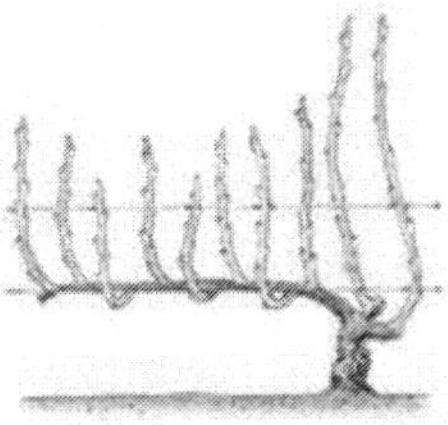

Guyot Simple

㉡ Cordon - 울타리 만들기

주로 샴페인용 피노 누아르나 샤블리 지역의 샤도네이 재배시 쓰이는 방식으로 기요 심플보다 덜 복잡한 시스템이다.

㉢ Goblet - 기둥 만들기

주로 프랑스의 보졸레, 코트 뒤 론, 스페인 등 건조한지역에서많이 쓰이는 방법이다.

이런 방식은 사람의 수작업을 그다지 요구하지 않아 편리한 이점이 있다. 성장을 제약할 필요가 없는 품종이나 태양빛을 많이 받고 비가 오지 않는 지역에 적합하다.

㉣ Mosel - 대 만들기

독일의 모젤 지역에서 쓰이는 방식. 일조 시간이 짧기 때문에 태양의 빛을 잘 받을 수 있도록 나무마다 대를 설치한다. 또한 급경사 지역에도 알맞은 포도 재배 방식이다.

재배 캘린더

월	시기	내용	사진	설명
1월 2월	휴식기	가지치기 가지정리 밭갈이		휴식기 겨울 기간 동안 가지치기, 가지 정리, 밭갈이로 포도가 잘 자랄 수 있도록 환경을 조성해준다. 일반적으로 수작업으로 진행되지만 미국에서는 기계화된 지역도 있다.
3월	양수기	물을 흡수하여 발아를 시작한다.		지력보강 연속되는 수확으로 인해 부족된 필수 성분을 보충해 주어야 한다. 이 시기부터 본격적인 포도나무의 생장주기가 시작된다.
4월	발아기	새순이나온다.		그루터기, 흙보듬기 Ledebuttage(데뷔따쥬) 포도 그루터기 밑둥에 생기를 넣기 위해 포도 나무가 늘어선 줄 가운데로 흙을 모아주는 작업이다. 이 작업은 제초뿐 아니라 토양이 숨쉬게 하며 빗물이 스며들도록한다. 이 시기부터 봉오리가 점점 커지기 시작하여 기온이 10도 정도가 되면 새 순이 나온다.
5월	전엽기	잎이 자라기 시작한다.		포도나무돌보기 포도나무는 곰팡이가 흔치 않지만 기타 바이러스나 박테리아로 유발되는 병에 걸리지 않도록 꼼꼼히 돌보아야 한다.
6월	개화기	꽃이 피기 시작한다.		개화 및 결실 본격적인 개화. 섭씨 20도가 되면 시작되어 10여일 걸쳐 진행되고 꽃으로 피어난다. 개화는 수확시기를 결정짓는 조건이다. 또 이 시기에 가지를 말뚝에 고정시키고 그루터키에서 새로 나는 어린 나무에 남겨놓을 잔가지나 햇가지를 철사에 묶는다.
7월	결실 성숙	포도의 열매가 익어가는 시기		가지치기 계속해서 자라면서 포도가 흡수할 영양분을 가로챌 우려가 있는 포도나무의 가지 끝을 친다.
8월				잎 따주기 포도송이 주변의 잎들을 어느 정도 제거해 주어야 일조량을 늘일 수 있으며 포도 껍질의 착색과 포도 알의 숙성을 촉진시킬 수 있다. 초여름동안 알이 커진 포도는 아직은 초록색의 단단한 모양을 하고 있다. 8월 15일경이 되면 색깔이 변하여 품종에 따라 짙은 보라색이나 반투명의 노란색 빛깔로 물이 든다.

9월				성숙기 수확하기 전까지 탄닌과 색소, 아로마의 함량은 계속해서 증가한다. 포도의 익은 상태에 따라 수확에 들어가기 시작한다.
10월	수확	개화 후 100일째		본격적인 수확이 시작된다. 수확이 끝나고 나면 포도나무잎이 변색되고 떨어져 버린다.
11월				흙을 나무 그루터기에 부어주어 겨울의 결빙을 막는 것이다. 이 두둑 만들기는 큰 추위가 닥치기 전에 끝내야 할 작업이다.
12월	낙엽기 휴식기	수확이끝난 후 휴식기간		포도나무는 잎이 모두 떨어지고 긴 휴식 기간에 들어간다.

6) 와인의 양조법

(1) 와인의 제조과정

"와인의 제조과정"은 크게 포도를 수확해서 열매를 분리 및 파쇄하는 과정, 포도쥬스를 만들고 발효하는 과정, 숙성과 와인의 병입과정의 단계로 이루어진다.

① 포도 수확

포도수확은 보통 늦여름에서 가을에 걸쳐서 이루어지며, 포도밭의 지역적인 기후에 따라 달라질 수 있으나 일반적으로 위도에 따라서 결정된다. 북반구의 포도밭은 8월말에서 10월말까지, 남반구의 포도밭은 2월말에서 3월까지 수확한다.

수확기가 가까워지면 포도과립의 수분 함량이 줄어들며 당분이 증가한다. 당분과 반비례로 유기산의 조성이 변하며(사과산에서 주석산으로)유기산의 총함량도 줄어들게 된다. 포도밭 관리자와 와인메이커는 당분의 증가와 유기산의 감소정도를 관찰하여 수확 시기를 결정한다. 수확 시 주의사항으로는 한낮의 너무 더울 때는 수확을 피하고 아침, 저녁의 다소 서늘할 때 수확하는 것이 좋다. 이는 포도 과피(열매껍질)에 다량으로 있는 야생효모에 의한 발효를 저지할 수 있기 때문이다. 또한 수확기로 수확 할 때도 이런 문제를 피하기 위하여 야간에 수확하고 있다. 포도 수확은 보통 늦여름에 하는데 각 나라마다 조금씩 차이가 난다. 이것은 와인의 품질을 결정하는 중요한 단계이기 때문에 포도 경작을 책임지는 사람이 시간과 기후를 판단하여 수확한다. 수확된 포도는 와인 공장으로 운반되어진다.

포도알 속의 당분과 수분을 분석하여 수확날짜가 정해진다. 흔히 보통 일상 속에서 가볍게 마시는 와인의 경우 기계로 수확을 하게 되며, 좀더 오랜 숙성 기간을 필요로 하는 고급의 포도주일 경우에는 보통 사람의 손으로 수확한다. 이른 시기에 수확하는 경우 당분이 부족하고 산도 과다로 와인의 바디가 약하고 산도가 강한 와인이 만들어지며 늦게 수확할 경우 아로마 감소, 산도 부족, 당도 과다로 향이 부족하여 알코올함량만 높은 특색 없는 밋밋한 와인이 만들어지게 된다. 따라서 적정한 수확 시기가 매우 중요하다 하겠다.

② 제경과 파쇄

와인을 만들려면 포도송이에서 알맹이를 분리해야 하는데, 이작업을 제경이라고 한다. 포도 줄기를 제거하고, 화이트 와인의 경우에는 포도껍질과 알맹이를 분리한다. 이 일은 상당히 번거로운 일이나 고급 와인을 만들려면 이 작업을 필요로 한다.

으깰 때는 씨나 껍질이 갈라지면 쓴맛과 풋내가 나므로 전통적이니 방법인 맨발로 밟는 것이 씨나 껍질에 손상을 주지 않기 때문에 좋은 방법이다.

③ 압착

포도알갱이를 눌러서 즙을 짜내는 것이 압착이라고 하는데 이 과정에서 포도껍질 위에 약간 하얗게 붙어있는 효모가 포도즙과 섞이는데 이것이 발효를 촉진시키는 것이다.

화이트 와인은 과육만을 압착하여 과육을 만들고 레드와인은 과육, 과피, 과즙, 씨를 모두 탱크에 넣어 전 발효 시킨 후 포도 껍질과 알맹이를 압착하여 과즙을 만든다.

④ 전 발효

포도주스는 발효 탱크로 옮겨져 발효되어진다. 발효란 효모가 당분을 먹이로 하여 알코올과 이산화탄소로 변화시키는 과정으로 효모를 첨가하여 포도의 당분을 알코올로 변화시키게 만든다. 이때 적정온도가 유지되어야 하는데 포도주스와 공기가 접촉하게 도면 품질이 나빠지므로 발효탱크 외부에 물을 뿌려 주거나 차가운 공기를 순환시키면서 발효시켜야 한다. 발효를 막 끝낸 와인은 효모와 포도주스에 들어 있는 고형물로 인해 흐린 상태를 하고 있는데 효모와 고형물을 침전시킨 후에 맑은 와인만 저장용기에 따라낸다. 이때 한번 걸러진 와인을 어린 와인이라고 부른다.

한편 발효공정은 화이트와인과 레드와인이 서로 다르며, 화이트와인은 압착된 주스를 발효 시키고 레드와인은 머스트 상태로 발효시킨다. 레드와인의 껍질, 씨의 분리시기는 와인의 맛, 숙성기간 등을 고려하여 발효 중간 또는 발효가 완료된 상태에서 압착할 것인가를 와인메이커가 결정하게 된다.

⑤ 후발효

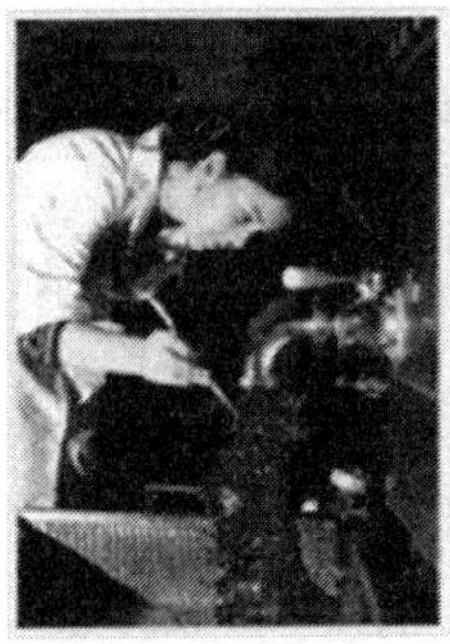

어린 와인 속에 아직 남아 있는 효모와 고형물 등은 계속 침전되고, 물리 화학적으로 결합, 침전 되었던 여러 물질들이 겨울 동안에 칼슘, 칼륨과 결합하여 주석산염을 만들면서 점점 맑은 와인이 되어 진다. 이때 주석산염은 와인을 병에 담은 뒤에도 일부 남아 있는데 시간이 흐를수록 온도가 낮을수록 병 속에 결정체가 되어 남아 있는 수도 있다. 이때 주석산염 결정체는 인체에 해가 없는 아주 정상적인 것이다. 또 숙성 중에 소량의 산소는 와인의 맛을 부드럽게 향과 색을 좋게 만든다. 숙성이 끝난 와인은 미세한 고형물까지 여과기로 여과되어 병에 담겨진다. 한편 고형물이 침전하면 상부의 맑은 와인만 다른 탱크로 옮기고 침전물은 제거하는데 이 작업을 와인 용어로 레킹이라고 한다.

⑥ 여과

미세한 잔여물까지도 제거하여 수정처럼 맑은 광택을 지니게 한다. 숙성이 끝난 와인은 병입을 위한 준비로 칠링공정으로 이송되어 칠링 작업을 실시한다. 칠링 포도주에서 가장 흔히 볼 수 있는 침전성 결정은 주석산염으로 이것은 원료 포도에서 유래된 주석산 및 칼륨 성분에 의해서 형성된 결정체를 말하는데 발효 및 저장 기간 중에는 침전되기도 하지만 주로 포도주 내에서 포화 상태로 존재한다. 또한 와인은 많은 양의 유기물, 무기물을 함유하고 있어서 건강식품으로 각광받고 있으나, 유기물 및 무기물의 함량이 과도하게 높으면 유통과정 중 침전물을 발생시킬 수 있으며, 주로 추운 겨울에 발생된다.

주석산염은 프랑스에서는 '와인 속의 다이아몬드'라고 칭하기도 하지만 대중적인 와인의 경우 이러한 주석산염을 방지하기 위하여 와인의 유통 전 저온 안정화(Cold Stablisation)라고 불리는 작업을 통해 와인 속의 주석산을 제거하기도 한다. 병입 후에도 저온에 장기간 보관하게 되면 침전 및 혼탁이 생길 수 있다. 주석산염은 인체에는 무해하나 상품저깅 가치를 저하시키므로 병입하기 전에는 결정체 형성을 방지하거나 강제로 결정체를 형성시켜 제거하여 준다.

⑦ 와인병입

발효 탱크속의 와인을 병에 넣는 과정이다. 병입 공정은 숙성이 끝난 와인을 상품화하는 공정으로 외관을 좋게 작업하는 것이 중요하지만 가장 중요한 것은 품질의 변화를 방지하는 것이다.

병입 후 와인의 품질 변화를 방지하기 위하여 개발 된 것이 마개를 코르크로 사용하는 것과 병입 시 콜드필링하는 것이다. 콜드필링이라는 것은 와인을 병입한 후 미생물에 의한 오염을 방지하기 위하여 일반 식품에서는 열처리를 하는 살균과정을 거치게 된다.

⑧ 포장

코르크나 P.P.캡으로 마개를 하고 상표를 붙인다. 병에 담겨진 와인은 코르코로 닫고 병입 된 장소를 라벨에 표기한다. 이때 와인은 눕혀서 보관하는데 그 이유는 소량의 산소가 와인 속으로 들어가 와인을 숙성시키기 때문이다. 만약 병을 세워서 보관하면 많은 양의 산소가 와인을 산화시켜 맛을 나쁘게 한다. 따라서 코르크마개가 항상 젖어 있도록 보관해야한다.

㉠ 레드 와인

1 공정	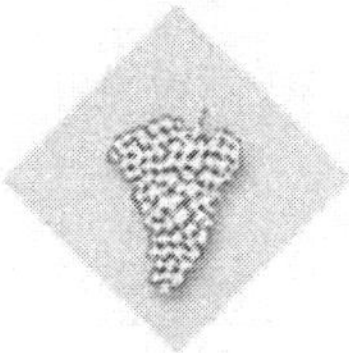	포도수확
2공정		포도알 으깨기 및 줄기 제거 레드 와인용 포도가 수확되어 양조장에 도착하면 일단 분쇄기에 넣고 분쇄시킨다.
3공정	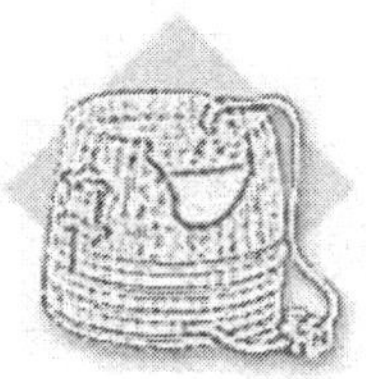	알콜발효(1차 발효)와 침용 (Maceration 마세라시옹) 분쇄시킨 포도알을 발효통에 넣고 1차 발효를 시킨다. 알콜 발효는 4일~10일에 걸쳐 진행된다. 이 기간동안 온도와 밀도를 세밀하게 관찰해야 한다. 포도의 찌꺼기가 표면 위로 올라와 포도즙 맨 위쪽에 덮개를 형성한다. 침용은 와인의 성격에 따라 다소 길어질 수 있다. 탄닌 성분이 적은 햇포도주라면 침용은 몇일이면 충분하고 장기 보관용 와인은 2~3주 혹은 그 이상 걸린다. 색소와 탄닌이 즙안에 잘 퍼지도록 하려면 주조통 아래쪽의 즙을 위로 뽑아 올려 포도즙 덮개에 계속 뿌려주어야 주조통 안의 포도주의 질이 비슷해진다.
4공정	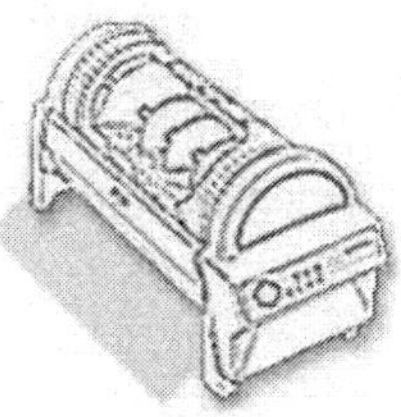	압착 (Press) 침용 단계가 끝나면 포도주를 유출시킨다. 여기에서 자연스럽게 생성된 포도즙은 제외한 찌꺼기를 다시 압착하게 된다. 압착하여 얻어진 포도주를 뱅 드 프레스 vin de press라고 하며 대개 탄닌성분과 색이 풍부하다.
5공정		젖산 발효 (Malolactic fermentation) 유산(젖산)발효과정은 포도알 속에 들어있는 천연 산(acidity)성분 중 사과산이라는 성분이 있는데 이는 신맛이 매우 강한 산이다. 이 사과산을 젖산으로 바꾸는 과정을 젖산발효과정이라 한다. 이 과정을 통해 강한 신맛이 입안에서 기분 좋은 부드러운 신맛으로 바뀌게 되고 버터향과 같은 부드러운 향이 발생하게 된다.
6공정		정제 및 옮겨 담기 2차 발효가 끝이 나면, 찌꺼기등을 정제하여 오크통에 옮겨 담고 숙성시킨다.

㉡ 화이트 와인

- 압착 및 찌꺼기 제거 : 수확된 포도는 와이너리로 이동되어 즉시 압착된다. 백포도주의 압착은 산화 방지를 위해 신속하게 이루어져야 한다. 압착된 포도즙들은 간단한 아황산염 처리를 거친 후 발효통에 채워진다.
- 발효 : 최대로 간직할려면 움직임이 적은 상태에서 발효가 천천히 이루어져야 한다. 이 때 온도가 18℃ 전후로 유지되어야 하며 특히 포도주의 온도가 떨어지는 것을 막아야 한다.
- 젖산 발효 : 일반적으로 신선한 맛을 주는 산미가 중요한 화이트 와인의 경우 젖산 발효를 하지 않는다. 그러나 일부 부르고뉴의 장기 숙성용 백포도주는 젖산 발효를 거쳐야 와인이 부드러워지고 안정성을 띠게 된다.

㉢ 로제 와인

로제 와인은 컬러로 분류하면 레드에 가깝지만 실제 맛은 화이트에 가까운 와인이다.

로제 와인은 레드와 화이트 와인을 적당히 블렌딩하여 만들어지는 것이 아니다. 다른 와인과 제조 방법은 비슷하지만 두 가지 다른 특징이 있다.

- 포도즙 배출방법(Saignee) : 가장 흔히 사용되는 방법이다. 적포도의 짧은 침용을 과정으로 원하는 색깔의 정도에 따라 몇 시간, 하룻밤 동안 일어날 수 있다. 침용이 끝나면 화이트 와인 제조 방식으로 양조된다.
- 직접 압착법 : 좀 드물기는 하지만 이용된다. 적포도를 우선 압착한 다음 포도즙 안에 레드 빛깔이 퍼지기 시작하면 바로 눌러 짠다. 다음 역시 화이트 와인 제조 방식으로 양조된다. 이 방법으로 제조된 로제와인은 색이 매우 창백하여 회색빛 와인이라고 불리기도 한다.

㉣ 샴페인

1 공정	 압착 샴페인의 경우 대개 적포도 품종으로 백포도주를 얻는 일이기 때문에 압착 과정이 중요하다. 특히 포도알의 껍질에 함유된 색소가 과즙을 물들이지 않도록 주의한다.
2공정	 주정발효(1차 발효) 다른 와인과 마찬가지로 1차 발효를 거친다.
3공정	 완성된 와인을 섞어 뀌베 만들기 1차 발효를 통해 얻어진 주스에 다른 여러 품종을 조합하여 뀌베를 얻는다. 뀌베는 여러 크뤼와 품종, 다른 연도에 수확되 비발포성 포도주의 혼합물이다. 이러한 이유로 대개 샴페인은 수확연도를 표기하지 않는다.
4공정	뀌베에 당분과 효모 첨가해 병입 뀌베가 얻어지면 여기에 당분과 효모로 구성된 리큐르 드 티라즈(Liqueur de tirage)를 첨가한다. 첨가 뒤 와인은 즉시 캡슐을 씌운 채 병입되어 시원한 저장고에 눕혀져 적어도 12개월 동안 보관된다. 이 때 병 속에서 2차 발효가 일어난다. 2차 발효는 효모에 의한 설탕 발효로 탄산 가스를 발생시키고 침전물이 생긴다
5공정	병 돌리기 2차 발효가 끝난 와인에서 침전물을 제거하기 위해 푸피트르(pupitre)라고 하는 경사진 선반에 병목을 아래로 향하게 하고 주기적으로 회전시킨다. 이렇게 병을 움직이면서 침전물은 병목의 캡슐에 쌓인다. 이 작업을 르뮈아쥬(remuage)라고 한다.
6공정	병속 발효 및 숙성
7공정	병목 부분 급속 냉각 침전물을 제거할 때가 되면 병목 부분을 영하 온도의 소금물에 담구어 침전물을 얼린 후 뚜껑을 열면 탄산 가스의 압력에 의해 침전물이 튀어나온다.
8공정	찌꺼기 제거 및 보충 침전물이 제거된 후 빈 공간을 샴페인과 설탕의 혼합액으로 채운다. 이 과정을 도자즈(dosage : 도자즈)라고 하며 설탕의 정도에 따라 당도를 나타내는 급이 결정된다.
9공정	당도에 따른 샴페인의 급 보통 샴페인은 등급이나 빈티지가 매겨지지 않는 대신, 당도의 정도에 따라 급을 결정한다. 샴페인 라벨에 명기된 당도는 다음과 같다. ExtraBrut:1리터당 6g 정도 Brut:15g정도 ExtraDry:12-20g Sec:17-35g Demi-Sec:33-50g Doux:50g이상

■ 샴페인과 스파클링 와인의 유래

1668년 과 1715년 사이에 성 베네딕트의 수도승 피에르 페리뇽 (Pierre Perignon)과 대수도의 식료품 담당자들이 발포성 샴페인을 발명한 것으로 알려져 있다. 그런데 이 발포성 샴페인은 주로 즐거운 인생과 유혹적인 매력이 있는 음료로 알려져 있는데 묘하게도 수도승에 의해 만들어졌다는 것에 대해 1822년 Hautvillers abbaye의 소유주인 모엣 샹동에 의해 조심스럽게 풍자 되기도 했다.

사실 샹파뉴(Champagne) 지방의 와인들은 원래부터 스파클(거품이 생성되는) 하려는 경향이 있습니다. 샹파뉴 지역의 추운 날씨로 인해 포도들을 좀 더 늦게 수확하게 되는데 그러다 보니 포도껍질에 있는 이스트가 당분에서 알코올로 전환하는 시간이(겨울 동면으로 들어가기 때문에) 충분하지가 않았습니다. 그래서 봄 초순경에 이스트가 잠에서 깨어나 발효하기 시작하고 탄산가스를 배출하여 스파클이 거품형태로 머물게 된다.

그 당시 이런 현상이 이 지역에서는 문제거리 였다. 왜냐하면 가스의 압력을 유지할 수 없어 병들이 쉽게 깨져 버렸기 때문이었다. 돔 페리뇽은 이러한 압력을 충분히 견딜 수 있는 병을 발명하였고 우리가 지금 사용하는 콜크 마게를 발명 하였다. 그는 또한 적 포도로 화이트 와인을 만들었다. 이것은 그가 이룬 가장 큰 업적중의 하나인데 아무도 이러한 사실을 잘 알지 못한다. 또한 샴페인을 만드는데 있어 한 포도원에서 생산된 한가지 종류의 포도만을 사용하는 것 보다 여러 포도원에서 나온 와인을 혼합하는 것이 훨씬 더 훌륭하다는 것을 발견하기도 하였다.

그리고 나서 스파클링 와인은 엄청나게 인기가 있게 되었는데 프랑스에서 시작해서 스페인, 이태리, 캘리포니아, 뉴욕, 소비에트 조오지아 등이 대표적인 생산지가 되었다.

세계 1차 대전 이후에 프랑스는 협정을 맺었는데 샴페인 지역에서 생산되는 샴페인만 "샴페인"이라고 부르기로 결정을 한 것입니다. 그래서 스페인은 까바(Cava), 이태리는 스푸만떼(Spumante), 독일에서는 젝트 (Sekt), 미국에서는 스파클링 와인(Sparkling Wine) 이라고 부르게 되었던 것이다.

■ 샴페인을 마실 때

샴페인을 마시기 전에 샴페인에 관한 지식이 어느 정도 있다는 것이 보여진다면 남들에게 아주 인상적으로 보일 것이다. 먼저 거품을 본다. 만약에 거품의 크기가 적고 끊이 없이 올라 온다면 그것은 좋은 샴페인이다. 거품이 탄산 소다수처럼 크고 금방 사라진다면 별로 좋은 것은 아니다.

샴페인을 만들 때 사용되는 대표적인 포도들은 주로 샤도네, 피노 누아 그리고 피노 메뉴아를 섞게 됩니다. 일반적으로 가벼운 맛의 샴페인을 만들 때는 청포도를 더 많이 사용하게 되고 적 포도는 좀더 강한 샴페인을 만들 때 사용된다. 첫번째 발효과정에서 저장통은 향에 영향을 줄 수가 있다. 오크 나무통에 저장된 샴페인이 스테인레스 스틸에서 발효된 것보다 더 진하고 부케향이 많이 난다.

샴페인에 관하여 여러 가지 특성을 이야기하고 비판도 한다고 하지만 문제는 여러분이 마시고 있는 샴페인의 맛이다. 운이 좋다면 여러 가지 샴페인을 두고서 맛을 비교한다면 샴페인의 특성을 알 수 있는데 큰 도움이 될 것이다.

■ 샴페인 보관 방법

대부분의 샴페인은 병입후 일년 이내에 마셔버리는 것이 가장 좋다. 극 소량의 꾸베(Cuvee) 들 만의 훌륭한 샴페인은 마카롱(macaroons), 코코넛, 코코아 와 커피와 같은 풍부한 맛의 미묘함을 창출하기 위해 수 십년 간 숙성할 수 있게 한다.

샴페인은 다른 와인에 비해 온도와 빛에 더 민감하다. 지속적으로 섭씨 12-18도 정도 되는 온도가 유지되는 곳에 보관하면 문제되지 않습니다. 그러나 보관 온도가 높아질수록 산화될 가능성도 높아진다. 그래서 만약에 셀러가 없다면 시원한 장소에 박스에 넣어서 보관하는 것이 좋다. 샴페인의 경우 병을 수평으로 뉘어서 보관할 필요는 없다. 병목에 있는 CO2가 콜크를 마르지않게 하기 때문에 세워서 보관해도 좋다.

■ 알아두면 좋은 샴페인 상식

① 좋은 샴페인 글라스는 식기세척기를 좋아하지 않습니다. 린스 등과 같은 세정제가 극소량이라도 글라스에 남아 있다면 화공 약품 같은 나쁜 냄새가 종종 날 수 있으며 무엇보다도 샴페인의 스파클을 죽이게 됩니다.

② 샴페인을 글라스에 따를 때 반 이나 2/3 잔까지만 채우는 것이 샴페인의 향기를 가장 많이 느낄 수 있어 좋습니다.

③ 샴페인 병 속의 압력은 이층버스 타이어의 압력과 동일합니다.

④ 샴페인의 브랜드(상표)는 9000 브랜드 이상이 되며 생산 업체는 약 2500 여 업체가 각기 4가지 종류의 꾸베를 생산합니다. 그래서 약 50,000 가지 다른 종류의 샴페인 들이 생산되고 있습니다.

7) 와인의 숙성과 보존

(1) 와인의 숙성

후발효가 끝난 와인은 풍미의 균형을 위하여 오크통과 탱크로 이동시켜 적장하고 숙성하는 동안 일부 남아 있는 탄산가스는 제거되고 투명해지며 효모냄새와 같은 발효로 생긴 향도 빠지게 된다. 적포도주의 경우는 말로라틱 발효가 완전히 진행되어 와인의 풍미가 안정되었을 때 병입하게 된다.

와인에 따라 오크통 숙성에서 숙성을 할 것인지 스테인리스 탱크에서 저장을 할 것인지를 결정하게 된다. 백포도주의 경우 신선한 향과 맛을 살리기 위하여 대부분의 경우 탱크에서 숙성시키고 적포도주는 오크통에서 용출되는 성분이 와인에 새로운 풍미를 부여하기 때문에 오크통에서 숙성을 하는 경우가 많다. 와인은 저장중에 오크통으로 미량의 산소가 들어가 화학변화를 일으켜 숙성이 진행된다. 이 숙성을 산화숙성이라고 한다.

와인의 산화반응은 에틸알코올이 아세트알데히드가 된 다음 작산으로 진행된다. 그리고 이 산은 알코올과 반응하여 향이 높은 에스테르가 된다.

오크통 숙성의 기간은 와인의 종류와 오크통의 크기, 새 통이냐 헌 통이냐따라 달라지게 된다. 대부분의 경우 백포도주는 숙성기간이 6~1년 이내가 많으며, 적포도주는 225ℓ 용량의 오크통에서는 1년 반에서 2년 정도, 7,000ℓ 의 통에서는 3년 정도 한다. 오늘날은 양조기술의 발달로 와인의 풍미를 어느 정도 조절할 수 있게 되어 와인의 통숙성 기간이 짧아지고 있는 추세이다.

숙성된 와인은 콜로이드 상태의 부유물을 침전시켜 정제와 여과하여 걸려내고, 투명한 상태가 되면 병입한다. 청정제로는 계란 흰자와 카제인, 벤토나이트 등이 사용되며, 청정제의 성질에 따라 결합하는 물질이 다르기 때문에 혼용한다. 최근에는 원심분리기로 분리하는 방법이나 마이크로필터로 여과하는 방법도 이용되고 있다. 또한 0℃에 가까운 저온에서 수주간 방치하여 주석을 추출하고 와인을 안정시키기도 한다.

와인은 맛과 향이 조화를 이루는 숙성기간이 종류에 따라 다르다. 이 점은 와인이 가진 가장 큰 특성으로 적포도주는 진보라에서 벽돌색으로 변해가며, 배포도주는 갈색으로 변해 가면서 거칠고 쓴맛이 부드럽게 변화한다.

향기도 원료포도에서 오는 아로마는 점점 약해지고 원숙한 부케가 새로이 형성된다.

(2) 병 숙성

병입된 와인은 병숙성을 거쳐 풍미가 완성되면 출하하게 된다. 와인은 산소를 자 흡수하는 성질을 지니고 있어서 병 안의 미세한 산소에 의해서도 풍미가 떨어질 수가 있다. 따라서 떨어진 풍미의 균형회복을 위해서 최소 3개월 정도의 병숙성이 필요하다.

병입된 와인은 공기가 거의 없는 상태에서도 긴 시간 저장하는 사이에 풍미가 향상될 수 있다.

이것이 와인만이 가지는 특성으로 저장할 때 여분의 탄닌이 침전해 있거나, 에스테르의 생성으로 향과 풍미가 향상되는 경우가 많다. 이것은 공기접촉 업이 일어나는 현상으로 환원숙성이라 부른다.

총체적으로 숙성의 기간은 산과 탄닌의 양에 영향을 받아 성격이 강한 와인일수록 시간이 오래걸리고 숙성의 진행도도 차이가 있다.

동일한 생산자가 만든 와인도 수확된 해의 기상조건 등에 따라 매년 와인의 성격과 숙성의 진행도에 차이가 생기고, 타입이 다른 와인은 저장에 따른 풍미의 변화도 차이가 생긴다. 장기 보존이 가능한 와인이라도 보관조건이 나쁘면 품질은 급속이 떨어져 버린다. 오랜 기간 동안 와인을 즐기기 위해서는 저장조건이 중요하다

(3) 와인의 저장

와인을 장기간 보존하기 위해서는 알맞은 저장 조건을 갖추어야 한다.

온도는 물질의 화학변화에 미치는 영향이 크다. 온도가 낮은 곳은 물질의 변화가 적어 내용물을 장기간 보존할 수 있고 주석 추출이 더 쉬워진다. 저온이라도 온도의 편차가 심해지면 병 안의 대류 현상이 일어나 와인에 나쁜 영향을 미치게 되는데, 온도가 10℃ 상승하며 그 영향은 2배가 된다.

따라서 온도변화가 심한 장소에 와인을 보관하는 것은 피하는 것이 좋다. 진동과 소음 또한 화학반응을 활발하게 촉진시켜 와인을 불안정하게 숙성시킨다. 그리고 빛은 와인의 색소에 영향을 미쳐 색을 변화시킨다. 따라서 와인의 보관은 가능한 어두운 곳에서 하는 것이 좋다.

습도와 온도가 너무 높으면 와인이나 외부에 곰팡이가 생겨 상품가치가 떨어질 수가 있다. 과습할 경우에는 재습하여 습도를 70%~80% 이내로 유지하고 너무 건조하여 코르크가 마르는 일이 없도록 해주는 것이 좋다. 습도는 75% 정도를 유지하는 것이 가장 이상적이다.

요즈음에는 레스토랑에 Decellar를 설치하여 와인의 보관상태를 최상으로 유지하는 곳이 많다. 100병 정도에서 수 백병이상 저장 가능한 것까지 다양한데, 자동 온도

조절장치를 갖추고 있어 백포도주와 적포도주의 저장온도를 설정해 두면 주문시 바로 마시는 온도로 제공할 수 있어 편리하다.

이상적인 저장조건의 장소와 나쁜 조건의 장소에 놓았을 때의 차이점에 대해 설명해 보면 와인의 성격과 소성에 따라 큰 차이가 있기 때문에 대략적으로 환경적인 요소에 따른 설명이 가능하다. 병입한 와인을 고온에 장시간 보관하게 되면 색이 갈색으로 변하며, 포도에서 나오는 신선한 아로마도 줄어들게 되고 에스테르의 생성으로 향긋한 숙성향은 생기나 알데히드와 에스테르의 양이 많아지면 향이 강해지고 산화향에 의해 신선함이 없어진다.

와인 저장의 조건

구분	조건	비고
온도	항상 13~15℃로 온도변화가 없는 곳	온도변화– 화학변화에 영향(온도 10℃상승 – 영향 2배)
진동	진동이 없을 것	진동과 소음 – 화학반응 촉진, 불안정 숙성
빛	빛에 영향을 받지 않는 어두운 장소	적외선과 자외선 – 와인의 색 변질
냄새	이상한 냄새가 나지 않을 것	상품성 저하
습도	습도 70~80%가 최적	건조 – 코르크 건조에 의한 와인 변질 가능성 과습 – 곰팡이 생성, 악취 유발 가능성
보관방법	라벨은 위로 옆으로 뉘일 것	코르크 건조에 의한 와인 변질 가능성

고온에서 저장한 와인의 풍미 변화에 따른 실험

<table>
<tr><th></th><th>저장
온도</th><th>저장
기간</th><th>결과</th><th>비고</th></tr>
<tr><td rowspan="7">보르도
연구소</td><td>25℃</td><td>1년
6개월</td><td>숙성이 빨라짐, Drinking Point까지 기간 단축</td><td>25℃에 저장한 와인은 1년 6개월이 넘어서면서부터 과숙성에 의한 맛의 변화</td></tr>
<tr><td>12℃</td><td rowspan="6">5년</td><td>정상적 숙성</td><td></td></tr>
<tr><td>25,
8~16℃</td><td></td><td rowspan="2">자연적인 조건에 의한 숙성보다 안정적이고 품질 높게 숙성</td></tr>
<tr><td>12℃</td><td>저온 안정 숙성에 의한 신선한 풍미</td></tr>
<tr><td>28℃이상</td><td>탄내와 같은 풍미</td><td>시간이 지속될수록 풍미저하</td></tr>
<tr><td>심한 온도
변화</td><td>품질 유지 불가</td><td rowspan="2">시간이 지날수록 품질 저하 심화</td></tr>
<tr><td>강한 조명</td><td>큰 병 – 숙성 진행 느려짐</td></tr>
</table>

	병의 크기		완전밀폐 - 산소와 접촉을 완전히 피해 가열-3~4년간 병 숙성을 시킨 것과 같은 정도로 숙성된 맛	병의 크기 선택도 중요
캘리포니아 연구소	53℃	30일	소성이 좋으면 장기보존 가능	산소가 있는 경우-갈색화와 산화가 강하게 진행
	25℃이하			이상적인 저장조건을 갖추고 천천히 숙성시키는 것이 가장 좋다 가능한 이상적인 조건을 만들어 와인의 성격에 맞게 풍미의 저하방지.

■ 와인의 수명

살아 있는 와인과 죽은 와인 ?

예전에 선물 받은 프랑스 와인이 집에 있는데요, 1982년 산이라 꽤 값이 나갈 것 같은데 어느 정도 하는 와인인지 궁금해서 전화 했습니다." 라는 전화를 가끔씩 받는다.

"아! 그래요. 와인이 무언가요?"

"네… 이게 귀한 와인이라고 하더군요. 샤또 무통 로스 챠일…드?…"

"아. 샤또 무똥 롯쉴드(Chateau Mouton Rothschild) 1982년산 와인이군요. 엄청난 와인을 가지고 계시군요."

샤또 무똥 롯쉴드는 프랑스 보르도의 5대 특급 샤또(Chateau) 중 하나로 매우 유명한 보르도의 성이자 와이너리이다. 이젠 국내에서도 고가에 판매되는 와인으로 빈티지(Vintage =수확년도)에 따라 가격은 천차만별이고 하루가 다르게 달라질 정도이다. 게다가 1982년 빈티지는 세기적인 빈티지로 그 가치는 더욱 높아진다. 로버트 파커는 이 와인에 100점 만점을 줄 정도로 '완벽한' 와인이다. 1982년산 샤또 무똥 롯쉴드를 구하려면 이제는 경매에서나 볼 수 있으며 적어도 500만원 이상은 주어야 하지 않을까 추측된다. 아마도 국내에서는 일부 애호가가 소장하는 것 외에는 찾아 볼 수 없을 것이다.

"네. 그런 것 같습니다. 제가 와인을 잘 몰라서요. 그런데 이 와인의 가격이 궁금합니다. 비싸다고 들었는데 혹시 팔 수도 있는지 해서요. 저는 와인을 잘 마시지 않거든요"

"그래요? 선물은 언제쯤 받았나요? 보관은 어떻게 하셨나요 " 일단은, 와인의 보관상태가 궁금했다.

"한 10년 정도 되었습니다. 그냥 거실 장에 잘 보관하고 있었습니다." 라는 대답이었다"

"아이구…그러시다면 그 와인은 엄청난 와인이기는 하지만 마실 수 없을 가능성이 높겠네요. 많이 아쉬우시겠지만 그냥 진열장에 장식용으로 그대로 두시는 것이 더욱 좋을 듯 합니다."

'엄청난 와인 하나가 누군가의 혀에서 기쁨과 감동도 주지 못하고 죽어 버렸구나'하는 생각이 내 마음을 아프게 했다.

한 마디로, 그가 가지고 있는 와인은, 이젠 더 이상 샤또 무똥 롯쉴드가 아닌 것이다. 그나마 운 좋으면 고급 식초가 되었을 것이고 그것 조차도 장담할 수 없는 일 이었다.

와인은 살아 있는 유기물이다. 보관이 잘된 훌륭한 와인을 오픈 하면 최고의 아로마와 부케를 발산하면서 우리에게 속삭이듯 말을 건다. 또한 와인 특유의 생생한 과실적인 산미는 마치 살아있는 듯하다. 그러나 너무 오래되어 생명을 다한 와인은 복합적인 와인의 아름다운 향기는 단순하게 떨어지고 밋밋한 맛이 되어 버린다. 이런 경우 마셔도 크게 문제는 되지 않으나 그 와인이 주는 최고의 맛을 느낄 수는 없을 것이다.

잘못 보관된 와인의 경우는 아예 마실 수 없는 경우이다. 와인의 향기 대신 묵은 코르크 냄새가 강하게 느껴진다든가 혹은 석유나 에탄올, 비릿한 냄새, 고무 타는 냄새와 같은 기분 나쁜 냄새가 느껴진다면 이 와인은 과감하게 벼려야 할 것이다. 왜냐면, 그 와인은 죽었기 때문이다.

■ 와인 병의 외관을 보았을 때 꼭 피해야 하는 상태

사실 와인은 따서 마셔보기 전 까지는 그 와인의 상태를 알 수가 없다. 그러나 외관상으로 보았을 때 꼭 피해야 하는 와인들이 있다.

- 와인 병의 코르크 마개가 밖으로 나온 경우
- 와인 병의 코르크 마개가 푹 젖어 있는 경우
- 와인을 오픈 했을 때 코르크 마개가 부스러지는 경우
- 와인이 밖으로 흘러나온 자국이 있는 경우
- 와인이 병목 아래에 차 있는 경우
- 저가의 와인 빈티지(Vintage 수확 년도)가 너무 오래된 경우

일부 와인들은 보관 상태가 좋았다면 오히려 더 좋을 수도 있다. 그러나 와인 병을 오픈 하기 전까지는 모르는 것이 와인이다. 방법은 스스로 모험을 걸어보는 방법 밖에는 없을 것이다.

■ 와인 보관법

좋은 와인이 완전히 숙성할 때까지 잘 보관 한다는 것은 투자의 측면에서도 아주 중요 합니다. 와인은 살아있는 유기물이기 때문에 시간, 온도, 빛,움직임에 따라 잘 변하는 성격을 가지고 있습니다.

여러분이 이상적인 와인 보관 방법을 알고 있지 않다면 오래된 비싼 와인들을 구입하여 보관하지 마십시요. 왜냐하면 아주 비싼 식초를 보관해 버린 결과가 될 수도 있으니까요. 그렇지만 다행히도 여러분은 아주 이상적인 와인 보관 방법을 만나게 되었습니다.

와인이 좋아하는 환경

온도

온도가 변하지 않는 상태에서 지속적으로 15° C 정도 (적어도 5-18도 사이 가 좋다) 가 이상적이다.

와인의 온도가 너무 낮으면 숙성이 제대로 되지 않는다. 또한 한번이라도 와인의 온도가 20° C 이상 올라간 적이 있다면 그 와인은 오랜 기간동안 숙성시키기에는 적절하지 못하다.

빛

완전히 어두운 상태가 최고다. 빛은 와인의 성분에 영향을 미칠 수 있다.

이동/진동

와인의 잦은 이동이나 흔들림은 좋지 않다.

습도

콜크 마개가 와인과 항상 접촉해 있는 한은 특별히 걱정할 것이 없다. 만약 그렇지 않다면 가습기를 넣어서 습도 조절을 해야 한다.

와인의 위치

와인은 콜크가 습기를 가질 수 있도록 항상 한쪽으로만 비스듬히 눕혀두는 것이 좋다. 이런 방법은 수년간 와인을 저장하는 동안 콜크가 너무 물러지지 않도록 해준다.

보관방법들

와인을 보관하려는 위치와 예산에 따라 여러 가지 방법을 취할 수 있습니다.

방법 1 : 단지 선반을 이용하는 방법

만약에 주변의 거주 환경이 일년 내내 일정한 온도를 유지한다면 아주 좋은 환경을 갖고 있는 것이다. 구멍을(동굴처럼) 파거나 조그만 방이나 캐비닛에 넣을 수 있는 선반을 만들거나 구매를 한다. 한 가지 유념해야 할 것은 그 장소가 어둡고 흔들리지 않는 곳이어야 한다.

방법 2 : 냉장 장치

와인을 수집하기 위해서 조그만 방이나 작은 공간을 셀러로 만들어 보관하는 방법도 있다. 이럴 경우 일정한 온도를 유지하기 위해 단열시스템과 에어컨 설치 그리고 습도 유지 시스템을 갖춰야 하고 빛이 들어오지 않게 주변 창을 막아 두는 게 좋다. 국내의 일반 주택에서 가장 이상적인 공간은 지하실을 개조하는 방법이 있다.

방법 3 : 와인 쿨러나 캐비닛

이 방법은 거창한 와인 저장고를 만들지 않고 저장할 수 있는 방법이다. 트랜섬(Transtherm) 과 비슷한 와인 전용 셀러들이 많은데 이러한 것들은 한정된 공간으로 인해 일단 와인을 수집하게 되면 새로 하나 더 사는 경우가 많다.

짧은 기간 보관하는 방법

와인 병을 따고 나서 다 마실 수 없을 경우에 와인을 그냥 두면 산화가 되어 버린다. 빨리 마셔 버리는 것이 좋다. 만약에 다 마실 수 없다면 하루 정도는 콜크 마개로 잘 막아서 냉장고에 보관을 하고 3-7일(와인에 따라 다름) 정도 보관해야 한다면 와인병 안의 공기를 빼내서 진공 상태로 보관해야 하는데 이를 위해 진공 펌프 역할을 하는 기구를 이용하여 공기를 빼고 냉장고에 보관하는 방법이 있다. 재미있는 것은 이러한 조건에 3-4일 정도 보관된 어떤 특정 와인들은 (와인에 따라 다르겠지만) 훨씬 더 좋은 맛을 준다는 것이다.

(4) 오크통 숙성

① 오크의 선택

레드 와인을 숙성시킬 때 오크가 미치는 영향은 매우 크다. 어떤 오크를 쓰느냐에 따라 같은 까베르네 소비뇽도 전혀 다른 성격의 와인을 만들어 낸다.

오크가 와인에 미치는 영향, 지역마다 다른 오크에 대해 알아보기로 한다.

오크통이 와인에 하는 역할은 크게 두 가지로 볼

수 있다.

초기에는 와인에 통풍을 유리하게 해 주는 것과 나무에 있는 향을 와인에 스며들게 하는 역할을 한다. 고급 와인인 경우 오크통 숙성 과정은 필수이다. 오크통에서는 바닐라향, 커피향, 연기냄새, 구운 토스트향, 새 가죽 냄새 등 다양한 향을 얻을 수 있다. 이러한 향은 와인의 성격을 결정하는 중요한 요소로 오크의 그을린 정도에 따라 다르다.

레드 와인 보다 화이트 와인은 오크 숙성을 시켰을 경우 색깔의 차이가 뚜렷 하게 진해지고 과일향이 약해지는 특징이 있다.

② 좋은 오크의 조건

와인의 성질을 해치지 않으면서 은은한 향을 어디 위해서 어떤 오크를 사용할 지 결정하는 것은 매우 중요한 일이다. 대체적으로 오크는 새 통과 헌 통(통상 5~6번을 채움)을 사용하는데 오크통은 새것일수록, 크기가 작을수록 와인에 더 많은 영향을 끼친다. 오크통을 제조할 때 그을림은 와인의 향에 직접 영향을 미치는 중요한 요소이다.

그을림에는 세 가지 정도가 있는데 와인 제조업자가 자연적인 나무의 성격을 가장 중요시 여길 때는 light toast를 선호한다. mediumtoast의 경우 대부분 레드 와인 숙성 시 사용하며 화이트 와인을 발효시킬 때 사용 하기도 한다. 마지막으로 heavy toast의 경우 스모크한 성격을 나타내고 싶을 때 사용하며 와인에 따라 깊은 색깔을 내기도 한다. 또한 heavy toast는 위스키 숙성시 사용하기도 한다.

③ 미국산 오크 VS 프랑스산 오크

세계적으로 가장 많이 쓰이는 오크는 미국산과 프랑스산이다. 미국산 오크의 특징은 성장이 빨라 나무와 결이 넓고 크다. 이에 반해 프랑스산 오크는 성장이 더딘 만큼 촘촘한 결을 지니고 있다. 프랑스산 오크와 달리 미국산은 자연적인 쪼개짐이 없다. 공정 과정에서 프랑스 오크는 자연적으로 쪼개어 건조시키는 반면 미국산 오크는 기계로 자른 다음 구워서 말린다. 미국산 오크는 주로 바닐라나 코코넛 향을 함유하고 있다.

프랑스산 오크는 주로 고급 와인을 생산할 때 많이 사용한다. 특히 리무젱산은 최고급 오크로 친다. 프랑스산은 미국산에 비해 입자가 곱고 자연적인 방법으로 건조시켰기 때문에 산소와의 접촉이 더 많아서 복합적인 맛과 향을 품고 있는 와인이 탄생된다. 그러나 대체적 으로 와인 제조업자가 어떤 스타일을 원하느냐에 따라서 오크통을 결정한다.

대중적이고 편안한 스타일을 원할때는 미국산 오크를, 고급 와인을 생산할 때는 프랑스산 오크를 쓴다.

■ 오크 숙성의 비밀

"이 와인은 화장이 좀 짙어" 어느 와인 애호가들이 모인 자리에서 누군가가 캘리포니아 와인의 향기를 맡으면서 내뱉는다. 이 자리는 다양한 화이트 와인들을 시음하는 모임이었다.

통상 와인 시음 모임이라면 와인 별 특징에 따른 테마를 정해 약 6가지 정도의 비슷한 유형의 와인들을 모아 비교 시음한다. 와인을 즐길만한 식당이나 레스토랑을 잡아 7-8명이 모여 식사를 하기 전에 먼저 와인 테이스팅부터 시작한다. 왜냐면 공복 때 코와 혀의 감각이 가장 민감하기 때문이다. 테이스팅이 끝나면 그에 어우러지는 음식과 매칭을 시도하면서 식사를 즐기는 형식이다.

이번 모임은 화이트 와인들의 집합. 화이트 와인을 만드는 다양한 포도 품종 별 테이스팅이었다. 레드 와인을 남성에 비유하라면 화이트 와인은 여성에 비유되는데, 와인의 여왕이라 일컫는 샤도네(Chardonnay)와 청순발랄 형의 달콤한 리슬링(Riesling), 갸냘픈 소녀와도 같은 소비뇽 블랑(Sauvignon Blanc), 왠지 촉촉하고 우울한 눈망울을 가진 여인의 모습이 연상되는 피노그리(Pinot Gris)… 등등의 와인들이었다.

〈와인이 화장을 했다구?〉 라고 의아하게 생각하는 사람들이 있겠지만 와인도 오크통을 이용한 화장을 한다. 특히 와인의 여왕이라 불리는 샤도네(Chardonnay) 품종을 이용한 화이트 와인은 더욱 그러하다. 화이트이던 레드 와인이던 통상적으로 오크통(Oak 참나무통) 숙성을 통해 와인의 부케와 바디를 더하는 경우가 많다. 와인 시음회나 와인 메이커들과 함께 하는 디너 행사 자리에 가면 자주 듣는 이야기가 오크통 숙성이다.

일단, 오크통 숙성에 들어가면 와인의 향기는 단순히 와인의 향기(아로마 Aroma)만을 풍기는 것 이상으로 더욱 복합적이고 아름다운 부케(Bouquet)를 발산한다. 즉, 과일이 주는 단순한 향기를 더해 생크림이나 바닐라 혹은 갓 구운 식빵이나 비스킷과 같은 구수한 향기를 발산하기도 하고 혀에서 느껴지는 와인의 질감은 강한 신맛과 까칠한 맛에서 매우 부드럽고 매끄러운 볼륨 감이 느껴지게 하기도 한다. 이는 고급 레드 와인에서 더욱 확실한 역할을 하게 되는데 복잡미묘한 향기와 함께 와인의 구조 감을 다듬어주고 매혹적이고 육감적인 매끄러움을 더해주는 것이다.

오크통 숙성을 통한 와인 몸값은 더욱 높아지기 마련이다. 오크통 자체 가격이 매우 비싸기에 오크통 숙성은 주로 고급와인에 적용하는 경우가 많다. 마치 여성이 화장을 하고 코르셋으로 볼륨감 있는 멋진 몸매를 만들고 예쁜 옷을 입는 등 자신의 모습을 가장 아름답게 꾸미는 것과 비슷하다고 할 수 있다.

와인 메이커는 오크통 숙성의 정도를 결정하고, 그 와인의 장점을 최대한 발휘하여 가장 맛있는 와인을 만들고자 하는 것이다. 그러나 오크통의 구수한 향기와 매끄러운 느낌이 좋다고 하여 너무 과도하게 사용을 할 경우, 오히려 반작용이 나타날 수도 있다. 예전에 미국과 같은 신대륙 와인 산지에서는 오크통 숙성된 와인들이 한동안 인기를 얻은 적이 있었다. 그러나 과도한 오크통 숙성을 통해 너무 바닐라 향기가 강하거나 느끼할 정도로 크리미한 느낌의 샤도네를 만들기도 하였다. 심지어 싸구려 와인에도 이러한 오크의 향기를 내기 위해 비싼 오크통 대신 오크 칩을 이용하거나 파우더를 이용한 적도 있었지만 이런 경우 오히려 역하게 느껴지기도 했었다. 이는 평소 화장을 하지 않는 시골 아낙네에게 요란한 화장과 싸구려 향수를 뿌려 더욱 부자연스럽게 변신시키는 것과 비슷한 이치이다. 요즘은 이러한 오크의 무겁고 느끼한 스타일에서 탈출하여 진정으로 추구하는 오크의 역할을 잘 활용하여 좀 더 깔끔하고 세련된 맛을 표현하는 꽤 매력적인 와인들을 만들어 내고 있다. 심지어 웬만한 프랑스의 세련된 특급 와인들을 누르기도 한다.

사람도 소박하고 자연스러운 모습이 더욱 아름다울 수 있듯, 와인에도 오크통 숙성을 오히려 하지 않았을 때 더욱 빛을 발하는 와인들이 있다. 깔끔하고 상큼한 과실적인 신선미가 느껴지는 리슬링(Riesling)이나 소비뇽 블랑(Sauvignon blanc)과 같은 그린 톤의 청량감 있는 와인들은 그 대표적인 품종들인데 소비뇽 블랑의 경우 뉴질랜드에서는 아주 가끔 오크통 숙성을 하는 경우도 있다.

샤도네는 다양한 변신을 한다. 프랑스 샤블리(Chablis) 지방의 와인들은 모두 샤도네 품종 하나를 가지고 다양한 스타일의 샤블리 와인들을 만들어 낸다. 중저가의 샤블리는 매우 순박한 시골 처녀와 같은 깨끗한 이미지를 그대로 살려 오크통 숙성을 하지 않으며 프리미에 크뤼 등급 이상의 고급 와인들은 마치 세련된 귀족 부인처럼 우아하고 화려한데 장기간 숙성을 통해 더욱 깊은 맛을 보여 주기도 한다.

오크통 숙성의 정도는 포도품종의 캐릭터를 잘 읽어 내어 완성하게 되는 와인메이커의 작품이기도 하다. 와인 메이커는 자신이 추구하는 스타일에 따라 프랜치 오크통 내지는 아메리칸 오크통을 사용하기도 하고 때로는 이 둘을 혼합하기도 한다. 오크통 숙성 정도에서도 다양한 스타일이 나오는데, 장기간 오크통 숙성을 하기도 하고 살짝 오크통에 넣어다 빼는 가벼운 형식을 취하기도 한다.

태양이 뜨거운 여름철에는 오크통에서 숙성된 와인들보다는 오크통 영향을 받지 않은 과일 같은 와인들이 더욱 깔끔하고 싱그럽게 와 닿을 수 있다. 아마도 살짝 화장한 여인처럼 약간의 오크통 숙성 와인들은 더욱 기분 좋게 할 수도 있겠다.

■ 오크통이냐? 스틸통이냐?

오크통은 새것과 헌것으로 나뉜다. 모든 와인이 헌 오크통에서 숙성되지도 않으며 새 오크통만을 사용하는 것도 아니다. 새것과 헌것을 적절히 이용해야만 독특한 개성을 지닌 와인을 만들 수 있다. 오크통은 재활용됨으로써 더 큰 가치를 창출하는 것이다.

새 오크통에는 색소와 향취와 타닌이 풍부하다. 따라서 담기는 와인 역시 강하고 튼튼해야 제대로 오크와 결합할 수 있다. 그렇지 않을 경우에는 차라리 효과가 약한 쓰던 오크통이 낫다. 와인병 뒤에 붙어 있는 라벨에 표기되는 내용 중에 오크의 비율이 있다. 예를 들어 '새 오크통 100퍼센트'라는 것은 숙성 기간 내내 새 오크통에 담았다는 표현이고, '새 오크통 40퍼센트'라면 숙성기간의 40퍼센트는 새 오크통에서, 60퍼센트는 예전에 쓰던 오크통에서 숙성했다는 뜻이다.

그런데 와인의 숙성은 꼭 오크통에서만 이뤄지지는 않는다. 김치 찌개를 끓여도 돼지고기를 넣느냐 캔 참치를 넣느냐 멸치를 넣느냐에 따라 맛이 다르듯이, 오크통을 새것을 쓰느냐 헌것을 쓰느냐에 따라 다르듯이, 와인도 오크통에 넣느냐 스테인리스 스틸통에 넣느냐에 따라 맛이 달라진다. 가끔은 콘크리트통에도 넣는다.

오크통에서 비롯되는 맛과 향을 꺼려 하는 생산자들은 와인 자체에서 뿜어나오는 맛과 향만을 지고의 매력으로 생각하기 때문에 스테인리스 스틸통을 쓴다. 예를 들자면 화이트와인의 상당수는 스테인리스 스틸통에서 숙성된다. 반짝이는 기포 와인인 샴페인 역시 거의 대부분 스테인리스 스틸통에서 일차적으로 만들어진다. 또한 상큼한 보졸레 누보도 오크통에서 숙성되지 않는다. 스테인리스 스틸로 된 대용량 탱크에서 보름 정도 숙성되어 쾌활한 맛을 띠게 된다.

동일 품종인데도 오크 사용 여부에 따라 와인의 맛과 향이 달라진다. 프랑스 샤블리에서는 오크통 사용을 절제하거나 스테인리스 스틸 통에서 샤르도네를 숙성하여 상큼함이 씹히게 만든다. 반면 캘리포니아에서는 주로 오크통을 재료 삼아 와인 속에 기름진 버터가 떠다니게 만든다.

오크 효과를 맹신하는 와인 생산자들은 새 오크통을 장만하는 대신 다른 방법을 써서 오크 맛을 내고 있다. 이는 지극히 경제적인 이유에서 출발한다. 숙성용 탱크 속에 스키 같이 긴 오크 널빤지를 집어넣어 오크 향을 얻거나 혹은 오크 티백을 우려내기도 하고, 심지어는 오크 가루를 풀어넣기도 한다. 이 모든 행위는 결국 오크 향을 선호하는 소비자의 취향을 반영한 결과다. 이 행위는 오크통이 비싸기 때문에 와인 값에 오크 값을 포함시켜서는 수지가 맞지 않는 소수의 일반 와인 생산자들이 비용 절감 차원에서 시행하는 일이다.

전통적인 와인 생산국가가 모인 유럽에서는 오크통만 사용 가능하지만, 후발국인 신세계에서는 다양한 방법들이 허용되고 있다. 그러나 최근 프랑스에서도 가격경쟁력 확보를 위해서 저렴한 와인인 경우에는 오크 칩 사용을 허가해야 한다는 의견이 일고 있다.

오크통은 어떤 재질로 만들어지느냐도 중요하지만, 용량에 따라 그 쓰임새가 다르다. 오크통은 다양한 용량으로 만들어진다. 오크의 용량이 작을수록 오크의 효과가 크다. 따라서 오크통 사용자는 기대하는 오크 효과에 따라 다양한 용량의 오크통을 선택한다. 예를 들어, 가장 작은 오크통은 16리터들이도 있는데, 이는 발사믹 식초 양조 과정의 마지막 단계에서 사용되는 것이다.

보통 와인을 숙성시키는 데에는 '바릭(Barrique)'이라고 하는 225리터들이가 사용된다. 보르도나 캘리포니아에서 주로 쓰이며 3개월마다 새로운 오크통으로 갈아준다. '토노(tonneau)'는 500리터들이를 일컫는 말로, 오크의 효과를 바릭보다는 덜 보려는 목적에서 사용한다. 은근한 오크의 효과를 바란다고나 할까.

이탈리아의 명주 브루넬로를 전통적인 방식으로 생산하는 사람들은 프랑스에서 유래된 바릭보다는 이탈리아의 토착적인 토노 용기를 쓴다. 경우에 따라서는 토노보다도 오크의 효과를 줄이기 위해 자체적으로 용량을 결정해서 만든 대용량 용기를 쓰기도 한다. 한 예로 브루넬로 생산자 중에서 살비오니(Salvioni)는 2,000리터 들이 오크통에 브루넬로를 숙성한다.

(5) 빈티지 차트

빈티지(Vintage)는 포도를 수확해 와인을 만든 해를 의미하는 말로 불어로 Vendange라고 하나, 프랑스에서는 수확연도를 표시하는 말로 Maillesime을 주로 사용한다. ㅇㅇ해에 수확한 와인이라는 표시는 Recolteㅇㅇ 또는 Anneeㅇㅇ라고 쓰는 경우도 있다.

영어권에서는 특히 완성도가 높은 해를 의미한 말로, 연도가 표시된 포트와인은 특별히 잘된 해에만 생산이 가능한데 이것은 샴페인에도 적용된다. 빈티지는 여러 의미로 사용되기 때문에 그 의미를 정확히 이해하는 것이 중요하다.

와인은 같은 밭에서 같은 생산자에 의해 만들어져도 매년 미묘한 차이가 생기기 때문에 빈티지를 표시해 둘 필요가 있다. 이것은 매년 기상조건에 따라 포도의 당도와 산도에 차이가 생겨 와인의 풍미도 미묘한 차이가 생기기 때문이다.

적포도주의 경우 숙성에 의해 맛이 살아나는 와인은 그 해 와인의 성격에 따라 숙성이 진행되는 방법과 풍미가 지속되는 기간도 다르기 때문에 특히 빈티지가 중요하다.

작황이 와인의 가격에 미치는 영향도 큰데, 유명한 포도원의 와인도 수확한 해에 따라 가격의 차이가 있어 와인의 개성을 알기 위해서는 수확연도를 알아 둘 필요가 있다. 따라서 수확한 해의 와인의 품질을 지방별로 분류하여 Vintage Chart를 만드는데, 이 챠트는 제작하는 이에 따라 약간의 차이가 있고, 예측과 달리 숙성에 의해 변하기도 한다.

빈티지 챠트는 전체의 경향을 나타내는 것으로 지방과 나라에 따라 전통적인 관습성 단일년도의 포도만으로 와인을 생산하는 곳이 많아 샴페인과 포도의 경우처럼 Non-vintage 와인을 많이 만드는 경우도 있으나 최근에는 빈티지의 표기가 늘어나고 있는 추세이다.

THE WINE ADVOCATE VINTAGE GUIDE 1970-2013 Date: August 2014

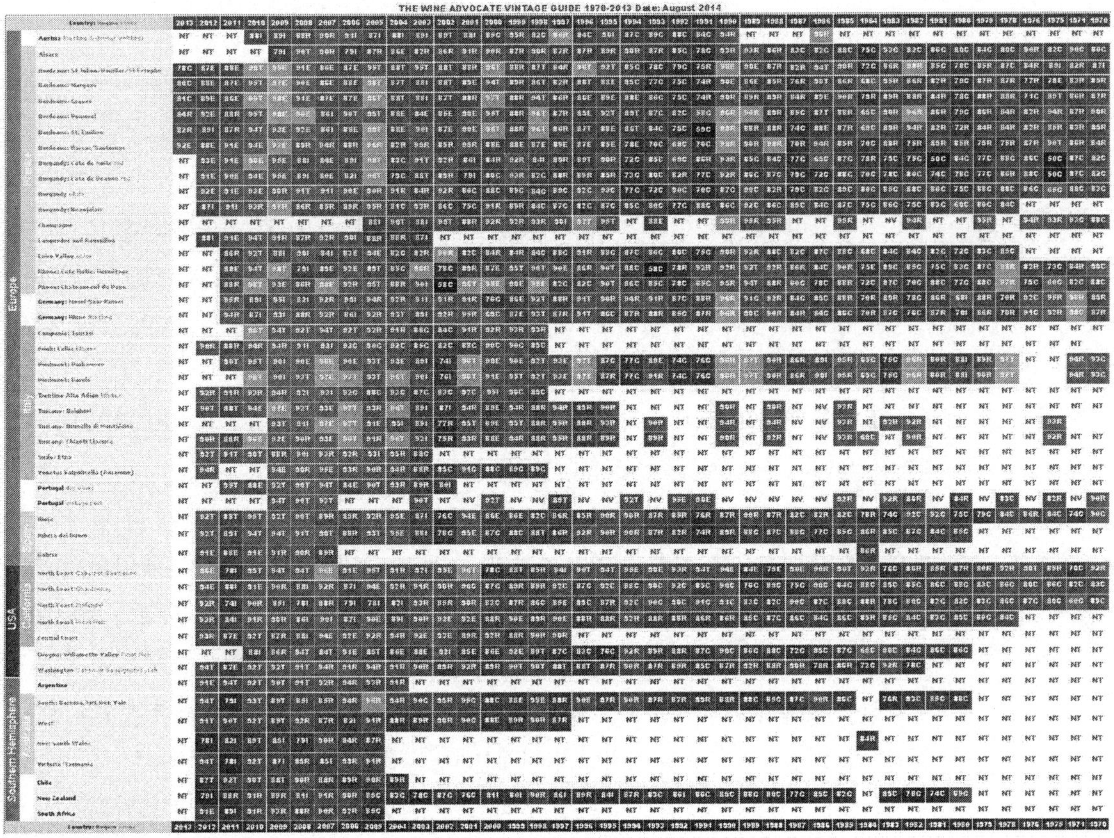

Copyright © 2001-2015 - The Wine Advocate, Inc.

Note: This chart is available on the eRobertParker.com web site.

Rating Ranges:

96 - 100 Extraordinary, 90 - 95 Outstanding, 80 - 89 Above Average to Excellent,

70 - 79 Average, 60 - 69 Below Average, < 59 Appalling

Maturity:

C = Caution, may be too old; E = Early maturing and accessible; **NV** = Vintage not declared;

I = Irregular, even among the best wines; **NT** = Not yet sufficiently tasted to rate;

R = Ready to drink; T = Still tannic, youthful, or slow to mature

■ 빈티지(Vintage)에 따라 달라지는 와인가격들

"아니 이 와인이 왜 이렇게 비싼가요? 다른 곳에서 샀을 때는 전혀 비싸지 않았는데 거의 두 배로 비싸잖아요?" 이거 바가지 씌우는 거 아냐 하는 눈빛으로 와인 샵 주인에게 항의하는 사람을 가끔씩 접할 때가 있다. 이럴 때 와인샵 주인은 꽤 난감할 것이다. 똑 같이 생긴 와인에 똑 같은 이름인데 심한 가격차이로 인해 오해를 받는다는 느낌도 함께 가질 것이다. 그러한 오해에서 빨리 탈피하고자 그는 재빨리 응대한다.

"먼저 빈티지 확인해 보셨나요? 이 와인은 보르도의 세기적인 2000년 빈티지 입니다."

와인 병의 라벨을 들여다 보면 해당 와인의 포도의 수확 년도가 표기가 되어 있는데 이것을 우리는 '빈티지(Vintage)'라 한다.

"아니… 1994년 보다 2000년 산이 더 비싸다 구요? 오래된 와인이 더 비싸야 하지 않나요?" 라고 의아하게 생각하면서 다시 물어볼 것이다. 그러나 와인은 무조건 오래되었다고 해서 비싼 것은 아니다. 훌륭한 빈티지 태생의 와인이 최적의 조건에서 잘 보관 되어왔다면 그 와인의 몸값은 매년 높아질 것이다. 만약에 좋지 않은 빈티지의 와인을 계속해서 보관한다면 그 와인은 어느 시기가 되면 오히려 내려갈 수도 있다.

고가의 고급 와인일수록 이러한 빈티지는 더욱 민감하게 반응하며 가격이 달라진다. 즉, 빈티지는 와인의 태생이자 운명과도 같은 존재이다. 우리는 매년 달라지는 과일의 맛과 당도를 체험했을 것이다. 한 해의 일조량이 좋았을 때 매우 달콤한 맛과 향기를 내기도 하지만 수확할 때쯤 비가 왔다면 그 과일의 맛과 향은 떨어지기 마련이다. 좋은 빈티지의 와인들은 잘 익은 포도를 가지고 와인이 만들어 졌기에 와인의 향미는 풍부하고 깊이가 있다. 묵직한 바디와 잘 짜여진 구조 감은 장기간 숙성시켰을 때 더욱 더 와인이 주는 매력을 더할 것이다.

빈티지의 영향은 봄에 포도나무의 꽃이 피는 시기부터 적용 된다. 중요한 것은 1년간 포도 나무에 비추어진 일조량의 정도인데 너무 과하지도 부족하지도 않을 만큼의 적절한 일조량을 이야기한다. 그리고 더욱 중요한 것은 수확할 즈음에 충분히 태양이 비추어 지고 비가 오지 않아야 한다. 수확 일을 결정하는 것도 매우 중요한데 와인메이커는 이때가 가장 예민하고 스트레스를 많이 받는 시기라고 한다.

세계 유명 와인 전문가들은 이러한 빈티지에 따라 그 해의 작황을 가늠하고 그 해에 생산 된 와인들을 맛보고 빈티지 챠트를 내놓아 와인의 가치를 평가할 때 적용한다. 작황이 좋았던 해는 건실한 좋은 포도 생산 양도 많았다는 의미도 되기에 그 해의 빈티지 와인들은 같은 가격에서도 더욱 좋은 품질을 기대할 수 있는 것이다. 그러나 고가의 고급 와인들은 이야기가 달라질 수 있다. 왜냐면 생산량은 제한적인데 구매하여 보관하고자 하는 사람들은 더욱 많아 질 수 있기에 오히려 가격은 높아질 수 있다.

유난히 빈티지에 매우 민감한 와인들이 있다. 대부분의 프랑스와 이태리를 포함한 유럽 산지는 빈티지가 중요한 편이다. 그 대표적인 예가 프랑스 보르도 지역의 특급 와인들 중 빅5에 해당하는 와인들 이다. 2000년 빈티지 와인들은 비교적 좋은 해가 아니었던 1997년 내지는 2001년 혹은 2002년 등과 같은 빈티지의 와인들과 비교 했을 때 적어도 2배 이상의 가격 차이가 난다는 것을 알 수 있다.

신대륙 와인산지라 불리는 미국 캘리포니아나 칠레, 아르헨티나와 같은 남미 지역이나 호주 지역들은 이러한 빈티지로 부터 좀 더 자유로울 수 있다. 이들은 이미 충분한 태양과 건조한 기후조건 등을 갖추고 있으며 너무 심한 기상이변이 아니라면 빈티지와 상관없이 일정한 품질의 와인을 생산해낼 수가 있다. 그러나 포도나무가 너무 스트레스 없이 잘 자랐기에 와인에서 느낄 수 있는 복합적인 미묘한 맛을 기대할 수 없을 것이라 이야기하는 사람들도 있다. 훌륭한 와인을 만드는 포도나무는 생존을 위한 스트레스와 역경 끝에 얻어진 결과 라는 것.

와인 병의 빈티지 표기는 그 해에 수확된 포도를 가지고 만들었을 때 표기가 가능한데, 생산 국가마다 빈티지 표기규정이 약간씩 다르게 적용하게 된다. 남아공이나 칠레의 경우 사용된 포도 원액의 75%이상 같은 해의 포도가 사용되었을 경우 이며, 호주나 뉴질랜드 그리고 유럽의 경우 85% 이상이다. 미국은 85% 이상 같은 빈티지의 포도를 사용했을 때 가능하다. 이러한 규정에서 벗어난다면 와인 병에 빈티지 표기를 할 수가 없는데 대부분 저가의 와인들에게서 발견됨을 참고 바란다.

"이 샴페인에는 빈티지가 없어요. 그럼 이건 싸구려 인가요?"

그렇지는 않다. 샴페인과 같은 고급 스파클링 와인이나 포르투갈의 고급 디저트 와인인 포트 와인(Port Wine) 에도 빈티지가 없는 경우가 많다. 만약에 샴페인에 빈티지가 표기 되어 있다면 그것은 "빈티지 샴페인(Vintage Champagne)"이라 하여 매우 비싼 고급 샴페인인 경우가 많다. 즉, 1-2년 이내에 마셔야 하는 다른 샴페인들과 달리 장기간 숙성을 시키기도 한다. 포르투갈의 달콤한 디저트 와인 "빈티지 포트(Vintage Port)" 또한 마찬 가지 인데 훌륭한 빈티지 포트는 100년 이상 보관되는 경우도 많다. 물론 가격도 매우 높은 편이다.

3. 세계의 와인

1) 프랑스 와인

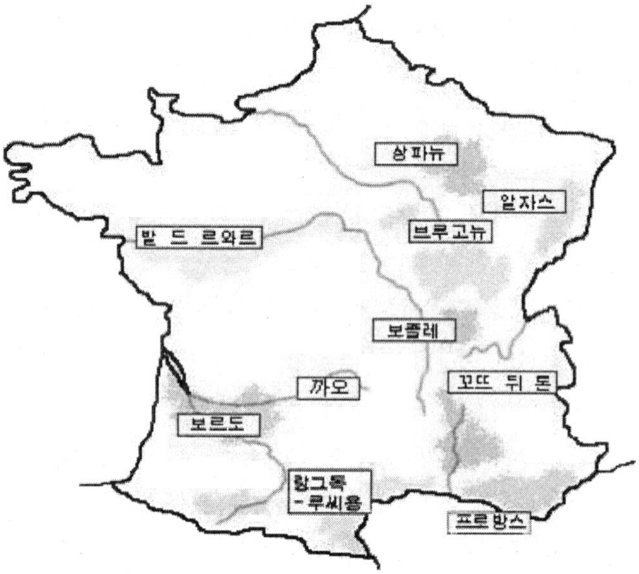

프랑스는 세계 와인의 중심 국가이다. 와인을 생산한 역사가 깊을 분만 아니라 세계적으로 유명한 고급와인들을 많이 생산해 내고 있기 때문이다. 또한 우리나라에서도 와인하면 프랑스라는 생각이 들 정도로 프랑스 와인은 잘 알려져 있다.

프랑스는 전세계 와인 생산량의 4분의 1정도인 연간 100억 병 정도의 와인을 생산하고 있다. 전 국토에 걸쳐 골고루 와인 생산지역이 분포되어 있는데 다양한 기후대와 토양특성 때문에 지방마다 다양한 와인이 생산되고 있다.

현재 50여개 국에서 많은 양의 와인이 생산되고 있다. 이 가운데 유독 프랑스 와인이 와인의 대명사로 통하는 이유는 여러가지가 있다. 먼저, 고급와인들을 생산할 수 있는 요소들을 잘 갖추고 있다는 것이다. 그리고 전 세계 와인의 포도품종은 모두 이곳 프랑스를 거쳐 갔다 해도 지나치지 않을 만큼 훌륭한 포도 품종이 많을 뿐만 아니라 그 종류도 무척 다양하기 때문이다.

또한 병충해 퇴치 및 포도품종의 개발, 그리고 블렌딩 기술, 즉 포도품종배합의 향상 등 숱한 여경을 이겨낸 생산업자들의 끊임없는 노력을 꼽을 수 있다. 그리고 포도 재배에 알맞은 토양 및 적정량의 햇볕, 적절한 강우시기와 강우량, 바람을 막고 햇볕을 충분히 받을 수 있는 능선과 일교차 등 천혜의 자연조건도 빼놓을 수 없는 요소이다.

이외에도 오인 산업에 대한 정부 차원의 지원, 국민 1인당 70병 수준의 연간 와인 소비량, 생활의 일부로 자리잡고 있는 자국 내 와인의 위상 등이 프랑스 와인을 세계 최고 수준으로 유지하고 있는 비결이다.

프랑스 와인은 산지는 크게 8개 지방으로 나뉘어 진다. 우리에게 가장 잘 알려진 보르도를 비롯, 부르고뉴, 론, 루아르, 알자스, 프로방스, 랑그독 루시용, 샹빠뉴 등이다. 프랑스 와인은 재배품종이나 특성이 지방마다 달라 지방별 와인의 특성을 살펴보는 것이 프랑스 와인을 이해하는데 지름길이다.

프랑스 와인의 특성

프랑스 와인을 이해하려면, 이름 있는 포도원의 명칭과 그 지리적 위치를 먼저 알아야 한다. 프랑스는 전통적으로 이름 있는 포도원의 역사적 배경과 기후, 토질 등을 바탕으로 등급을 정해 버린 곳이 많고, 또 각 지역별로 사용하는 포도의 품종, 담근 방법이 정해져 있어서 상표에도 품종을 표시하지 않고, 생산지명과 등급을 표시하는 경우가 많다. 그렇기 때문에 각 생산지역의 특징을 파악하지 않으면, 그 곳에서 생산되는 와인이 어떤 것인지 알 수 없게 된다.

각 지방에서 생산되는 와인의 종류는 다음과 같다.

- 알자스 : 대부분 화이트와인
- 루아르 : 대부분 화이트와인이지만 다양한 와인을 생산
- 보로도 : 레드와인과 화이트와인
- 부르고뉴 : 레드와인과 화이트와인
- 론 : 대부분 레드와인
- 랑그록 루씨용 : 프랑스 최대 와인산지
- 프로방스 및 코르시카 : 가장 오래된 곳으로 다양한 와인생산
- 쥐라, 사부아 : 독특한 와인 생산
- 남서부 지방 : 주로 강렬한 레드와인 생산

와인을 생각하면 와인에 대해 전혀 문외한이라도 프랑스를 가장 먼저 떠올리게 된다. 사실 와인의 최대 생산국은 이탈리아이다. 그런데 프랑스를 떠올리는 이유는 몇 가지로 나뉠 수가 있다.

사실 와인의 최대 생산국은 이탈리아 이지만 프랑스를 떠올리는 이유는 무엇일까?

첫째는 프랑스가 최대의 와인 소비국 이라는 사실을 원인으로 들 수 있다.

프랑스 국민만큼 와인을 항상 가까이 하는 이들은 드물다. 그들에게 있어서 와인은 생활 그 자체이자 물보다 더 친숙한 음료이다. 강요하지 않아도 와인에 대한 지식은 기본으로 갖추고 있다.

둘째는 프랑스인들이 자국 와인에 대한 자부심을 가지고 명성을 지키기 위해 노력하는 것에 있다.

프랑스만큼 정부차원에서 원산지 통제와 품질을 결정하는 곳도 드믈다. 그 결과 오랜 역사와 전통, 세계 최고의 품질을 지닌 와인을 생산하게 되었고 현재까지 그 명성을 지키기 위해 노력 하고 있다.

프랑스 와인을 이해하기 위해서는 가장 먼저 꼼꼼한 그들의 와인 등급을 살펴봐야 한다. 식사 시간에 편하게 마실 수 있는 테이블 와인부터 시작하여 지역별로도 정확하게 체계가 잡힌 와인 등급을 보면 와인에 대한 그들의 관심과 장인정신을 느낄 수 있을 것이다. 프랑스 와인 등급은 모범이 되어 다른 와인 생산 국가에도 이와 유사한 등급 체계를 사용하고 있다.

와인 등급

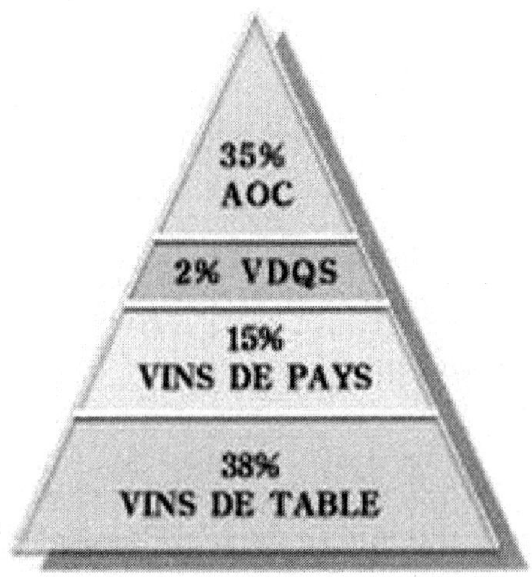

프랑스의 와인 등급은 도표에서 보는 것과 같이 4단계로 분류되며 피라미드의 가장 윗쪽인 AOC등급이 가장 우수한 품질의 와인이다.

㉠ 뱅 드 따블르 (Les Vins de Table)

테이블 와인 (VDT) 이 포도주들은 원산지 표시를 전혀 할 수 없다. 만약에 프랑스 여러 지역의 포도주를 섞었을 경우에는 Vins de Table de France(French Table Wine)이라 표기하고 유럽 여러 지역에서 온 포도주를 조합했을 경우에는 "Melange de vins de differents pays de l'Union Europeenne"라고 표기하면 된다. 여기에는 수확연도를 적을 수 없게 되어 있다.

흔히 상품명으로 판매되는 이 테이블 와인들은 일반적으로 늘 같은 품질을 유지하고 있다.

ⓛ 뱅 드 페이(Les Vins de Pay) **- 지방명 와인** (VDP)

지방명 와인들은 원산지를 표기 할 수 있다는 점에서 테이블 와인과 구별된다. 예를 들어 랑그독 지방의 와인인 경우 뱅 드 페이 독 (Vins de Pays d'Oc) 라고 표기된다. 뱅 드 따브르에 비해 조금 더 질이 좋다.

ⓒ 뱅 데리미테 드　리테 슈페리어 (Vin Delimite de Qualite Superieure)

뱅 드 페이와 AOC등급의 중간 단계로 이 단계부터 본격적인 규제가 시작된다.

ⓔ 아펠라시옹 도리진 콩트롤레(Appellation d'Origine Controlee)

원산지 통제명칭 와인(AOC) : AOC라고불리는 이 등급의 와인은 가장 까다로운 규칙을 적용한다. 즉 AOC 표기를 하기 위해서는 다음과 같은 사항을 의무적으로 따라야 한다.

첫째, AOC를 생산할 수 있도록 엄격히 지정된 떼루아루를 지켜야 한다.

(지방명, 면단위 마을명,한 마을명,크뤼(포도원)명,몇 헥타에만 포도나무에서 생산된 포도주)

둘째, 품종 선별로 반드시 그 와이너리에 알맞은 고급 품종들로만 구성된다.

셋째, 재배 및 포도주 양조기술, 숙성 기술에 인간의 수작업을 거쳐야 한다.

넷째, 수확량을 지켜야 한다.

식목시의 밀도, 최소 알코올 도수, 원산지 통제명칭 위원회의 관할 하에 전문가들에 의해 엄격히 통제된다. 이러한 까다로운 과정을 거친 AOC는 지역별 전통을 존중해 주면서 그 포도주에 품질과 특징을 보증한다.

프랑스 와인 등급 분류는 프랑스 정부에 의해 와인 품질이 나누어진 것인데 이 가운데 원산지 통제 명칭(AOC)와인이 가장 높은 등급의 와인으로서 반드시 원산지를 라벨에 기재해야 한다. 다른 여러나라에서도 이 제도를 본 따서 원산지에 따라 와인의 등급을 나누고 있다. 이러한 와인분류 제도는 소비자들이 와인을 고르는 데 많은 도움이 된다.

(1) 상빠뉴

아주 오랜 옛날부터 "상빠뉴(샴페인 Champagne)"이라 불리우는 지역에는 포도원이 존재하였다. 로마 사람들이 이 지역발전에 커다란 기여를 하였고 줄리어스 시저는 렝스라는 도시를 건설 하였는데, 이 도시는 후에 상빠뉴 지방의 수도가 되었다. 이 도시는 계속적인 발전을 거듭하여, 특히 중세시대에는 프랑크족의 왕 클로비스(Clovis)의 대관식이 치루어지는 등 괄목할 만한 성장을 이룩하였다. 그 당시 이 지역에는 생산되던 와인은 보통 와인(still wine)이다.

17세기말, 이 지역 사람들은 와인의 병입을 한 후, 날씨가 더워지면 와인에 거품이 생긴다는 사실을 발견하게 되었다. 한 사원에서는승려들이이러한발포방법을완성하는데총력을기울여서마침내, 사원의 재무담당이었던 동 페리뇽(Dom Perignon)이 이 방법을 완성시킴으로써 샴페인, 상빠뉴가 탄생한 것이다.

상빠뉴 지방의 전체 포도 재배 면적은 30,000헥타르로 주요 품종은 피노누아, 피노뫼니에, 샤도네이가 재배된다. 비교적 온난한 기후도 특상품의 포도 생산에 큰 역할을 한다. 이 지역 연중 평균 기온은 10℃로, 포도의 성숙에 필요한 최저 온도인 9℃에 근사한 것이다. 그런데 바로 이 점이 이 지역 생산 포도의 독특한 맛을 결정하는 역할을 한다. 하지만 봄의 서리는 종종 꽃봉오리와 어린 포도송이를 위협하여 포도 재배인이 며칠 밤을 각 포도나무의 밑둥에 난로를 놓아 따뜻하게 해주어야 할 정도이다. 토양은 대부분 백악질로 경작 가능한 흙이 1미터 미만의 두께로 덮고 있다.

상빠뉴 와인의 종류

· 몽따뉴 드 랭스(montagne de Reims : 렝스 산)

· 발레 드 라 마른느(Vallee de la Marne : 마른느 계곡)

· 꼬뜨 데 블랑(cote de Sezanne : 세잔느 구릉 지역)

· 오브(Aube)

상빠뉴 와인의 당도에 따른 분류

모든 상빠뉴 와인은 AOC급이며, 다음과 같은 타입들이 있다.

· 엑스트라 브뤼트 (Extra Brut): 1리터당 6g 정도

· 브뤼(Brut) : 15g 정도

· 엑스트라 드라이(Extra Dry) : 12-20g

· 섹 (Sec) : 17-35g

· 드미 섹(Demi-Sec) : 33-50g

· 두 (Doux) : 50g 이상

상빠뉴 와인의 저장

시장에 출하된 상빠뉴는 소비자가 즉시 소비할 수 있도록 되어있는 상태이므로 따로 숙성 시킬 필요는 없다. 상빠뉴는 은 상표에 따라 나름대로의 독특한 맛이 있다. 이러한 독특한 맛은 수확 연도에 따른 포도의 품질 변화에도 불구하고, 수확 연도가 다른 여러 와인들을 조합하여 뀌베를 만든 후 상빠뉴를 제조하기 때문에 품질이 항상 일정하게 유지된다. 수확된 포도의 품질이 좋았던 해의 와인으로부터 제조된 상빠뉴는 다른 해의 상빠뉴와 섞지 않는다. 그러한 해에 주도된 샴페인은 주조연도를 표시하여 저장 창고에 보관한다. 그렇게 함으로써 그 맛이 더욱 좋아지게 된다.

상빠뉴 와인 즐기기

상빠뉴의 빛깔과 거품의 섬세함을 잘 볼 수 있도록 무색 투명하고 두께가 얇은 튤립형 잔을 사용한다. 상빠뉴를 마시는 온도는 너무 차서는 안되고 6-8℃가 적당하다.

샴페인을 알맞은 온도로 맞추기 위해서는 마시기 두 세시간 전 냉장고에 넣어 두거나 (냉동실은 금물), 가장 이상적인 방법은 물과 얼음을 채운 wine bucket에 샴페인 병을 30분 정도 담궈 두는 것이다. 병을 열 때는 한 손으로 병을 잡고, 다른 손으로 병마개를 감은 철사를 벗긴다. 마개를 고정시킨 채로 조심스럽게 병을 돌리면 마개가 저절로 빠져 나온다. 잔에 상빠뉴를 2/3만 따르고 이제 시각, 후각, 미각을 동원하여 상빠뉴를 시음한다. 상빠뉴는 오드볼부터 디저트까지 전 코스에 마실 수 있는 발포성 와인으로 서브온도는 6-8℃이다.

(2) 보졸레

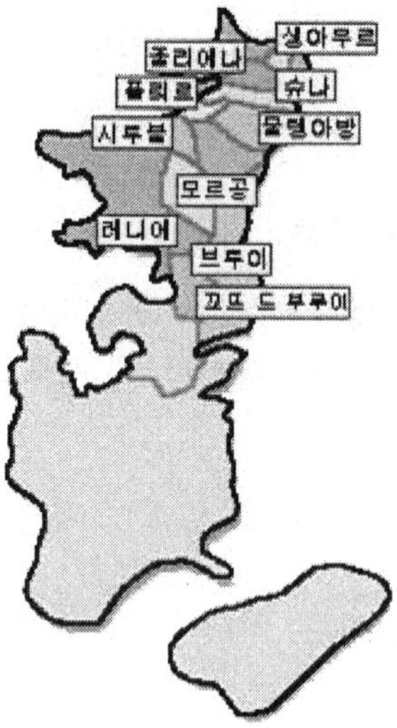

서쪽에서 부는 찬바람과 보졸레 지방의 산맥으로부터 불어오는 습한 바람을 언덕들이 잘 막아 이 곳 기후는 아주 온화하지만 가끔 한파가 닥치기도 한다. 토양은 주로 화강암과 편암으로 이루어져 있어 가메이품종이자라는데중요한역할을하고있다.

보졸레 지방의 전체 포도원 면적은 22,000헥타르에 이른다.원래 보졸레는 부르고뉴 남쪽 지방의 일부이나 부르고뉴와는 다른 품종을 재배하고 있으며 독특한 와인을 생산하기 때문에 오늘날에는 독립적인 와인 생산지로 취급된다. 보졸레 지방에서는 레드 와인으로는 가메이 품종을, 화이트는 샤도네이만을 사용하며 레드 와인을 99% 제조하는 곳이다.

보졸레 와인에도 보르도, 부르고뉴 만큼 복잡하진 않지만 등급 체계가 있다. 보졸레 , 보졸레 빌라즈(Villages), 보졸레 크뤼(Cru)의 세 등급으로 나뉘는데 보졸레 크뤼는 오랜 기간 보관해 마실 수 있는 개성 있는 고급 레드 와인으로 10개 지역에서 생산된다.

10개 보졸레 크뤼(고급 레드와인)

· 시루블(Chiroubles) : 섬세하고 조화로운 맛과 함께 작약, 제비꽃의 향에 과일 향이 복합되어 있다.

· 브루이(Brouilly) : 까치밥나무 열매, 뽕 열매, 버찌 등의 과일 향이 풍기는 와인으로 특히 출하된 첫해에 가장 맛이 좋습니다.

· 꼬뜨 드 브루이(Cote de Brouilly) : 신선한 포도향과 제비꽃향이 함께 어우러져 있다. 브루이 보다 좀 더 그윽하며 복합향을 띠며 숙성 2~3년 후엔 그 섬세함을 만끽할 수 있다.
· 생-따무르(Saint-Amour) : 버찌향을 띠며, 강한 맛의 다즙질(샤르뉘 : charnu) 와인이다.
· 플뢰리(Fleurie) : 선명한 루비색에, 말린 장미와 보랏빛 붓꽃향을 띤 감미롭고 부드러운 와인이다.
· 슈나(Chenas) : 짙은 색에 탄닌 성분이 꽤 많은 편이며 모란향이 약간 나는 와인으로 장기 저장이 가능.
· 모르공(Morgon) : 산화철을 함유한 편암이 풍화되어 얻어진 "풍화암"으로 형성된 1,100ha의 지대에서 생산된다. 짙은 암홍색을 띠며 살구, 복숭아, 산버찌의 과일향이 난다. 맛이 진하며 숙성기간은 3~5년이다.
· 쥴리에나(Julienas) : 짙은 루비색에 향신료와 복숭아, 딸기, 물푸레나무 등의 과일향을 지닌 와인이다. 강하고 진한 맛을 지녔으며 시간이 지남에 따라 맛이 좋아진다.
· 물렝-아-방(Moulin-a-vent) : 초기에는 신선한 과일향을 띠지만 시간이 흐를수록 제비꽃, 장미 등의 꽃내음이 난다. 강하면서 조화된 풍미를 자랑하며 4~5년까지 저장이 가능하다.
· 레니에(Regnie) : 레니에는 아름다운 루비빛의 색깔과 까치밥 나무 열매, 산딸기 등의 향과, 매우 우아한 맛으로 매혹적이다. 이 와인의 힘찬 성질은 모르공과 비슷하게 느껴지기도 한다.

보졸레 와인 즐기기

가메이 포도 품종을 만든 와인은 대부분 밝고 아름다운 색깔, 신선한 향기, 과일 맛이 풍부한 가벼운 와인이다. 가금요리 흰살색이 고기와 아주 잘 어울리며 서브온도는 14-15℃다.

보졸레 누보(Beaujolais Nouveau)

매년 11월 세 번째 목요일 새벽 0시를 기해 전세계적으로 일제히 판매에 들어가는 햇와인이다. 보졸레 누보라는 명칭은 엄격한 검사를 거쳐 일정 기준을 충족시킨 보졸레 지역의 햇포도주에만 붙일 수 있다. 즉 라벨에 AOC(원산지통제명칭)가 표기되며, 보졸레 누보는 보졸레 지역에서 첫 수확되는 적포도를 일주일 정도 발효시킨 후 4~5주간의 짧은 숙성과정을 거쳐 여과, 병입 한다. 이 때문에 탄닌 성분 등의 추출이 적어 맛이 가볍고 상큼하다. 또 과일향이 풍부하고 신선한 것이 특징이다. 발효 과정이 짧기 때문에 일반 레드 와인보다 옅게 착색되며, 이에 따라 핑크색을 머금은 옅은 붉은색을 띈다. 보졸레 누보의 포도 품종은 가메이(Gamay)인데, 다른 품종에 비해 보존성이 약해 시간이 지날수록 품질이 떨어지며 쉽게 변질되는 특성이 있다. 보졸레 누보는 추수감사절과 크리스마스 또는 새해까지, 출하된 지 1-2개월 내에 가장 많이 소비된다. 통상 이듬해 부활절 전까지도 마시지만 이때는 신선한 맛이 적고 변질되기 시작해 와인으로서 생명력이 없어진다.보졸레 누보는 레드 와인이면서 화이트와인의 특성을 지니고 있기 때문에 약간 차게 (섭씨 10~13도)해서 마시는 것이 좋다. 가벼운 음식이면 어느 것이든 잘 어울린다.

■ 1855년 보르도 그랑크뤼 등급 (1855년, 황제의 등급)

보르도 최고급 와인

메독의 크뤼 등급은 1855년 나폴레옹 3세의 후원하에 개최된 만국 박람회를 계기로 만들어 졌다. 그 시절 와인 중개상들이 임의적으로 메독. 쏘떼른 지역의 그랑 크뤼라고 분류해 놓았던 당대 최고 보르도 와인의 실제 가격과 품질, 명성을 바탕으로 작성되었다. 이들 와인은 같은 해 4월 18일에 기재된 명세서에 따라 그 유명한 1855년 등급으로 분류되었다.

현재에도 인정받는 참고 기준

이 등급 분류는 아주 오랜 생명력을 지녔다. 단 한번, 1973년에 또 무똥 로필드(Chateau Mouton Rothschild)가 2등급에서 1등급으로 바뀐 경우를 제외하고, 메독의 60개 그랑 크뤼 끌라쎄 등급 순서는 19세기부터 지금까지 변함없이 그대로다. 그랑크뤼는 뻬싹-레오냥(Pessac-Leognan)의 샤또 오브리옹(Chateau Haut Biron)을 포함한 5개의 1등급(Premier crus), 15개의 2등급(second crus), 14개의 3등급(troisieme crus), 10개의 4등급(quatrieme crus), 18개의 5등급(cinquieme crus)로 분류되어 있다.

고귀한 태생, 품질보장

1855년 등급은 전세계의 와인 중개상과 애호가들에게 여전히 좋은 참고 기준이 되고 있다. 이 등급 와인의 품질이 특풀나다는 점은 모두가 인정하기 때문에, 소비자들은 등급을 믿고 최고급 제품을 구매할 수 있다.

이러한 등급분류방식은 전세계에서 모방되고 있으나, 메독 그랑 크뤼 끌라쎄의 가치는 최고 수준이며, 샤또의 품격과 건축물 또한 비견할 바가 없다고 인정받고 있다. 오늘날에도 이 전설적인 와인들은 전세계 수출시장에서 프랑스적인 삶의 방식에 대한 멋진 이미지를 전달하고 있다. 소비자들은 절대 후회할 일이 없을 것이다.

아시나요?

1855년 등급 이전에는 비공식적인 여러 등급 분류가 사용되었다. 프랑스 대혁명 이전에 이미 보르도 광장을 중심으로 와인 전문가들과 상인들 사이에 행정 구역별로 분류된 고급 와인 리스트가 사용되었다.

레드&화이트

흔히 1855년 등급은 메독의 최고급 레드 와인만 해당된다고 생각하지만 그렇지 않다 :

같은 등급이 쏘떼른느와 바르삭(Barsac)의 스위트 화이트 와인 분류에도 쓰인다.

크뤼 부르주아 (Crus Bourgeois)

■ 크뤼 부르주아, 부담없으면서 뛰어난 와인

크뤼 부르주아

15세기부터 보르도의 '도시(bourg)'에 살던 시민. 즉 부르주아(bourgeois)는 지역 정치에도 깊이 관여하는 상인과 장인들로 구어되어 있었다. 이들은 여러 가지 특권을 누렸는데, 그 중에서도 자기 소유의 포도원에서 생산한 와인에 대한 세금을 모두 면제받는 특혜도 있었다. 이런식으로 조금씩 부를 축적해가면서, 그들은 지역 최고의 토지를 구매하고 최고의 포도 재배 및 최고의 와인 양조기술을 손에 넣는데 투자를 아끼지 않았다. 그결과 부르주아들은 최고급 와인을 생산하게 되었고, 포도원을 최고 수준으로 발전시켜 '크뤼 데 부르주아(Crus des Bourgeois-부르주아의 크뤼와인)'를 만들었는데, 그것이 자연스럽게 '크뤼 부르주아'로 불리게 되었다.

현대에 들어와서도 이 지역 토지는 가족 소유로 남아있으며, 여러 세대를 거치면서 확고한 브랜드로 자리잡아 보르도의 와인 중개상들과 소비자들에게 큰 인기를 끌고 있다.

명성 높은 품질의 크뤼 와인

'크뤼 브루주아' 명칭은 뛰어난 품질과 오랜 전통으로 유명하다. 크뤼 브루주아 와인은 공통된 가치를 지녔으면서도 큰 다양성을 내포하고 있다. 다양한 맛과 아로마를 지니고 있으며, 기품있는 와인으로 즐거움을 제공한다.

부담없는 와인

메독의 크뤼 브루주아 와인은 이미 많이 알려진 최고급 크뤼 브루주아 와인뿐만 아니라 아직 잘 알려지지 않은 크뤼 부르주아 와인을 찾는 애호가들에게있어 무한한 보고와도 같다.

영할 때(3~4년)에도 마시기 좋으며, 숙성될수록 맛이 탁월해진다. 탄탄한 구조의 탄닌과 복합적인 아로마는 균형이 잘 잡혀있다. 이 두가지 장점 때문에, 최고급 요리뿐만 아니라 가벼운 식전주에도 잘 어울린다. 크뤼 부르주아는 최고의 와인이라 하기에 부족함이 없는 와인이다.

2007년 빈티지부터 매년 메독의 모든 크뤼 와인들은 '최고급 품질' 표시라 할 수 있는 '크뤼 브루주아' 등급 명칭 사용에 대한 심사를 받을 수 있다. 품질 심사는 독립된 기관에서 이루어 진다.

전통과 현대가 조화된 크뤼 부르주아 와인은 뛰어난 품질과 다양성으로 와인 애호가들에게 즐거움을 선사하고 있다.

아시나요?

8개 메독 아뺄라씨옹에 분산된 크뤼 부르주아는 전체 와인 생산량의 40%를 차지하고 있다.

■ 메독 크뤼 아르띠장(Crus Artisans)

150년의 역사

'크뤼 아르띠장'이라는 명칭은 메독에서 이미 150년 전부터 사용되어 온 것으로, 1855년 그랑 크뤼 끌라쎄 등급이나 기타 다른 크뤼 명칭과 함께 쓰엿다.

20세기에 들어 크뤼 아르띠장 명칭은 예술에 가까운 노하우를 갖춘 일부 포도원의 노력으로 공식적인 인정을 받게 되었다. 오늘날 이 등급 명칭을 사용하는 곳은, 메독, 오메독, 메독의 꼬뮌단위AOC 지역의 40곳뿐이다. 이 명칭은 엄격히 통제되고 있기 때문에 소비자들에게 신뢰를 주고 있다.

전문가의 와인

왜 '크뤼 아르띠장'인가? 그 의미를 살펴보자면, '아르띠장(artisan)' 즉 장인이란 자신의 직업 기술을 완벽히 숙지하고 있으며, 전통과 대중 문화에 뿌리내린 자신만의 특별한 노하우를 갖춘 전문가를 일컫는다. 따라서 크뤼아르띠장이란 확실한 원산지 증명이 될 수 있는 것이다. 이는 와인을 잘 아는 사람들에게는 매우 중요한 부분이다. 장인은 자기가 만들어낸 와인의 품질에 대한 책임을 지고 있으며 고객 접대도 직접한다. 실제로 평균 8 헥타르 규모의 작은 가족 포도원으로 구성된 크뤼 아르띠장 와인 생산자들은 직접 판매를 하고 있다. 이곳을 방문한 고객은 와인을 생산한 장본인과 만날 수 있는 것이다. 와인 생산자는 와인 애호가들을 언제나 환영한다.

다양한 종류와 여러 가격대의 와인

장인들의 포도나무에 대한 열정은 엄청나다. 현재, 크뤼 아르띠장 와인은 메독의 모든 아뺄라 씨옹에 생산되며, 다양한 종류와 여러 가격대의 와인을 소비자들에게 제공하고 있다. 해당 떼루아르의 특징을 잘 반영하고 있는 지역 특산 와인으로, 품질이 뛰어나기 때문에 꼭 한번 맛봐야 하는 와인이다!

아시나요?

'보르도와 보르도 와인 Bordeax et ses vins'(cocks & Feret 출판사) 1868년 판독에 메독의 크뤼 아르띠장 와인이 언급된 것은 자신들의 와인을 특화시키려는 크뤼 아르띠장 장인들의 노력이 대단했음을 보여준다.

독자적 명칭

'크뤼 아르띠장'은 2006년 1월 11일 세계 최초로 공식 승인된 명칭으로, 그 어느 포도원도 사용할 수 없는 독자적인 명칭이다.

세컨 와인에 대하여

흔히 말하는 세컨 와인(또는 세컨 라벨)은 일종의 '부산물'이라 할 수 있다. 특히 고급 와인으로 잘 알려진 한 샤또의 와인을 만들기 위해서는 나름대로 엄격한 기준에 따른 품질관리가 필요할 터인데, 해마다 포도의 수확량이라던가. 기후에 따른 포도의 품질 등에 따라 조금씩 들쑥날쑥한 차이가 있을 법도 하다. 그래서 샤또에서는 각자가 생각하는 기준에 부합하지 못하는, 또는 성격이 다른 와인이 나왔다고 생각하는 경우에는 이것을 본래의 샤또 와인(퍼스트 라벨)에 무리 하여 포함시키지 않고 그 차이를 인정하여 별개의 브랜드를 달고 출시하게 되는 것이다. 그렇다고 하는 것은 당연히 네고시앙(와인중개상)이 소규모 포도산지에서 모아 와인을 생산하는 부르고뉴 지방에서는 퍼스트 라벨이라는 개념 자체가 약하기 때문에 당연히 세컨 라벨이 나올 수가 없고, 퍼스트 라벨,즉 '샤또ㅇㅇㅇ' 라는 아이덴티티가 강한 보르도 와인에서 쉽게 발견할 수 있다는 이야기.

당연한 얘기겠지만 일단 퍼스트 라벨보다 값이 싸면서도 퍼스트 라벨에 필적하는 와인이 나오는 경우가 있어서, 와인 애호가들에게는 저렴한 가격에 고급와인의 맛을 느낄 수 있는 기회로 인식되는 경우가 많으며, 더 나아가서는 세컨 와인을 마시는 것을 일종의 익센트릭한 취미쯤으로 생각하여 오히려 퍼스트 라벨보다도 더욱 흥미를 가지고 있는 애호가들도 있는 모양이더라.

일단 개략적인 분류를 살펴보면, 보르도의 각 지역별로 생떼스테프, 뽀이약, 생줄리엥, 마고, 오-메독, 무리스 앙 메독, 페삭-레오냥, 소테른, 상떼밀리옹, 포메롤, 코트드 카스티용등등 각지의 세컨 라벨을, 그것도 100% 스스로 마셔본 와인을 리뷰하고 있다. 정말 보면 볼수록 감탄을 금할 길이 없다.

쉽게 말하면 보르도의 샤토가 소유한 밭에서 생산된 와인 중에 그 샤토이 엄격한 기준에 달하지 못한 '2군 와인'을 말한다.

세컨 와인은 샤토의 간판 와인과는 별개의 브랜드로 판매된다. 2군의 배경은 다양한데 첫 번째, 포도가 아직 어린 나무라 간판 와인에 부적합 두 번째, 토질이 최상이라고 할 수 없는 밭의 포도 세 번째 통에 넣는 단계의 시음에서 간판 와인된 기준에 도달하지 못한다고 판단된 와인, 이라는 세 가지 경우가 대분이다. 덧붙여 세 번째 '통미달'로 생긴 세컨드와인이 가장 간판와인에 가까운 맛이라고 한다(통에 담기 전까지는 포도와 받이 동일한 것으므로) 포이약 마을의 '샤토 띠숑 롱그빌 바롱'과 마고 마을의 '샤토 파르메'의 세컨드 와인은 이통 미달이며 무척 인기가 있다. 또한 일류 샤토의 경우는 이들 2군 와인에 대해서도 엄격한 기준을 마련해 놓고 있다. 수준에 미치지 못한다고 판단된 와인은 더 낮은 서드 와인으로 판매되거나 샤토의 라벨을 붙이지 못하며, 통째로 '네고시앙(주류상)'에 팔리는 경우도 있다. 5대 샤토인 '샤토 라투르'의 세컨드 '레 포르 드 라투르'는 받도 포도도 간판 와인과 다른데, 블라인드 테이팅에 의해 '다른 등급의 2급 와인과 같은 레벨인지 아닌지'를 엄밀하게 검토해 레벨에 미치지 못한다고 판단된 경우는 병입을 하지 못한다. 그렇게 해서 만들어진 '레 포르'는 세컨드와 최고 걸작이라고 해서 유명 샤토의 간판 와인을 능가할 정도의 인기를 과시한다.

그런데 세컨드 와인은 소비자에게 어떤 면에서 '구매하면 득'인 걸까. 먼저 가격은 간판 와인의 절반 ~ 3분의 1이 보통 시세, 포도 재배와 양조 방법은 간판 와인과 같으므로 코스트 퍼포먼스가 상당이 높다고 할 수 있다. 또한 보르도의 일류 와인은 숙성에 최저 년은 걸리는데, 그 정도로 파워가 없는 세컨드 와인의 경우는 1군 와인보다 숙성이 빠르다. 따라서 생산 연도가 얼마 되지 않으면서도 숙성된 와인의 맛을 즐긴다는 메리트도 있다. 단 주의해야할 점은 최근에는 2류 샤토가 질낮은 와인을 돈을 벌 목적으로 마구 만들어내는 경우가 늘고 있다는 것. 세컨드라면 뭐든 득이라는 생각은 버리자.

(3) 부르고뉴

부르고뉴 지방의 포도원도 보르도와 마찬가지로 프랑스에서 가장 오래된 포도원중 하나이다. 서기 약 300년경, 로마 시대에 한 로마 황제의 적극적인 진흥 정책으로 이 지역 포도원은 급속히 발전하게 되었다.

중세에는, 이 지방의 성직자들과 영주들이 부르고뉴 와인을 프랑스와 유럽 전역에 알림으로써, 부르고뉴 와인은 오늘날의 명성을 얻게 되었다. 그 예로, 당시 부르고뉴의 공작들은 거의 모든 나라에 대표부를 설치하였으며, 그들이 지배하던 봉토는 오늘날의 네덜란드, 벨기에와 스위스 일부 지역에 해당한다. 미사 집전과 환자 치료를 위해 와인이 필요했던 가톨릭 성직자들이 역시 수세기에 걸친 와인 제조기술 완성의 노력을 통해 이 지방 포도원 발달에 큰 기여를 하였다.

부르고뉴 지방의 환경

겨울에는 한냉하고 빙결기가 잦으며 여름에는 고온인 대륙성 기후이다. 어린 묘목에 치명적인 춘빙(春氷)현상을 막기 위해, 포도원 중앙에 화덕을 만들어 전체적으로 기온을 높인다. 토양의 다양성으로 인하여 와인, 포도원, 상품명 또한 여러 가지이다. 샤블리(Chablis)포도원은 석회질의 구릉으로 이루어져 있다. 꼬뜨 드 뉘(Cote de Nuits)포도원은 가파르며 경사가 심하고,석회질의 이회토와 편암질(片岩質)의 점토로 이루어졌으며, 동향이다. 좀 더 광활한 꼬뜨 드 본(Cote de Beaune)포도원은 남동향이며, 석회질, 점토, 규토로 이루어져 있다. 구릉이 연속하여 자리잡고 있는 마꼬네(Maconnais)포도원 역시 석회토와 점토성 석회토로 이루어져 있다.

부르고뉴 지방의 전체 포도원 면적은 24,000헥타르에 달한다. 부르고뉴 지방의 가장 큰 특징은 단일 품종으로 다양한 와인을 만들어내는 것에 있다. 레드 와인은 피노 누아 (Pinot Noir)를 화이트 와인은 샤도네이(Chardonnay)만을 사용한다. 부르고뉴의 남쪽 지방 보졸레에서는 가메이(Gamay)만을 사용하여 맛과 향이 다른 와인을 만든다. 전체 비율로는 레드 와인을 48%, 화이트 와인을 52% 생산하며 뛰어난 품질의 화이트 와인이 생산되는 지역이다.

부르고뉴 와인은 보르도 와인과 매우 다른 와인의 세계이다. 부르고뉴 와인은 보르도 와인에 비해 개성적인 향기와 맛을 갖고 있다. 이 때문에 와인 애호가들에게는 좋은 비교의 대상이 된다. 대서양 바다에 인접한 보르도와 내륙에 위치한 부르고뉴는 기후, 토양 등 포도가 자라는 자연환경, 즉 떼르와르가 대조적이다. 이에 따라 포도품종이 완전히 다르다. 부르고뉴 지방은 아주 옛날에 지반의 융기에 의해 만들어진, 완만한 경사를 이룬 구릉지이다. 성분이 서로 다른 토양이 양파 껍질처럼 복잡하게 겹쳐져 있으며, 단 10m 정도 떨어져 있는 장소에서도 토양의 성질이 다르다. 그리고 부르고뉴의 언덕은 동쪽을 향해 경사가 져 있으며, 200m 정도의 고저 차이가 있다. 낮은 쪽은 영양분이 너무 많이 공급되어 양질의 포도가 자라기 어렵고, 반면에 너무 높으면 이번에는 기온이 너무 낮아 또 곤란하다. 이렇게 복잡하게 얽혀 있는 요소들이 상호작용에 의해 부르고뉴 와인의 다양성이 만들어진다. 실제로 부르고뉴 와인의 커다란 특징이 단일 품종으로 와인을 만들었음에도 불구하고, 그 포도가 자란 밭의 토양에 따라 맛이 완전히 다르다는 것이다. 따라서 부르고뉴 와인을 잘 이해하려면, 발음이 어렵지만 포도밭들의 이름을 잘 익혀야 한다.

파리의 동남쪽 디종(Dijon)에서 시작하여 리용(Lyon) 방향으로 손(Saône)강 계곡의 산비탈을 따라 길이 50Km와 넓이 20Km에 걸쳐 뻗어있는 꼬뜨 도르(Côte d'Or) 지역이 부르고뉴 와인의 가장 중요한 생산지이다. 이 지역은 다시 꼬뜨 드 뉘이(Côte de Nuits)와 꼬뜨 드 본(Côte de Beaune)으로 나뉜다. 보르도에 비해 면적은 좁으나 보르도와는 달리 한 가지 와인에 단일 품종의 포도만을 사용한다. 보르도 산 와인은 2 내지 3 종류의 포도를 섞어서 와인을 만들어 단순하지 않게 복합적이고 섬세해서 '여성적인 와인'이라면, 부르고뉴 지역에서는 단일 품종으로 만드는 관계로 단순하고 강건해서 '남성적인 와인'이라고 불린다. 부르고뉴 와인 중에서 레드와인은 '피노 누아르', 화이트와인으로는 '샤르도네'가 가장 유명하다.

보르도 와인과 또 하나의 다른 차이가 있다면, 보르도 와인의 경우 우리가 보통 산지라고 부르는 것은 포도원과 동일한 것으로 한 개인이나 기업의 소유인 반면, 부르고뉴 와인의 경우에는 산지가 여러 포도원의 집합체로서 보통 여러 소유주에 속해 있다. 부르고뉴의 포도원은 아주 작은 단위(Climat)로 쪼개져 있어 마치 체스 판을 연상케 한다. 조금 크다는 포도원은 소유주가 여러 명으로 되어 있다. 예를 들어 〈끌로 드 부조〉는 소유주가 80명이 넘는다. 이는 프랑스 혁명 때 귀족이나 교회 소속의 포도원을 농민들에게 골고루 나누어준 데서 기인한다. 이후 자식들에게 상속되면서 포도원이 더욱 쪼개져 오늘에 이르고 있다.

부르고뉴를 영어로는 '버건디'라고 한다. 보르도 레드와인이 블랜딩을 통해 복합적인 향과 맛으로 여성적이며 중년층에 인기가 있다면, 부르고뉴 레드와인은 피노 누아르의 단일 품종으로 양조하기 때문에 남성적이고 젊은 층이 더 좋아한다. 부르고뉴 와인은 보르도 와인과 비교할 때 색상이 좀 더 투명하다. 부르고뉴 레드와인은 연한 황록색으로 향이 좋고 드라이한 것이 특징이다. 우리는 와인의 병 모양과 색깔로 와인의 산지를 알 수 있다. 보르도 와인 병은 병목이 솟은 형태로 녹색이다. 부르고뉴 와인 병은 병목이 약간 처진 형태로 역시 거의 녹색이다.

부르고뉴 지역은 가장 프랑스적인 면모를 갖고 있는 곳 중의 하나이다. 와인 분야에서 보르도와 부르고뉴 지역은 쌍벽을 이룬다. 그러나 프랑스적 면모를 이야기할 때 보르도는 11세기부터 3백년간 영국의 속령으로 지낸 영향으로 인해 부르고뉴와 같은 진한 역사적 흔적이 적다. 이에 비해 부르고뉴 지역은 와인과 관련해서 매우 프랑스적인 면모를 만들어 냈고, 이러한 면은 지금도 그대로 이어지고 있다. 이 지역은 그리스와 로마인들에 의해 포도밭이 만들어진 것으로 본다. 마르세이유에서 이들의 번창했던 주거지를 확인 할 수 있기 때문이다. 이후 로마인들이 부르고뉴의 와인이 발전할 수 있게 해주었다고 본다. 특히 BC 52년, 줄리어스 시저가 베르생쥐토리스(Vercingetorix)가 이끄는 수많은 골 족들을 쳐부수고 이 지방을 평정하면서 지역 경제의 활성화를 위해 포도밭과 와인을 장려했다고 한다.

그 후 부르고뉴의 와인을 진정으로 발전시켰던 것은 당시의 수도원이었다. 10세기 베네딕트 교단이 이루어지고 1089년 이 베네딕트의 또 다른 한 파였던 시스터가 운영하던 시토 수도원이 만들어지고, 노동의 종교적 윤리에 입각, 당시 고된 육체노동의 한 대상으로서 포도를 가꾸고 와인을 만드는데 힘을 바쳤던 것이다. 한 예로 이 포도밭이 지금도 유명한 〈끌로 드 부죠〉이다. 다른 토양의 포도밭과 구별하기 위해서 담장(clos)을 둘러쳐서 오늘날까지 그 형태를 그대로 이어오고 있다.

그 후 부르고뉴 지역 와인이 융성기를 맞는 시기가 14세기 중반에서 15세기 중반까지 이어지는 부르고뉴 공작 시대이다. 그 당시 부르고뉴 공작들은 단순히 이 지방뿐만 아니라 북부 프랑스 지방의 거의 대부분, 벨기에와 룩셈부르그, 네덜란드, 스위스의 일부 지역까지 대표부를 설치하고 위력을 뻗치고 있었다. 필립 르 아르디(Philippe le

Hardi) 부르고뉴 공작은 가메이(Gamay)의 포도품종을 뽑아내고 그 자리에 피노 누아르(Pinot Noir) 포도품종을 바꾸도록 명령을 내릴 정도로 미각이 훌륭했다고 한다. 깊고 미세하면서도 우아한 맛을 나게 해주는 피노 누아르가 단순하게 마실 수 있는 가메이의 과일 향 포도 맛과는 비교가 되지 않았기 때문이다.

그 후 1789년 프랑스 대혁명으로 부르고뉴의 와인은 결정적인 영향을 받는다. 부유한 사람들과 수도원이 가지고 있던 포도밭들은 작게 나뉘어져 영세화되고, 나폴레옹 법전에 의해 부친이 죽으면 즉시 토지는 아들들에게 공평하게 분할되어지도록 규정되어 있었다. 55헥타르(약 165,000평) 정도인 〈클로 드 부죠〉는 소유주가 80명이 넘는다. 마치 체스 판을 연상시킨다. 〈로마네 꽁티〉는 면적이 축구장보다 조금 클 뿐이다. 이런 소규모 생산자가 현재는 약 10,000 여명이나 되고, 1인당 평균 소유 면적은 약 4헥타르(약12,000평)라고 한다. 포도밭을 소유하고 재배, 양조, 병입까지 모두 행하며, 출하까지 일관된 생산 활동을 하는 곳을 부르고뉴 지방에서는 도멘(Domaine)이라고 한다.) 보르도 지방의 샤또(Château)와 비슷한 용어이다. 그런데 부르고뉴 지방은 하나의 포도밭에 복수의 도멘이 있는 경우가 많다. 라벨에 '미 장 부떼이유 오 도멘(Mise en Bouteille au Domaine)' 혹은 '미 조 도멘느(Mis au Domaine)'로 표시되어 있으면 도멘이 만든 와인이다. 토양이 지닌 맛을 살린 와인이다. 그리고 부르고뉴 지방에는 포도의 재배와 양조는 하면서도 병입 설비를 가지고 있지 않은 생산자도 많다. 재배와 양조만 하여 오크통 상태로 넘긴다. 그래서 생산자와 네고시앙과의 거래를 중개하는 꾸르띠에(Courtier, 중개인)가 있다. 그리고 네고시앙(négociant)이라 불리는 와인 전문상인들은 오크통째 사서 같은 밭의 다른 와인과 혼합해서 병입시키고, 일정기간 숙성시킨 뒤에 출하한다. 라벨에 네고시앙 엘르뵈르(négociant-éleveur)의 표시가 있으면 네고시앙에 의해 만들어진 것이다. 혼합 기술의 차이가 맛에 반영된다. 물론 네고시앙 중에는 자기가 밭을 소유하며 양조를 하는 업자도 있다. 네고시앙의 양조기술에 따라 맛과 품질이 달라지기 때문에 부르고뉴 와인을 고를 때는 이들의 명성이 중요하다. 한마디로 말하면, 부르고뉴 와인은 양조 자가 중요하다. 조셉 드루엥(Joseph Drouhin), 루이 라투르(Louis Latour), 루이 자도(Louis Jadot), 페블레이(Faiveley), 부샤르 뻬르 에 피스(Bouchard Père &Fils) 조르쥐 뒤뵈프(George Duboeuf) 등이 품질 좋은 와인을 많이 생산하는 전통 있는 양조 회사들이다.

부르고뉴의 포도원들은 크게 두 가지 형태로 나뉜다. 대규모 생산자라 할 수 있는 네고시앙 엘르뵈르(négociant-éleveur)는 자기 이름을 붙인 와인을 생산하면서 동시에 도매상 역할을 하는 곳이다. 간단하게 메종(Maison)이라고 부르기도 한다. 이런 대형 생산자들은 대개 부르고뉴 전 지역에서 와인을 생산하며 생산량 또한 많은 편이다. 자기들이 소유하고 있는 포도밭이 없는 마을의 경우는 소농들로부터 포도를 사들여 와인을 만들곤 한다. 이에 비해 소규모 생산자들은 대개 도멘(Domaine)이라는 명칭으로 부른다. 대부분 자신들이 소유하고 있는 포도밭에서만 와인을 만들며, 자기 집이 위치한 마을이나 그 곁에 인접한 마을 정도까지만 생산 거점이 집중되어 있다. 로마네 꽁띠(Romanée-Conti)나 메오 까뮈제(Méo Camuzet), 아르망 루소(Armand Rousseau) 등이 알려진 도멘이다.

〈로마네 꽁띠〉 와인을 보면 병목 부분에'모노뽈(Monopole)'라는 표기가 되어 있다. 이 말은 하나의 밭을 한 개인이 혹은 한 법인이 소유하고 있는 경우이다. 그러니까 이것은 단일 포도밭에서 생산되었다는 것을 의미한다. 이런 경우에는 양조자의 개성이 보다 강하게 드러난다. 하나의 밭을 여러 사람들에게 분할되어 있는 것이 부르고뉴의 특징지만 밭 하나를 한 군데의 포도원에서 온전히 소유하고 있는 겨우는 극히 드물다. 그래서 부르고뉴에서는 이처럼 한 포도원이 포도밭 하나를 단독으로 갖고 있을 때는 모노뽈이라는 명칭을 기재할 수 있게 하고 있는 것이다. 세계에서 가장 비싸다는 〈로마네 꽁띠(Romanée-Conti)〉가 모노뽈 소유의 밭 중 하나이다. 이 밭을 소유하고 있는 도멘 드 라 로마네 꽁띠(Domaine de la Romanée-Conti) 사는 머리글자로를 따서 DRC로 불리고 있다. 이 회사는 〈로마네 꽁띠〉뿐만 아니라, 〈라 따쉬(La Tâche)〉, 〈로마네   -비방(Romanée-Saint-Vivant)〉, 〈리쉬부르(Richebourg)〉, 〈에쉐조(Echézeaux)〉, 〈그랑 에쉐조(Grands Echézeaux)〉같은 유명 포도밭을 여러 개 소유하고 있다. 그래서 수입상이나 소매상은 〈로마네 꽁띠〉 한 병을 사기 위해 이 와인을 생산하는 회사에서 만드는 다른 와인들을 원치 않더라도 사야만 한다. 다섯 종류에 병수로는 11병을 더 사야 되는 것이다. 다행스럽게도 소비자는 단 한 병씩 구입할 수 있다.

부르고뉴 와인은 제1차 세계대전 중에는 별다른 피해가 없었다. 제2차 세계대전 중에는 독일에 의해 점령되고 본(Beaune)에서 치열한 전투가 있기도 했다. 2차 대전 당시 얼마나 포도밭을 아끼는가를 잘 보여주는 일화가 하나 있었다. 부르고뉴의 명품 와인이 나오는 샤샤뉴-몽라쉐(Chassagne Montrachet)와 뫼르소(Meursault)의 일대에 독일 군이 진을 치고 있을 때 프랑스의 공격을 주도했던 사령관이 혹시나 이 일대의 포도밭에 독일 군이 주둔하고 있을 때의 피해를 우려하여 공격을 연기시켰다고 한다. 그러던 중 독일 군들이 이 명품이 나오는 포도밭보다 낮은 지역, 즉 그랑 크뤼가 나지 않는 평지에 있음을 알고 곧바로 공격명령을 내렸다는 이야기이다.

부르고뉴의 와인 등급 체계는 보르도와는 다르다. 4개의 등급으로 나뉘는데, 가장 아래 단계는 광범위한 지역 명(Région), 즉 부르고뉴(Bourgogne)를 쓴다. 예를 들면,

'부르고뉴 명칭 통제(Appelllation Bourgogne Contrôlée)라고 라벨에 표기된다. 그 위의 등급은 부르고뉴 지역에 있는 마을 이름(Commune, Village)을 쓴다. 예를 들면 '본 로마네 명칭 통제(Appellation Vosne-Romanée)'라고 라벨에 표기된다. 그리고 1등급과 특 등급에는 그 와인 생산되는 포도밭을 표시해주는데, 1등급(Premier Cru)에는 그 와인 생산된 마을 이름과 포도밭 이름을 같은 글자크기로 같이 표기한다. 특 등급(Grand Cru)에는 그 마을 중 가장 좋은 특정 포도밭 이름을 원산지 명으로 사용한다. 포도밭의 질이 와인의 질을 좌우하는 부르고뉴만의 품질 등급 부여 방법이다.

부르고뉴의 와인 산지는 남북으로 250Km 정도 길게 펼쳐져 있다. 북쪽에서부터 샤블리(Chablis), 꼬뜨 도르(Côte d'Or), 꼬뜨 샬로네즈(Côte Chalonnaise), 마꼬네(Mâconnais), 보졸레(Beaujolais) 지역으로 이어진다.

■ 부르고뉴 주요 산지별 분류

샤블리(Chablis)

디종 북서쪽에 위치한 샤블리(Chablis) 지방은 드라이한 화이트와인으로 유명하다. 이곳의 와인들이 비록 화이트와인이지만 완전히 숙성하려면 5년을 기다려야 한다. 샤블리는 세계 최상품의 드라이 화이트와인이다. 샤블리는 지역 이름이지만, 동시에 드라이한 화이트와인의 대명사이기도 하다. 이곳에서 재배되는 포도품종은 샤르도네로 섬세한 향과 산뜻한 맛이 일품이다. 샤블리 지방은 석회를 약 50% 함유하고 있는 백악질의 킴메리잔(Kimmeridgean)이라고 하는 토양으로 구성되어 있는데 샤르도네의 재배에 적합하다. 샤르도네로 만들어진 샤블리는 밝은 녹색 빛을 띤 황색으로, 이 품종이 갖고 있는, 산미가 살아 있으며 과일 향이 풍부하고 상쾌하며 드라이한 맛을 낸다. 어패류와도 잘 어울리는 와인이다. 그러나 이 지역은 날씨가 추워 매년 포도 작황에 큰 차이가 난다. 그래서 샤블리 와인은 빈티지가 중요하다. 샤블리 와인 생산업자들은 이른 봄에 내리는 찬 서리로부터 포도나무를 보호하기 위해 밭이랑에 양철통의 불화로를 설치하고 인조 연못을 만들어 수분에 의한 열기 조절을 도모하는 등 많은 노력을 기울이고 있다. 샤블리 와인은 쁘띠 샤블리(Petit Chablis-알코올 도수가 10도에 못 미침), 샤블리(Chablis-최저 알코올 도수 10도), 샤블리 프르미에 크뤼(Chablis Premier Cru-최저 알코올 도수 10.5도), 샤블리 그랑 크뤼(Chablis Grand Cru-최저 알코올 도수 11도) 등 4등급으로 나뉘는데, 뒤로 갈수록 고급이다. 샤블리 그랑 크뤼는 7개의 포도원에서만 생산된다. 모두 일조량이 풍부한 남향이나 동남향으로 위치해 있다. 7개의 보도원을 소개한다. 이들 이름은 모두 라벨에 표기된다.

샤블리 와인의 등급

· 샤블리그랑크뤼(Chablis Grand Cru) :7개 클리마에 해당하며, 클리마의 이름이 AOC명칭에 첨부된다.레 르퀘즈(Les Preuses), 레 끌로(Les Clos), 그르누이(Grenouilles), 부그로(Bougros), 발미르(Valmur), 블랑쇼(Blanchot)등이다. 황금색의 와인이며 감미가 없고 색이 선명하며 10년까지 장기 숙성할 수 있다.

· 샤블리프르미에크뤼(Chablis Premier Cru) : 거의 그랑 크뤼 만큼 우수한 고급와인이다.

· 샤블리 : 수확후 2~3년동안에 완벽해지는 이 와인은 세련되고 과일향이 풍부한 와인이다.

■ 꼬뜨 드 뉘(Cote de nuits)

토양의 지하는 산성백포, 표면은 이회암으로 구성되었으며 약간 석회질이다. 부르고뉴 와인의 명성을 높인 탁월한 레드 와인만을 생산한다. 나폴레옹 1세가 가장 즐겨 마셨던 샹베르땡(Chamcertin), 벨벳처럼 부드럽고 레이스처럼 화려한 뮤지니(Musigny), 수도원의 영지였으며 현재 슈발리에 뒤 타스트뱅(Chevalier du tastevin)의 본거지인 클로드 부조(Clos de vougeot), 세계에서 가장 우수한 와인의 하나를 생산하는 로마네 꽁띠(Romanee-Conti)등이 있다.

꼬뜨 드 뉘의 와인들

세계적으로 유명한 〈로마네 꽁띠〉를 비롯하여 수많은 장기 숙성 타입의 와인이 이곳 출신이다. AOC에 이름을 올릴 수 있는 마을과 밭들이 주욱 늘어서 있지만 이 중에서 〈끌로 드 부죠〉는 부르고뉴 최대의 특급 밭으로 "따스트뱅의 기사단(La Confrérie des Chevaliers du Rastevin)"이라는 와인 축제로 유명하다. 기사단은 와인 관계자로 구성된 단체로 매년 11월의 셋째 토요일부터 3일간 와인 축제를 벌인다. 첫날에는 기사들이 붉은 망토로 정장하고 포도밭 중심에 있는 끌로 드 부죠 성에서 성대한 만찬회를 연다.

· 픽셍(Fixin) : 제일 북쪽에 있으며 6개의 상급의 와인이 있으며 강한 맛과 장기보관이 가능하다.

· 제브리-상베르뗑(Gevrey-Chambertin) : "와인의 왕"으로 알려져 있으며 강한 맛과 함께 특유의 감초 향내를 지니며 20년 이상 장기보관이 가능하다.

· 모레이-생-드이(Morey-St-Denis) : "제브레이-샹베르뗑"보다는 맛이 약하나 풍부하고 섬세한 맛을 지녔으며 딸기와 제비꽃의 복합향을 자랑한다.

· 샹볼-뮈지니(Chambolle-Musigny) : "꼬뜨 드 뉘" 와인 중에서 가장 섬세한 맛

을 지녔다.

· 부조(Vougeot) : 타스트-뱅(Taste-Vin) 기사 수도회 본부가 위치한 클로 드 부조(Clos de Vougeot)에서 생산된다.

· 본-로마네(Vosne-Romanee) : 로마네-꽁띠(Romanee-Conti), 타쉬(Tache) 등지에서 생산되며 부드럽고 달콤하며 그윽한 맛을 지녔다. 특히 부드럽고 풍부한 향내는 비할 데 없다.

· 뉘-생-조르주(Nuit-St-Georges) : 여러 종의 상급 와인이 있다. 좀 더 북쪽에 위치한 특급 포도원의 것보다는 가벼운 맛(Leger)을 지녔으며 그윽함을 풍깁니다.

■ 꼬뜨 드 본(Cote de beaune)

꼬드 드 본의 토질은 자갈이 많고 철분이 함유된 소금 성분을 띤 점토, 석회질 토양, 이회암의 석회암, 맑은 이회암 등 다양하다.

볼레(Volnay), 포마르(Pommard), 본(Beaune), 알록스꼬똥(Aloxe Corton)등 우수한 레드 와인을 생산할 뿐만 아니라 몽라쉐(Montrachet), 뫼르소(Meursault), 꼬똥 지방에 포도원을 소유했던 샤를마뉴 대제를 기념하여 명명된 꼬똥 샤를마뉴(Corton Charlemagne)등의 탁월한 화이트 와인을 생산, 화이트 와인은 섬세한 과일향을 지닌 원만하고 가벼운 무감미 와인이다. 레드 와인도 완벽하게 균형을 유지하며 Body가 확고한 장기보관용 와인이다.

꼬뜨 드 본(Cote de beaune)의 와인들

이 지역은 길이가 25Km의 완만한 언덕에 위치하고 있다. 이 지역도 이회 토나 석회석, 철분을 포함한 점토질의 석회암 등이 섞여 있어 변화가 매우 많은 토양이다. 재배면적은 꼬뜨 드 뉘이의 2배가 되며 생산량의 75%는 삐노 누아르로 만든 레드와인이고 그 나머지가 샤르도네로 만드는 화이트와인이다. 따라서 꼬뜨 드 뉘이는 드라이한 맛의 화이트와인으로 많이 알려져 있다. 몽라쉐(Montrachet), 꼬르똥 샤를르마뉴(Corton-Charlemagne), 뫼르쏘(Meursault) 등 세계적으로 유명한 화이트와인이 이 지역에서 생산되고 있다. "따스뜨뱅의 기사단" 축제 둘째 날에는 이 지역의 본(Beaune)에서 새로운 와인의 경매가 열리고 셋째 날에는 뫼르쏘의 대 수확제가 열린다. 축제의 로고가 새겨진 와인글라스를 사면 누구든지 와이너리에서 마시고 싶은 만큼 마실 수 있다. 꼬뜨 드 본 지역은 마을마다 특징 있는 와인들을 만든다. 그 마을들을 소개한다.

· 꼬똥(Corton) : 이 지역에서 생산되는 유일한 상급 레드 와인이다.

· 꼬똥 – 샤를마뉴(Corton-Charlemagne) : 순수한 맛에 계피향이 나며 저장 기

간이 긴 상급 화이트와인이다.

· 본, 샤비니-레-본(Beaune, Savigny-les-Beaune) : 매혹적이며 미묘한, 그리고 과일 향이 나는 레드 와인을 주로 생산한다.

· 포마르(Pommard) : 맛이 강하며 탄닌 성분이 많고 색이 짙은 레드 와인을 주로 생산한다.

· 뫼르소(Meursault) : 주정도가 높으며 잘 익은 포도와 개암 열매 향이 나는 화이트와인은 시간이 흐를수록 맛이 배가된다.

· 퓰리니-몽라쉐, 샤사니-몽라쉐(Pulligny-Montrachet, Chassagne-Montrachet) : 화이트와인을 제조하는 몇몇 상급 포도원에서 생산된다. 그 중 특히 몽라쉐는 "개암열매와 꿀, 편도향이 풍기는 세계에서 가장 뛰어난 드라이 화이트와인"로 알려져 있다.

■ 꼬뜨 샬로네즈(Cote Chalonnaise)

몽따니(Montagny), 뤼이(Rully) 에서는 샤도네이로 만든 훌륭한 화이트 와인을 생산하는 지역이다. 피노 느와는 갈색 석회석 지대의 토양인 메르뀌레(Mercurey), 지브리(Givry), 뤼이 일부 지역에서 재배된다. 그 외 비노블랑, 피노그리, 알리고떼, 가메 등의 여러 품종을 안배하여 다양하게 재배할 수도 있다. 꼬뜨 샬로네즈의 북쪽에서 생산되는 부르고뉴 알리고떼 부즈롱(Bourgogne Aligote Bouzeron)은 마시기 좋은 무감미화이트와인이다. 서쪽으로는 쿠슈아(Couchois) 포도원에서 부르고뉴 레드, 화이트와인을 생산한다.

꼬뜨 샬로네즈(Cote Chalonnaise)의 와인들

샤르도네 한 품종으로 만든 룰리(Rully), 몽따니(Montagny) 등의 좋은 화이트와인을 생산하는 지역이며, 삐노 누아르로 만든 메르큐레이(Mercurey), 지브리(Givery) 등의 레드와인도 생산한다. 그 외에 북쪽에서 알리고떼(Alligoté 이라는 품종으로 부르고뉴 알리고떼(Bourgogne Alligoté)라는 편안하게 마실 수 있는 드라이한 화이트 와인도 생산된다.

· 메르퀴레이, 지브리(Mercurey, Givry) : 꼬뜨 드 본 와인과 흡사한 유형의 레드 와인이 생산된다.

· 뤼이(Rully) : 가벼운 과일향의 화이트와인이 생산된다.

마꼬네(Moconnais)

과일풍미와 방향을 지닌 부르고뉴 크뤼의 또다른 생산지이다. 일반적으로 이회암질이며 화이트 와인을 생산하는 남부는 점토-석회질토양. 마꼬네 지역은 대부분 화이트와인이나 소량의 레드 와인과 로제 와인도 생산하며 가장 유명한 와인은 뿌이 퓌세(Pouilly Fuisse)이다. 이는 녹색을 띤 금빛의 무감미 화이트와인이며 섬세하고 방향을 지녔으며 일반적으로 숙성을 거치지 않고 마시거나 10년 이상의 보관기간을 거쳐도 향기를 잃지 않는다. 마꽁 빌라주는 전부 화이트와인이며 감미가 없고 과일향을 지녔으며 숙성을 거치지 않고 마시기에 좋다.

화이트와인의 명산지로서 샤르도네 한 품종으로만 생산된다. 꽃향기와 과일 향이 입안에 어우러지는 마꽁 화이트와인들은 오래 숙성시키지 않고 가볍고 신선하게 마시는 것이 좋다. 루아르 지방의 뿌이이-휘메(Pouilly-Fumé)와 혼동하기 쉽다. 그 외 쌩-베랑(saint-Véran), 마꽁 쉬뻬리외르(Mâcon Supérieur), 마꽁-빌라쥐(Mâcon-Village) 등이 이 지역의 와인이다.

■ 부르고뉴 네고시앙(Bourgogne Negociants)

네고시앙이란 각기 다른 포도원에서 와인을 사들여 병입, 유통을 담당하는 와인 중개상을 의미한다. 단지 와인을 사들여 유통시키는 것만이 아니라 자신들의 이름을 걸고 그에 걸맞는 와인만을 선택한다. 포도밭의 상태, 품질등 꼼꼼히 체크하고 와인의 질을 유지한다. 따라서 명문 네고시앙의 와인을 고르면 실패할 확률이 적다. 부르고뉴 지방은 특히 전통과 평판이 좋은 네고시앙들이 있어 이들의 와인을 고르는 것이 품질을 믿을 수 있다.

다음은 부르고뉴 지방의 명문 네고시앙들이다.

조셉 드루앙(Joseph Drouhin), 루이 라뚜르 (Louis Latour) Piat Pere et Fils, Chanson Pere et Fils

■ 부르고뉴 와인의 저장기간

화이트와인

- 마꽁(Macon) : 6개월-3년
- 뿌이퓌세(Pouilly Fuisse) : 1년-8년
- 샤블리(Chablis) : 1년-10년
- 그랑크뤼(Grand Crus) : 2년-20년

레드와인
- 마꽁및꼬뜨샬로네즈(Cote Chalonnaise) : 6개월 - 3년
- 꼬뜨드뉘(Cote de Nuits) : 3년 - 10년
- 꼬뜨드본느(Cote de Beaune) : 3년 - 8년
- 그랑크뤼(Grand Crus) : 3년 - 20년 이상

부르고뉴 와인 즐기기

보르도산 레드와인은 3-4종류의 포도를 섞어서 와인을 만들어 복잡 섬세해서 여성적인 와인이라 하고, 부르고뉴 지역에는 단일품종으로 만드는 관계로 단순 강건해서 남성적인 와인이라 칭한다. 부르고뉴 레드 와인은 루비색으로 모든 고기요리와 잘 어울리고 화이트와인은 약하게 초록색이 도는 황금색으로 생선요리 흰 살색 고기요리와 잘 어울린다.

(4) 보르도

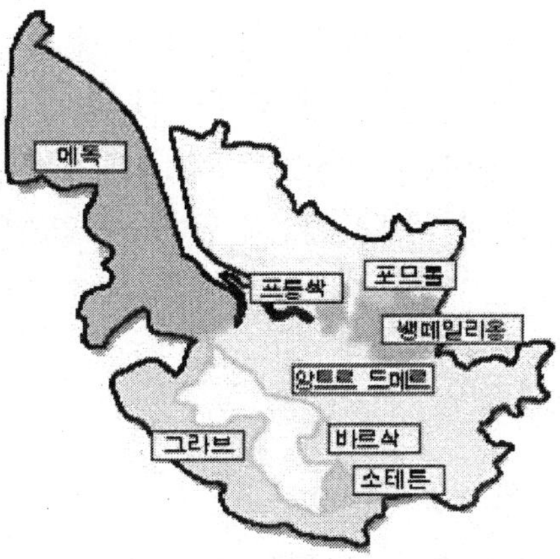

보르도는 프랑스에서 가장 오래된 포도 재배 지역 중 하나이다. 4세기에는 로마의 집정관이자 시인이며 포도원 주인이기도 했던 오소니우스(Ausonius)가 보르도 와인을 널리 알리는 초대 사절이 되었다. 1152년 프랑스 왕 , 루이 7세와 이혼한 아끼뗀 공작의 딸 , 알리에노르 다끼뗀 (Alienor d'Aquitaine) 이 영국의 왕자 헨리 2세 플랑따즈네(후에 영국와 헨리 2세로 즉위함)와의 결혼을 계기로 영국에 수출되기 시작했다. 시간이 흐름에 따라 와인 애호가들의 요구 수준이 높아졌다. 그들은 와인의 질에 따라 등급을 매기기 시작했고 이에 따라 와인 제조 방법의 상당한 발전이 이루어 졌고, 무

엇보다도 와인의 질에 가장 큰 관심을 쏟게 되었다.

보르도 와인의 특징은 유명한 AOC 등급의 와인이 그랑 크뤼라는 분류로 한번 더 나뉘어져 있다는 것이다. 보르도 와인이 오늘날 유명하게 된 것은 체계화된 등급 분류로 엄격한 품질 관리와 함께 마케팅에 적절하게 활용한 것에 있다. 클라쎄는 1855년 세계박람회 때 보르도의 한 와인 중개상에 의해 이루어졌다.

보르도의 등급은 1973년 샤또 무똥 로칠드의 등급 조정을 제외하고는 백 여년이 넘는 세월동안 변하지 않아 비판의 구실을 주고 있지만 명실 공히 보르도 와인을 전 세계적으로 널리 알린 일등 공신이다.

보르도 포도원의 특징은 한 A.O.C.안에서도 여러 등급으로 나누어지는데, 1855년 파리 만국 박람회를 계기로 메독(Medoc)과 소테른(Sauternes)와인에 여러 등급이 생긴 것이 바로 그 예이다. 프랑스의 남서부 대서양의 연안에 위치하며 북극과 적도의 정 중앙에 놓여진 이 보르도 포도원은 지롱드(Gironde)도 전반에 걸쳐 있다. 지롱드 강을 흘러드는 가론(LaGaronne)강과 도르돈뉴(La Dordogne)강 그리고 수많은 지류들이 이 포도원을 지나가고 있어 자연적으로 풍부한 수자원의 혜택을 받고 있다. 이 지방의 온도를 조절해주며 따뜻하게 해주는 더운 바닷바람인 골프 스트림과 지롱드강의 안으로 들어온 만(내포:內浦)과 강들이 있고 서풍을 막아주는 랑드 숲으로 인해 이 곳 기후는 매우 온화하다. 가론강의 왼쪽과 지롱드강의 내포 위에 펼쳐진 토양은 대개 자갈 많은 땅과 두께를 달리하며 쌓여있는 가론강의 퇴적물로 구성되어 있다. 이 자갈 많은 토양(굵은 자갈, 조약돌, 모래)은 매우 배수가 뛰어나며 열기를 품고 있을 수 있어 포도알이 익는데 매우 좋다.

■ 보르도 지방의 와인

메독(Medoc)

메독(Medoc)이란 '중간에 위치한 땅'이라는 뜻이다. 지롱드와 가론강 사이에 130km가 넘는 좁은 띠 모양으로 형성되어 있다.이 지역의 특징은 자갈, 모래, 조약돌 성분의 토양과 조그마한 언덕들이 형성되어 있다. 토양 자체는 척박하지만 배수가 뛰어나고 온기가 있어 이 지역의 주 품종인 카베르네 소비뇽에게 특히 알맞다. 메독 와인은 골격과 짜임새가 있어 오래 보존할 수 있는 레드 와인들이다.

메독 지방 와인명칭과 특징

· 메독(Medoc), 오 메독(Haut - Medoc) : 위의 두 와인이 이 지역 생산의 60%를 차지한다.

· 마고(Margaux) : 아주 독하지는 않지만 산성도가 꽤 높고 그윽한 향취와 섬세함을 자랑 하는 와인이다.
· 생 줄리앙(St. Julien) : 강하지만 섬세함을 지녔으며 주로 꽃향기의 미묘한 향을 풍긴다.
· 뽀이악(Pauillac) : 붉은 과일(까시스, 산딸기)향이 나며 강한 맛을 지니고 저장기간이 길 다.
· 생테스테프(St. Estephe) : 탄닌 성분이 많은 풍부한 맛을 지녔으며 섬세한 향이 난다.
· 물리(Moulis) : 다즙질(샤르뉘 : Charnu)이며 탄닌 성분이 많고 강한 향을 풍긴다.
· 리스트락(Listrac) : 탄닌 성분이 매우 풍부하며 과일향이 난다.

그라브(Graves)

그라브 명칭은 드라이 화이트와인과 레드 와인에 적용된다.토질은 자갈 등 중퇴적물 층이 모래 섞인 토양이나 점토성 토양에 섞여 구성된다. 몇 년 전부터는 북부 그라브는 쁘삭-레오냥(Pessac-Leognan)이라는 자신만의 명칭을 사용하고 있다. 이 지역은 더욱 짜임새 있는 그랑크뤼급의 레드 와인을 생산한다. 남쪽으로는 토질에 모래 성분이 더 첨가되며 화이트와인 생산이 유리하여 그라브 슈페리웨르는 감미가 풍부한 화이트와인을 생산한다.

소테른과 바르삭(Sautrtnes et Barsac)

스위트한 와인의 생산지인 이곳은 가론강 왼쪽에 위치하며 석회질의 규토, 그라브 토양으로 이루어져 있다.아침에는 안개가 끼고 낮에는 활짝 개는 특수한 미기후(micro climate)가 형성되어 "보트리티스 시네레아균(Botrytis Cinerea)"이 왕성히 번식한다. 이 주류는 수확기에 다다른 포도에서 번식하여 수분을 증발시킴으로서 당도를 높일 뿐만 아니라 신맛을 없애주며, 익은 과실(살구, 복숭아)향, 아카시아, 오렌지 껍질 향을 내는 특수 방향 물질을 생성시킨다.

쌩떼밀리옹(St. Emilion)

도르돈뉴강의 왼쪽에 위치하며 리부른느 도시 주변지역에 퍼져있다. 메를로가 이 지역의 주요품종이다. 석회질 고원, 석회 성분과 모래 진흙의 언덕들, 아래쪽은 진흙 섞인 모래가 주성분인 토양 등 성분이 다양하지만 대체적으로 진흙을 함유하고 있다. 이런 토양은 메를로 품종에는 최적의 조건이기 때문에 메를로의 잠재력을 마음껏 발휘하는 와인을 생산한다.

와인은 주로 장기 숙성용이 많아 힘차면서도 섬세하고 복합적이다. 메독의 와인보다 향의 변화가 빨리 나타나는 것이 특징이다. 와이너리들은 주로 중세도시를 중심으로 형성되어 있다. 생테밀리옹 와인은 일반적으로 매우 짜임새가 있으나 토양에 따라 조금씩 차이가 있다. 생테밀리용과 생테밀리용 그랑크뤼(St.Emilion Grand Cru) 두 종류의 AOC가 있다.

주변 명칭으로는 루싹 떼밀리용(Lussac St.Emilion), 몽따뉴 떼밀리용(Montagne St. Emilion), 뿌 스갱 떼밀리용(Puisseguin St.Emilion), 죠르쥬 떼밀리용(Saint - Georges Saint- Emilion) 이렇게 4가지가 있다.

뱅 드 코트(Vins des Cotes)

지롱드강, 가론강, 도르도뉴강 오른쪽에서 생산되는 와인이다. 산지에 따라 독특한 개성과 특징을 지녔으며 색, 향기, 농도, 과일 맛의 차이에 따라 구별된다.

보르도(Bordeaux), 보르도 슈페이리에르(Bordeaux Superieurs)

지롱드강 연안의 포도원 전역에서 생산된다. 주정도가 높으며 조화로운 맛, 감미로운 향, 혀끝에서 녹는 부드러움이 그 특징이다. 전반적으로 좀 강한 맛의 보르도 슈페리외는 숙성될수록 풍미가 더해진다.

앙트르 되 메르(Entre-deux-Mers)

가론(La Garonne)강과 도르돈뉴 (La Dordogne)강 사이에 위치한 와이너리. 대서양 연안의 늪지를 끼고 있어 마치 두개의 내포로 형성된 바다를 안고 있는 형상이다. 언덕에서 작은 골짜기로 갈수록 토양은 극단적으로 변해간다. 석회, 모래, 규암, 자갈 등이 대부분 진흙과 섞여있는 것이 특징이며 무감미 화이트와인만을 생산하는 포도원이다. 세미용 품종은 와인에 부드러움을 부여하며 소비뇽 품종은 입안에서 신선함을 돋구며 강한 향기와 과일 향을 드러낸다. 이들은 모두 2,3년 안에 소비해야하는 아주 마시기 쉬운 와인들이다.

포므롤(Pomerol)

포므롤의 지하 토양은 철분이 함유된 충적층의 특성을 지니고 있어 '쇠 찌꺼기 '라는 별명을 지니고 있다. 와인들은 매우 강하며 풍부하고 대개는 붉은 열매나 숲의 어린 나무들의 향과 더불어 동물성 향이 살짝 난다. 포므롤에는 공식적으로 그랑 크뤼급 분류가 적용되지 않는다. 그러나 모든 사람들이 이 지역의 명예를 빛내주는 샤또 페트뤼스(Chateau Petrus)를 너무나 잘 알고 있다.

프롱삭(Fronsac)

릴(l'isle)강과 도르돈뉴강 사이에 진흙과 석회성분, 혹은 진흙과 모래로 이루어진 언덕에 위치한 프롱삭과 까농 프롱삭(Canon-Fronsac)은 알코올 함량이 높고 짜임새 있는 장기보관이 가능한 레드 와인을 생산한다.

보르도 와인의 저장기간

· 드라이 화이트와인 : 6개월-5년
· 스위트 화이트와인 : 5년-50년 이상
· 레드 메독(Medoc)과 그라브(Graves) : 5년-50년
· 레드 쎙 떼밀리옹과 뽀므롤 : 5년-15년
· 레드 보르도 와인과 보르도 쉬뻬리에르(Bordeaux Superieurs) : 1년-8년

보르도 와인 즐기기

와인의 빛깔이 잘 보일 수 있는 무색 투명한 얇은 잔을 이용한다. 와인의 향기를 잔 끝에 모을 수 있는 튤립형 잔이 가장 잘 맞다. 화이트와인은 8-12℃, 스위트 화이트 와인은 좀 더 차게 서브한다. 약한 레드와인은 12-14℃, 강한 레드와인은 15-18℃가 적당하다. 메독 지방에서는 유명한 와인이 많이 생산되는데 색깔이 짙고 맛이 섬세하며 뛰어난 향기와 풍미를 가진 와인으로 모든 육류 요리와 잘 어울린다. 화이트와인은 산뜻하고 부드러워 생선요리와 잘 어울린다.

(5) 알자스

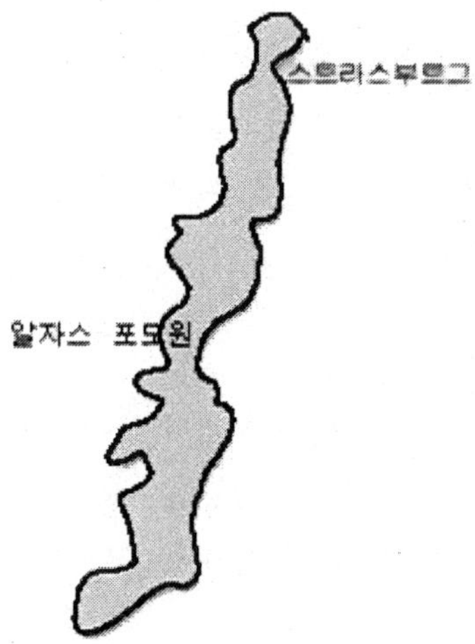

알자스 와인의 역사

로마 군단이 라인강 지역에 포도 재배 기술을 전파하기 시작한 서기 1세기로 거슬러 올라간다.

중세에는 알자스 와인은 왕실의 연회에서 애용될 정도로 유럽에서 가장 사랑 받고 또한 가장 비싼 와인 중의 하나로 손꼽혔다. 그러나, 불행히도 30년 전쟁으로 인해 알자스 지방은 황폐 되었고 많은 주민들이 목숨을 잃었다. 이 때 파괴된 포도원은 수세기 후인 제 1차 세계 대전 말에야 복구되었다.

오늘날, 알자스 지방은 50여 년간의 피나는 노력과 엄격한 제품 품질 관리 덕택에 프랑스의 우수한 와인 생산지로 각광 받게 되었다.

알자스 지방의 환경

살펴보면 보쥬산맥이 차갑고 습한 북서풍으로부터보호해주며남동쪽으로노출된포도밭은프랑스에서가장건조한기후와포도수확전수개월간풍부한일조량의혜택을누린다. 석회질, 이회암, 화강암, 사암, 모래와 황토 등 매우 다양한 토양이 이 지방 포도밭의 독특한 특성을 이룬다. 이같은 토양의 특성으로 가장 많이 재배되는 포도 품종은 레드와인의 경우 피노 누아, 화이트의 경우 게부르츠 트라미너(Gewurztraniner), 토케-피노그리(Tokay-pointgris),리슬링(Riesling),뮈스카 달자스(Muscat d'Alsace),실바너(Slvaner), 피노 블랑(Pinot blanc)등 다양한 품종이 재배된다.

알자스 지방의 가장 큰 특징

화이트 와인이 전체 생산량의 82%를 차지한다는 점. 우아한 향과 맛의 화이트 와인을 생산하는 지역이다. 알자스의 수확은 일반 포도들의 공식적인 수확 철 이후에 시작되어 이 포도로 만들어진 와인들은 매우 당도가 높다. 이 와인은 농익은 포도알이나 곰팡이(보트리티스 씨네레아) 핀 포도알로 제조되지만 모든 포도알에서 한꺼번에 발생하는 것이 아니므로 하나하나 계속적으로 고르는 선별 작업을 하여야 한다. 향의 농도와 감미가 뛰어나며 복합적이고 지속적인 맛은 가위 일품이라 칭할 만하다.

알자스 와인의 저장 기간

알자스 와인은 포도 수확 후 약 6개월에서 5년 사이의 비교적 빠른 기간 안에 소비한다. 그러나 "최상급 와인(그랑 크뤼 grand cru)" "(vendange tardives)와인"는 시간이 지남에 따라 그 맛이 배가되므로 오랜 기간 저장할 수 있다.

알자스 와인 즐기기

알자스 와인 전통적으로 오목한 모양의 받침대가 길고 연초록으로 채색된 튤립형 잔에 서브한다. 알자스 와인의 최적 온도는 10℃이다. 모젤타입의 녹색병에 담겨진 화이트와인의 주질은 맑고 세련된 향기와 과실의 풍미가 입 속을 꽉 메우는 상쾌함이 있다. 알자스 와인은 비교적 일찍 마시는 타입으로 5년이 가장 맛있게 마실 수 있는 시기이며 산뜻한 해물요리와 잘 어울린다.

(6) 발드 르와르

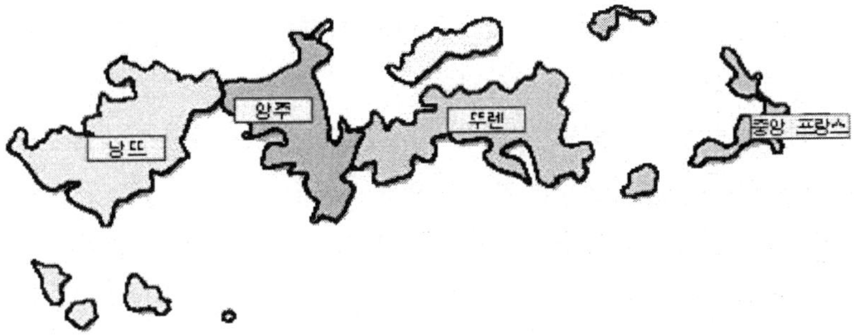

파리의 서남쪽에 위치하고 있으며 약 1070km에 이르는 Lotre강 연안의와인산지이다. 발 드 르와르 지역에서 포도를 재배하기 시작한 것은 로마 시대부터이다. 그러나 본격적인 재배는 중세 때부터 시작되었다. 이곳의 빼어난 경관으로 인해 일찍이 많은 수도원이 자리잡게 되었고, 15세기에서 17세기 사이에는 프랑스의 왕과 귀족들이 르와르 강변에 그들의 별장으로 사용할 성을 건설하였다. 이 지역의 와인을 맛본 왕과 귀족들은 그 가볍고 신선함에 감탄하였다. 그 후, 이 지역에서 생산된 와인은 영국과 네덜란드 상인에 의해 유럽 전역에 판매되었다.

재배 환경을 살펴보면 해안성 온대(온난한 겨울, 혹서 없는 겨울)이며,일조량도 항상 풍부하고 강수량도 일정하다. 토양은 서쪽에서 동쪽으로 이동함에 따라 지대가 높아지는 지역으로 낮은 구릉 지대를 제외하면 "페이 낭트" 지역은 대체로 저지대이며 앙주 지역은 해발 60m, 뚜렌 지역은 130m에 달한다.

이곳에서 재배되는 포도 품종은 레드 와인으로는 피노 도니(Pineau d' Aunis),그롤로(Grolleau), 가메(Gamay), 카베르네 프랑(Cabernet Franc), 꼬뜨(Cot), 피노 누아(Pinot Noir) 가 있고, 화이트 품종은 슈냉(Chenin), 소비뇽(Sauvignon), 샤도네이

(Chardonnay),무스까데 혹은 믈롱 드 부르고뉴(Muscadet ou Melon Bourgognc)가 주로 재배된다.

■ 발 드 르와르 지방의 와인

낭뜨(Nantes) 와인

제조 후 곧 마시는 가볍고 과일 향미가 나는 무스까데(Muscadet)와인의 본고장이다.

이 와인은 믈 롱 드 부르고뉴(Melon de Bourgogne)라는 포도 품종으로 제조하는데, 이 포도는 17세기말, 혹한으로 이 지역 포도나무가 모두 동사한 후 이 곳에 들어온 것이다.

이 외에도 그로 플랑(Gros Plant)이라고 하는 품종으로 만든 신선하고 가벼우며 빛깔이 연한 드라이 화이트 와인도 생산된다.

· 무스까데(Muscadet AOC) : "믈롱 드 부르고뉴(Melon de Bourgogne)"라는 품종만이 사용되며 명칭이 상이한 세 지역으로 분류된다.

· 그로플랑 VDQS(Gros Plants VDQS) : 그 지방에서는 "그로 쁠랑"이라고 불리우는 "훨 블랑쉬(Folle blanche)" 품종만이 사용 되며 순하고 신선하며 매우 드라이한 화이트 포도주이다.

앙주(Anjou) 와인

앙주 와인은 로제 와인이 주종을 이룬다. 로제 당주(Rose d'Anjou)와 까베르네 당주(Caberbet de Saumur),로제 드 르와르(Rose de Loire)등의 드라이 와인이 있다. 또한 앙주에서는 짙은 루비 색깔에, 산딸기 또는 제비꽃 향을 연상시키는 향취를 지닌 소뮈르(Saumur), 소뮈르 상피니(Saumur Champigny)와 같은 훌륭한 레드 와인, 녹색이 감도는 황금빛의 보리수 향, 꿀맛이 나는 스위트 화이트와인이 생산된다.

· 앙주(Anjou) : 약간 감미가 있는 Rose가 유명하다.

· 소뮈르(Saumur) : 발포성, 비발포성 와인 생산, 발포성 소뮈르는 중간 감미 정도로 마시기 좋다.

뚜렌(Touraine) 와인

바쎈 파리지앙(Bassin Parisien : 파리분지) 남서부 끝 부분에 위치하며 르와르강과 그 지류의 양쪽 100km에 걸쳐 있는 이 지역에서는 거품이 나는, 고 품질의 화이트와인 및 레드와인을 생산한다. 가볍고 섬세하며 과일 향미가 시간이 지날수록 그 맛이 더해 간다.

특히 부브레(Vouvray)와 몽루이(Montlouis)와인이 가장 우수한 화이트와인이다. 레드 와인 중에서 향미가 좋고 시간이 지날수록 그 맛이 더해 가는 쉬농(Chinon), 부르괴이르(Bourgueil)와 쌩 니꼴라 드 부르괴이으(Saint Nicolas Bourgueil)가 가장 우수하다.

- 부르괴이(Bourgueil), 니꼴라드 부르괴이(St. Nicolas de Bourguei): 레드와인 탄닌성분이많고산딸기향이풍기는와인.
- 쉬농(Chinon) : 주로 까베르네 프랑(Cabernet franc) 품종을 사용하는 레드 와인으로서 처음 에는 꽃, 특히 제비꽃향이 두드러지지만 시간이 지날수록 과일향(딸기)으로 변함.
- 부브레(Vouvray) : 슈넹(Chenin) 품종만이 사용되는 화이트와인으로 드라이하거나 반쯤 드라이한 또는 부드러우며(므왈레 : moelleux) 신선한 포도향, 잘 익은 마르멜고, 아카시아 향이 나는 와인.
- 몽루이(Montlouis) : 드라이하거나 반쯤 드라이한 또는 부드러운 와인이 있으며 그 외에 거품이 일거나 탄산 성 기포가 형성되는 것도 있음.
- 뚜렌(Touraine) : 총면적 5,000ha의 포도원으로 화이트, 로제, 레드와인이 생산되며 "가메이 드 뚜렌 (Gamay de Touraine)"과 같이 저장기간을 거치지 않고 곧장 출하되는 와인도 만들어 짐

중앙 프랑스(Centre France)

르와르 강을 거슬러 올라가면서, 강 한편에는 푸이 퓌메(Pouilly Fume)와 푸이 쉬르 르와르 (Pouilly sur Loire) 화이트와인이,그 반대편에서는 새콤하고 과일 향미가 나는 상세르(Sancerre) 화이트와인이 생산된다.

- 푸이퓌메(Pouilly Fume) : 화이트와인 쇼비뇽 블랑(Sauvignin Blanc)종으로서 루이 16세의 왕비 마리앙뜨와네뜨가 즐겨 마셨다고 한다. 석회질이 풍부한 토양의 포도원에 Sauvignin Blanc종이 재배되고 있는데, 이 지방에서는 블랑 퓌메(Blanc Fume)와인을 생산한다. 녹색을띤 아름다운 색깔을 가지며 상쾌하고 과일향이 강한 드라이 와인(Dry wine)이다.

· 푸이쉬르르와르(Pouilly Sur Loire) : 샤슬라(Chasslas) 종의 포도로 화이트 와인을 생산하나 푸이 퓌메(Pouilly Fume) 와인보다 질이 좀 떨어진다.

· 상세르(Sancerre) : 화이트, 레드, 로제

화이트와인 : 쇼비뇽 블랑(Sauvignin Blanc)종으로부터 과실 풍미가 풍부하고 입맛이 좋은 드라이 화이트와인.

레드와인 : 피노 느와(Pinot Noir) 종과 가메이(Gamay)종으로 만들며 가볍고 좋은 향미의 레드와인이다. 생산량은 많지 않다.

· 깽씨(Quincy) : 세르(Cher) 지방의 가장자리에 위치하여 소비뇽을 주로 재배하는 이 포도원은 화이트와 인만을 생산한다. AOC 깽씨는 우아하며 야채향과 신선한 민트향이 많이 감도는 신선한 와인이다.

· 뢰이이(Reuilly) : 이 곳 떼루아르에 매우 잘 적응한 소비뇽 블랑은 과일향이 매우 좋은 무감미 화이트와인인 뢰이이 와인의 주 품종을 이룬다. 그 외 피노 누아르 품종으로 만든 맛이 매우 좋은 로제와 매혹적인 레드 와인 등이 있다.

발 드 르와르 와인의 저장기간

발 드 르와르 와인은 일반적으로 주조 후 짧은 기간 내에 마심으로 신선미를 최대한 느낄 수 있다. 따라서 로제 와인은 6개월 내지 3년 사이가 소비에 최적기이며 화이트와인과 스파클링 인은 5년 이내에 마셔야 한다. 그러나 르와르 레드 와인은 1년-10년 이상 숙성이 가능하며, 은 해의 스위트 화이트와인은 장기 보관 숙성이 가능하다.

발 드 르와르 와인 즐기기

로제 와인은 약간 감미가 있어 초보자가 마시기에 좋으며 화이트와인은 과실 향미가 강하여 돼지고기, 가금류 해산물 요리와 잘 어울리며 찜 요리는 감미있는 로제 와인이 좋다. 레드와인은 포도 품종에 따라 다르지만 색깔이 연하고 과실 향미가 풍부하고 가벼워 가벼운 고기요리와 해산물 요리와 잘 어울린다.

(7) 발레뒤론

프랑스 제 2의 도시 리용(Lyon)으로부터 아비뇽(Avignon)까지 약 200km를 흐르는 론(Rhone)강을 끼고 전개되는 포도재배 지대이다. 전체 포도원의 면적은 75,800 헥타르에 달하며 약 77%를 차지하는 꼬드 뒤 론과 꼬뜨 뒤 방뚜 등 기타 지역으로 구성되어 있다.

재배하는 포도 품종으로는 적포도 품종으로 시라(Syrah), 생쏘(Cinsaut), 무르베드르(Mourvedre), 그르나슈 누아르(Grenache noir) 와 백포도 품종으로 비오니에(Viognier),마르산(Marssanne),그르나슈 블랑(Grenache blanc),루싼(Roussanne), 클레렛뜨(Clairette), 부르불랭끄(Bourboulenc)가 주재배 품종이며 그외 2차 품종으로 12개 품종의 재배가 허용되어 있어 전체적으로 21개 품종으로 와인을 만든다. 총 와인 생산은 3 755 000 hl이며 레드가 91%, 화이트가 3%, 로제가 6%로서 레드가 압도적이다.

꼬뜨 뒤 론 포도원은 매우 오랜 역사를 자랑하는 포도원으로, 그리스인들에 의해 처음으로 개발되기 시작하여 로마인의 지배하에서 발전하였다. 가장 처음으로 각광 받기 시작한 것은 비엔느 (꼬뜨 로띠 Cote Rotie) 포도원이었고, 그 후에는 기원전 1세기부터 일구기 시작한 에르미따쥬(Hermitage) 포도원이 명성을 얻었다. 한동안 쇠퇴의 길을 걷던 이 지역 포도원은 교회의 적극적인 지원으로 다시 발전할 수 있게 되었다. 이 지방의 유명한 샤또네프 뒤 빠프는 1305년부터 1377년까지 교황이 아비뇽에 머문데서 유래된다.

18세기부터 론(Rhone)강 왼쪽 언덕과 북쪽에서 생산되는 와인도 "꼬뜨 뒤 론"와인이라 명명하게 되었다. 20세기에 들어서 꼬뜨 뒤 론 지역 와인 생산자들은 AOC 규정이 생기기 이전부터 이미 품질 향상을 위한 여러 가지 노력을 하였다.

꼬드 뒤 론의 재배 환경은 북부 산악 지대와 지중해성 해양 기후의 영향을 강하게 받는 남부 지대로 나뉘는데 산악지대는 매우 가파른 언덕 위와 좁은 화강암 등 주로 적은 면적에서 재배된다. 일조량은 많으나 아침 안개로 인해 선선하고 온화한 기후를 형성한다. 남부 지대는 매우 더운 지중해성 기후로 이곳에 부는 강한 바람인 미스트랄은 이곳 기후의 주요 요소

■ 꼬뜨 뒤 론의 와인들

북부 꼬뜨 뒤론

이 지역에서 생산되는 와인은 모두 AOC 와인으로써, 포도 품종(레드 와인에 있어서는 '쉬라 Syrah'라는 단일 품종)이 유사하고 포도 재배 조건이 열악하다는 공통점이 있다.

론강의 가파른 경사면에 계단식으로 포도를 재배하고 있다. 토양은 화강암과 편암이 주류를 이루고 있다. 이 지역에서 생산되는 "꼬뜨 로띠(Cote rotie)", "크로제 에르미따쥐(Crozes-Hermitages)"와 같은 레드 와인은 매우 진하고, 빛깔과 강한 향기를 지니고 있다. 이 와인은 오랫동안 즉, 십여년 동안 숙성 시켜야 그 향기의 진가를 알 수 있다. 이 지역에서는 고아한 향취가 돋보이는 "꽁뜨리외(Condrieu)","샤또 그리에(Chateau Grillet)" 와 같은 화이트와인도 생산된다.

- 꼬뜨 로띠(Cote Rotie) :태양광선이 강렬하게 내려 쪼이기 때문에 Cote Rotie(Roast Slope, 불타는 언덕) 라는 이름이 붙여졌다.강렬한 햇볕을 받으며 자란 포도로 빚은 와인은 색깔이 짙으며 맛이 농후하고 수명이 길다. 꼬뜨 로띠는 색깔이 진하고 감칠맛이 있는 와인을 생산하는 꼬뜨 브륀느 (갈색언덕 , 주로 Syrah 품종재배)와 색깔이 진하지 않고 가벼운 와인을 생산하는 꼬뜨 블롱드(Blonde의 계곡, 주로 Viognier 품종재배)의 두 포도재배 지역으로 나누어진다. 주로 시라 품종으로 만든 꼬뜨 로티 와인은 깊고 맑고 색조를 띠며 맛은 섬세하고 나무딸기의 방향을 갖는다.
- 꽁드리외와 샤또 그리예(Condrieu와 Chateau Grillet) : 꽁드리외는 비오니에 백포도 품종으로 화이트와인만을 생산한다. 생산량은 작지만 품질이 뛰어나다. 드라이한 맛과 우아함과 섬세함, 과실의 향미가 가득한 독특한 방향을 갖는다. 총면적 2ha인 샤또 그리예는 독자적인 A.O.C.를 갖는다. 이레 까쉐가 소유하고 있는

샤또 그리예 와인은 프랑스의 아주 뛰어난 화이트와인 중의 나로 황금 색조이다.

· 에르미따쥐 (Hermitage) : 프랑스 궁정의 와인으로 명성을 얻은 에르미따쥐는 루이 15세때 그의 조카인 영국 찰스 Ⅱ세에게 두 병의 와인을 선물한 인연으로 오랫동안 영국의 모든 고급 식탁에 등장했다.

에르미따쥐 이름의 유래는 다음과 같다. 남 프랑스의 알비타 이교도를 무찌르는데 참여했던 십자군의 기사였던 가스빠르 드 스테릴베르크 (Gaspard de Ster-imberg)가 자기의 잔혹했던 과거를 참회하기 위하여 이 마을에 은거하면서 암자(Hermitage : 은자의 암자)를 짓고 포도원을 일구고 와인을 빚으며 살았다. 이때, 많은 방문객이 찾아왔는데 자기가 빚은 와인을 전부 제공했는데, 이 연유로 에르미따쥐 와인이 유명해 지기 시작했다.

약 160ha의 포도원의 약 2/3는 시라종을 주로 재배해서 농후하고 힘차며 희미한 인동초를 연상케하는 향을 가진 수명이 아주 긴 레드 와인을 생산한다. 백포도 품종으로 루싼느(Roussanne)와 마르싼느(Marsanne)는 일반 화이트와인과 비교할 때 농후하고 수명이 긴 화이트와인을 생산한다.

· 생-조세프(Saint-Joseph) :AOC레드 와인은 산딸기와 제비꽃 향을 지녔으며 2-3년 후면 제 맛을 발휘한다. 가볍고 신선한 맛을 지닌 화이트 와인은 꿀과 아카시아향을 지닌다.

· 코르나(Cornas) : 숙성 초기에는 강한 맛을 띠며 20년까지 저장할 수 있다. 색이 매우 진하여 일명 "흑포도주"라고도 불리우며 "꼬뜨 뒤 론"의 와인 중 탄닌 성분이 가장 많다.

· 생 뻬레이(Saint-Peray) : 샴페인과 같은 방식으로 주조된 거품 와인이다. 남부 꼬드 뒤 론 남부 지역은 강을 경계로 북부와 나뉘며 모래와 석회질이 주를 이루고 ,작은 자갈이 섞여있다. 바로 이런 토양에서 "꼬뜨 뒤 론 빌라쥬(Cote du Rhone Villages)"를 만드는 포도 품종이 잘 자란다. 여기에서 생산되는 와인 중 가장 유명한 것은 프랑스 로제 와인의 원조인 "따벨(Tavel)"과 "리락(Lirac)"인데, 이 두 가지 모두 크고 동그란 자갈의 토양에서 생산된다. 아비뇽 근접 북부 지방에서는 프랑스에서 레드와인으로 가장 유명한 "샤또네프-뒤 빠프(Chateaunef du-Pape)" 포도원이 위치한다.진한 빛깔의 향신료 향이 가미된 이 와인은 자극적이고 강하며 시간이 지날수록 그 맛이 좋아지는 균형이 잘 잡힌 와인이다. 이 와인은 13가지의 포도 품종을 섞어 만든다.

· 샤또뇌프 뒤 빠프(Chateauneuf-du-Pape) : 1309년 로마 법왕청의 분열로 인하여 로마로 부임하지 못하고 아비뇽 (Avignon)에 유배되었을 때 샤또뇌프 뒤 빠프

(Chateauneu-du-pap :법왕의 새로운 집) 지역에 피서용의 별장을 지어놓고 지낸 데서 이 이름이 붙여졌다. 이 별장은 16세기 종교전쟁 때 파괴되어 현재는 흔적만 남아있다. Chateauneu-du-pape 지구에는 법적으로 10여종 이상의 포도품종을 적절히 섞어서 만들도록 허가되어 있다.

- 꼬뜨 뒤 론 제네리끄(Cote du Rhone "generiques") : 주로 꼬드 뒤 론 전역에서 생산되는 레드와인이며 특히 남부 지방에서 집중 생산된다. "꼬뜨 뒤 론 프리뫼르(Cote du Rhone primeurs)"도 소량 생산된다.
- 꼬뜨 뒤 론 빌라쥐(Cote du Rhone Villages) : 17개 마을(Villages)에 한정되어 생산되는 와인으로서 레드 와인이 80%를 차지하며 나머지는 분홍, 화이트와인이다. 이 와인은 "꼬뜨 뒤 론 빌라쥐"라고 명명되거나 "꼬뜨 뒤 론" 이라는 명칭 뒤에 마을 이름이 첨가되기도 한다. AOC "꼬뜨 뒤 론"과 같은 포도품종이 쓰이지만 훨씬 엄격한 생산 조건이 요구되기에 생산량도 적고 주정도도 훨씬 높다.
- 따벨(Tavel) : 드라이 분홍 와인으로 부드러운 장미빛을 띠며(침용 기간이 짧은 데서 기인) 제비꽃 내음과 말린 과일향이 난다. 숙성 기간은 짧은 편이다.
- 지공다(Gigonda) : 주로 레드 와인이며 강한 멋의 분홍 와인도 소량 생산된다. 진하고 탄닌 성분이 많으며 향신료 향이 난다. 10-15년 저장할 수 있다.

저장기간

- 화이트와인 : 1년-5년
- 로제와인 : 6개월-2년
- 레드와인 : 6개월-5년/특산 레드와인 : 1년-10년 이상
- 발포성와인 : 6개월-3년

꼬뜨 뒤론 와인 즐기기

꼬뜨 뒤론의 와인은 짙고 강한 향기와 농후한 맛을 갖고 있어, 양고기요리, 진한 소스를 사용한 고기요리와 잘 어울린다

(8) 랑그독

프랑스에서 가장 남부에 위치하는 랑그독 루씨용은 전체 포도 재배 면적이 40,000 헥타르에 이르는 대중적인 와인을 제조하는 곳이다. 랑그독 루씨용 지방에서는 이미 2,000년 전부터 포도원이 마을마다 활기를 불어넣어 주고 이 지방 풍경을 수놓아 왔었다.

B.C. 5세기에 그리스인들에 의해 상업적 목적으로 최초의 포도원이 시작되었고 B.C. 1세기부터 로마인들은 이곳 토양의 다양성과 기후에 매혹되어 이 곳을 프랑스의 가장 오래된 포도원으로 만들어 놓았다. 고트족과 사라센과 침범이후 침체되었던 포도원은 9세기부터 교회에 의해서 재건되었다.

17세기에 완공된 세트(Sete)항을 거쳐 내륙으로 통하는 운하의 건설에 힘입어 내륙 지방과의 교역이 활발해지면서 브랜디의 수요가 증가되어 포도원의 규모는 더욱 확장되었다. 19세기말 이래로 주류 시장이 성장하면서 광대한 지방 환경과 풍부한 포도 수확량에 비례하여 이 지방의 뱅 드 따블의 생산이 크게 증가되었으며 1987년 10월의 생산 조건에 대한 법령제정 이후 단일 품종 포도를 사용한 양질의 AOC급 와인의 생산도 주목할 만하다.

랑그독 루씨용 지방은 불규칙적인 비와 고온 건조한 지중해성 기후 지역이다. 그러나 다양한 영향(대서양, 산맥, 고도)으로 가뭄에 대한 피해를 줄일 수가 있고 지상에서 불어오는 시원하고 건조한 바람과 바다에서 부는 온화하고 습기찬 바람사이에서의 투쟁으로 포도나무와 포도에는 오히려 더 적합한 상태를 제공해 준다. 모리(Maury)의 검은 편암, 르비에르(Corbiere) 지방 라그라쓰(Lagrasse)의 붉은 석회질 토양, 뤼넬

(Lunel)의 구르는 자갈과 규토 등 이곳의 토양의 다양성은 경이롭기까지 하다.

랑그독 루씨용 지방의 특징을 살펴보면 우선 지중해 연안에 위치한 프랑스에서 가장 넓은 포도 재배지역이라는 것을 알 수 있다. 4개 도(道)에 걸쳐진 포도원의 면적은 38만 헥타르로써 프랑스 총재배면적의 38%에 해당한다. 많은 양의 프랑스 뱅 드 따블과 대부분의 뱅드 페이를 생산한다. 또한 천연 감미 와인(Vins Doux Naturels)로 유명한 이 지방은 뛰어난 원산지 명칭 와인들도 생산한다. 면적으로 볼 때 프랑스 제 2의 원산지명칭 포도원이다. 이 지방은 포도품종(품종의 다양화)과 양조기술(각 포도품종에 적합한 양조법을 실시하여 개별적으로 양조함,온도조절,등)을 개선하려는 정책을 끊임없이 실시하여 고급와인의 생산량을 매년 증가한다.

랑그독 루씨용 지방의 와인 생산량을 살펴보면 로제가 83% 레드와인이 11% 화이트와인이 6%를 차지한다. 레드 와인 품종의 경우 까리냥(Carignan), 그르나슈 누아르(Grenache Noir), 쌩쏘(Cinsault), 무르베드르(Mourvedre), 쉬라(syrah)과 화이트는 마까뵈(Macabeu), 그르나슈 블랑(Grenache Blanc), 부르불랭(Bourboulenc), 클레렛뜨(Clairette), 빅폴(Picpoul)등 다양한 포도 품종을 생산 하는 것도 이 지방의 특징이다.

■ 랑그독 루씨용 지방의 와인들

꼬뜨 드 루씨용(Cotes du Roussillon)

이 명칭은 단지 아글리(Agly)의 척박한 계곡들에 위치한 25개의 마을에서 만들어지는 레드와인으로 구성된다. 특이한 떼루아르 덕분에 까라마니(Caramany)와 라뚜르 드 프랑스(Latour de France)가 새로이 명칭에 편입되었다. 짜임새 있고 알코올 함량이 풍부하며 탄닌 성분이 많은 이 와인들은 가죽향, 감초, 숲의 냄새 등이 나며 몇 년 숙성시킨 뒤에 제 맛을 낼 수 있다.

콜리우르(Collioure)

바다와 직면해 있으며 바뉠스 명칭과 같은 떼루아르인 편암의 테라스 위에 콜리우르 AOC 와인에는 그르나슈 누아르로 양조된 레드 와인과 로제와인이 있다. 레드 와인은 수확량은 매우 적지만 색깔이 짙고 온화하며 잘 익은 과일 냄새가 강하게 나며 로제 와인은 방향이 짙고 시원하다. 피뚜(Fitou) 랑그독 루씨용 지방에서는 최초로 1948년에 AOC명칭을 획득한 레드 와인이다. 피뚜의 와인들은 주조통에서 최초 9개월 정도 숙성한 뒤에야 시장에 출하될 수 있다. 루비빛의 와인들은 들꽃향이 나며, 남프랑스의 황야에서 나는 풀의 향이 나는 육감적인 와인들로 몇 년 후에는 향신료향과 야생적인 향 등의 풍부한 부케를 얻게 된다.

꼬르비에르(Corbieres)

만 3천 헥타르의 산악 지대에 위치한 이 포도원은 석회암, 석회질, 점토질, 편암 토양 등의 다양한 토질의 특성을 지난 4개월 지역으로 나뉘어 있다. 주로 진한 레드 와인으로 생산되나 화이트와인과 과일향기를 띤 로제 와인의 생산도 증가하고 있다.

미네르브아(Minervois)

정남향의 넓은 원곡에 올리브와 푸른 참나무 숲 사이에 자리잡은 미네르부아 포도원은 화이트와인을 주로 생산하며, 레드, 로제 와인도 생산한다. 그르나슈, 시라, 무르베드르로 만든 풍부하고 육감적인 레드와인은 야생꽃 향기, 향신료향 등이난다. 미네르부아 로제 와인은 과일향이 풍부하며 화이트와인은 기분좋은 꽃향을 풍기며 매우 신선하다.

블랑께뜨 드 리무(Blanquette de Limoux)

바위가 많은 석회암 토양에서 재배된 모작, 샤르도네, 슈냉 등의 품종에서 얻은, 프랑스에서 가장 오래된 발포성 와인이다. 가볍고 감칠 맛이 있으며 과일 향기와 좋은 방향을 띤다.

꼬뜨 뒤 랑그독(Coteaux du Languedoc)

이 명칭에 속하는 12개의 떼루아르를 가지고 있는 또또 뒤 랑그독은 레드, 로제, 화이트와인에 있어 매우 큰 다양성을 보여준다.편암 지역은 부드러운 과일향이 나는 와인을, 진흙 석회 성분은 좀 더 짜임새 있는 와인을 선사한다.

천연감미 와인(뱅 두 나뛰렐 Vins Doux naturels)

그르나슈, 마까붸, 말브와지, 뮈스까 품종에서 생산된 AOC 천연 감미와인이 매우 풍부하다. 그르나슈 누아르품종에서 생산된 바뉠스 (Banyuls)과 리브잘뜨(Rivesaltes) 등이 대표적이다.

쎙 쉬니앙(ST, chinian)

소나무와 금작화의 전형적인 향이 나는 와인의 산지.

끄라쁘(clape)

바다에 면해 있는 해안 지대 까브리에르(Cabrieres) 진홍색이 감돌며 꽃향기가 감미로운 로제 와인 "에스따벨(Estable)"의 산지로 유명.

쎙 싸뛰르넹(St. Saturnin)

오랜 침전 기간을 거친 로제와인 "벵 된느 뉘 : Vin d'une nuit(밤의 와인)"의 산지로 유명.

지방명 와인(Vins de Pays)

1년에 4백만 헥타르의 지방명 와인을 생산해내는 랑그독 루씨용은 프랑스 뱅 드 페이의 전체 생산량 중 70%를 차지한다. 60 여 개 정도의 서로 다른 이름의 뱅 드 페이를 꼽을 수가 있다. 뱅 드 페이 독(랑그독 지방의 지방명의 와인)의 성공의 열쇠가 된 것은 특히 뱅 드 세파주(Vins de cepages – 단일 품종 와인)에 있다.

랑그독 루씨용 와인의 저장기간

· 레드와인 : 1년 ~ 3년
· 로제 : 6개월 ~ 3년
· 화이트와인 : 6개월 ~ 2년}
· 무스카 : 6개월 ~ 5년
· 크뤼급레드와인 : 3년 ~ 8년
· 천연감미와인 : 1년 ~ 50년
· 블랑께뜨드리무 : 6개월 ~ 5년

랑그독 루씨용 와인 즐기기

레드, 화이트, 로제, 천연 감미 와인 중 유명한 랑그독 루씨용의 와인은 치즈의 참 맛을 살려주고 흰살 육류나 가금류의 맛을 돋구어주며 해산물 요리에도 기막히게 잘 어울린다.

(9) 프로방스

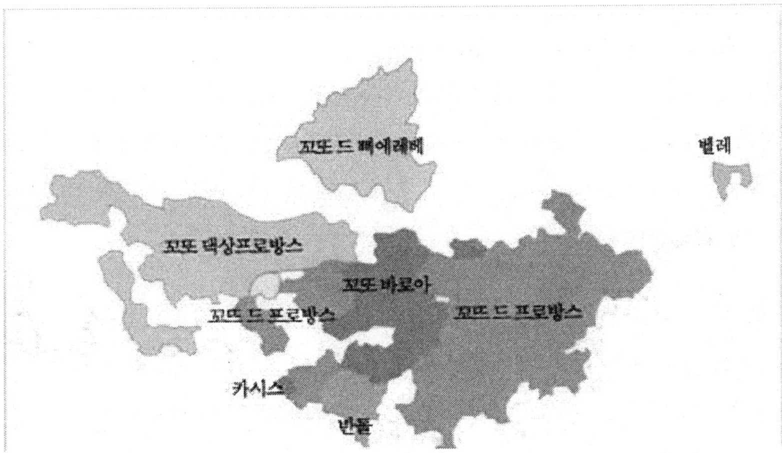

프로방스(Provence) 지방 포도원은 프랑스에서 가장 오래된 포도원이다.

기원전 600년경부터 그리스인들은 이 지방에서 포도를 재배하고 와인을 생산하기 시작했는데, 이 때 제조된 와인은 로제 와인이였다.그 후,로마인들이 이 지역에 대규모 농토를 조성하였으며, 새로운 포도 품종을 도입함과 동시에 와인 제조 기술도 개량하였다.

1977년에는 그 동안의 와인 제조 기술 개선을 위한 노력이 결실을 맺게 되어, 꼬뜨 드 프로방스 와인이 그 질을 인정 받아 원산지 통제 명칭(Appellation d'Origine Controlee 아펠라시용 도리진 꽁트롤레)를 획득하였다.

프로방스의 토질을 보면, 전반적으로 부식토가 적어서 배수가 잘되고 자갈이 많아 포도 재배에 적합하다.

기후는 지중해성 기후로, 여름에는 고운 저습하고 강우는 초봄과 늦가을에 집중되었으나, 그 양은 많지 않다. 때때로 불어로는 차고 건조한 '미스트랄'이라 불리우는 북풍도 포도 재배에 좋은 영향을 준다.

이곳에서 가장 많이 재배되는 품종은 다음과 같다. 레드 와인의 경우 그르나슈(Grenache),시라(Syrah),쌩쏘(Cinsault),까리냥(Cariganan),무르베드르(Mourvegre), 띠부랭(Tibouren), 까베르네 소비뇽(Cabernet Sauvignon)이 재배되고 화이트는 롤(Roll),위니블랑(Ugni Blanc),끌레렛뜨(Clairette),쎄미용 (Semillon)이 많이 재배된다.

프로방스 포도원의 면적은 25,000헥타르의 규모이며 현재도 여전히 로제 와인이 생산량의 70%를 차지할 만큼 비중이 크다. 이 밖에 레드는 25%, 화이트를 5% 정도를 생산하다.

■ 프로방스 지방의 와인들

꼬뜨 드 프로방스(Cotes de Provence)

이 지방에서 가장 규모가 큰 원산지통제명칭(AOC) 포도원으로 평균 80만 헥토리터를 생산한다. (프로방스 포도원의 80% 차지) 주로 과일향기와 무감미 분홍와인으로 알려진 꼬뜨 드 프로방스는 3-4년 숙성 후에 완벽해지는 레드 와인과 우수한 무감미 화이트와인도 생산한다.

꼬또 덱 썽 프로방스(Coteaux d' Aix-En-Provence)

짜임새 있는 레드 와인으로 무르베드르 품종을 주종으로 양조하면 동물향이 나며 시라가 주 품종이면 과일과 꽃향이 나는 섬세한 부케를 지닌다. 로제와인은 매우 힘차고 이곳에서는 드물게 양조되는 화이트와인은 햇포도주로 마신다.

레 보 드 프로방스(Les Baux-de-Provence)

최근의 새로운 명칭인 레 보드 프로방스는 적어도 12개월 정도 주조통에서 숙성된 레드와인이며 로제 와인의 경우 배출법(saignee;사혈법)으로 숙성시켜 매우 신선하다.

팔레뜨(Palette)

액-상-프로방스(Aix-en-Provence)지방의 방풍이 잘 된 석회암질의 원형 계곡에 위치한 아주 작은 포도원에서 생산된다. 여기에서는 오래 전부터 유명하고 섬세한 레드와인, 화이트와인, 로제와인이 생산된다.

꼬또 바루아(Coteaux Varois)

자갈로 덮인 언덕과 석회질의 평평한 면을 구성된 이 명칭은 그르나슈, 시라, 무르베드르로 만든 강한 레드와인을 생산하며 기분 좋고 신선한 로제와인과 햇포도주로 마시는 과일향이 풍부한 무감미 화이트와인도 생산한다.

벨레(Bellet)

벨레의 작은 포도원은 니스의 높은 지대에 펼쳐지며 흔하지 않은 품종으로부터 양조되어 예외적인 와인이 생산되며 화이트와인은 풋 아몬드와 오레지 꽃, 감귤류 향 등이 은은히 나는 신선한 와인들이며 로제와인은 회향풀과 꿀 향이, 장엄한 느낌의 레드 와인은 체리향의 부케를 가지고 있다.

방돌(Bandol)

바다를 굽어보는 넓은 계단식 강의실 형태의 방돌 포도원은 석회질성의 척박하고 돌이 많은 토양에 테리스식으로 재배되고 있다. 이곳은 무르베드르에게는 최고의 떼루아르이다.

카시스(Cassis)

프랑스에서 가장 높은 절벽 밑의 카시스 포도원이 있는 조그마한 항구로 이어지는 작은 골짜기는 흰 석회석 바위 위에 위치한 이 포도원을 보호하고 있다. 이 곳은 로마랭, 히이드향 및 꽃향기가 풍기는 무감미 화이트와인으로 유명하다. 소량의 레드 와인과 방돌의 로제와인과 흡사하나 짜임새가 덜한 로제 와인도 소량 생산하고 있다.

프로방스 와인의 저장 기간

· 화이트와인 : 6개월 - 2년
· 로제와인 : 6개월 - 3년
· 레드와인 : 2년 - 8년

프로방스 와인 즐기기

로제와인은 강건하고 감칠맛이 있어 생선요리, 고기요리와 잘 어울린다.

2) 이태리 와인

이탈리아 와인은 프랑스보다 역사가 깊으며, 2000여 년 전 로마제국 시대부터 유래한다. 로마 시대 이후 유럽의 중심지로서 좋은 와인을 다수 생산해왔으나 정치와 문화의 중심지가 북쪽으로 이동 하면서, 와인의 중심지도 프랑스로 옮겨가게 되었다.제2차 대전인 1930년대 후반기는 와인의 생산량이 반감하게 되었으나 그 후 설비의 근대화를 꾸준히 추진한 결과, 이탈리아 와인은 급속히 부활하여 60년대 전반 에는 현재의 생산량을 상회할 정도로 성장하게 되었다.

이탈리아는 남북으로 긴 국토 전역에서 와인을 생산하며 오늘날 세계 최대의 와인 생산국가이다. 이탈리아는 와인 산지로서 가장 이상적인 곳임에도 불구하고 최근까지는 주로 저가의 대중적인 와인들을 주로 생산해 왔다.

그러나 최근 들어 주요 산지의 일부 명망 있는 업자들의 과감한 기술 투자와 부단한 노력 덕분에 프랑스나 캘리포니아의 최고급 와인들에 견줄 수 있을 정도의 명성과 품질을 지닌 제품들이 속속 등장하고 있다.

대체로 이태리의 화이트 와인들은 매우 저렴한 보통 수준에 머물고 있으나 예외적으로 북동부 지역인 후리우리와 중부의 움부리아산 일부 제품들은 투스카니와 피에몬테의 레드 와인들처럼 국제적인 명품들과 견줄 수 있을 정도로 품질과 명성을 높여 가고 있다

■ 이탈리아의 와인 등급

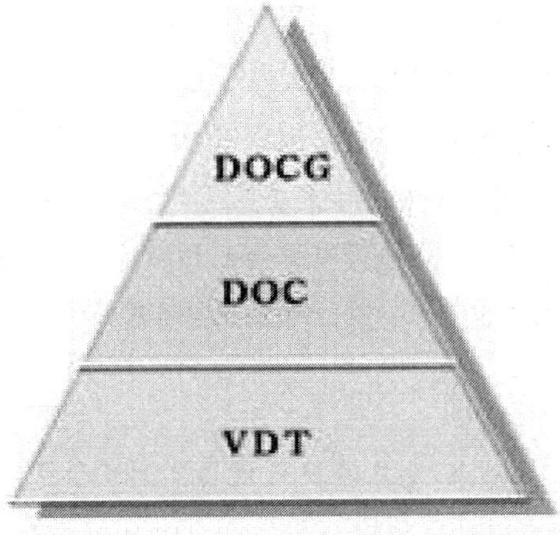

이탈리아의등급분류에는크게세가지 DOCG, DOC. VDT로 분류되며 다음과 같다.

· VinodaTabla-VDT등급 : 일반 테이블 와인으로 저렴하여 일상적으로 소비하는 와인이다.

· DenominazionediOrigineControllata : 데노미나죠네 디 오리지네 꼰트롤라따-D.O.C 원산지 통제표시 와인 품질을 결정하는 위원회에 의하여 원산지, 수확량, 숙성기간, 생산방법, 포도품종, 알코올 함량 등을 규정하고 있다.

· DenominazionediOrigineControllataeGarantita데노미나죠네디오리지네

· 꼰트롤라따에가란띠따 - D.O.C.G

원산지 통제 표시 와인으로 정부에서 보증한 최상급 와인 (특급와인)을 의미한다.

■ 주요 와인 지역

피에몬테(Piemonte)

피에몬테는 이태리에서 가장 훌륭한 레드 와인을 생산하는 지역이다. 피에몬테 라는 말은 "알프스의 기슭"이라는 뜻으로 알프스의 빙하가 흘러 내려와 아름다운 계곡을 이룬다. 피에몬테의 레드 와인은 강건하고 진하며 숙성되면서 품질이 더 향상된다. 피에몬테의 최고의 레드 와인은 바롤로와 바르바 레스코이다.

피에몬테 지방을 대표하는 포도품종은 알바와 아스티의 바르베라(Barbera)종으로 피에몬테 지방의 전체 포도밭 가운데 약 절반이 이 품종을 재배하고 있다. 얼마 전까지만 해도 보통 와인에 쓰이는 품종으로 여겨지던 바르베라 포도는 발효기술의 개선과 바리크통 속 숙성을 통해 지나치게 강한 산성을 완화시켜서 요즘은 이 바르베라 와인을 피에몬트 지방의 두 번째 와인으로 손꼽는다.

바롤로(Barolo)

최소 알코올 함유량이 13도에서 최고 15도까지 이르는 와인으로 최소 2년간을 오크통에서 숙성 시키며 또 병 속에서 일정 기간 동안 숙성시킨다. 이 와인은 진하고, 드라이하며 심오하다. 바롤로는 산딸기, 버섯, 낙엽이 한데 어우러진 듯한 복합 미묘한 향기를 풍기는데 이탈리아 와인 중에서 가장 좋은 향기를 발한다.바롤로는 최고 15년까지 숙성시킬 수 있으며 숙성되면서벨벳처럼 부드러워 진다. 바롤로는 마을 이름으로 마을을 에워싸고 약 2,000에이커의 면적에 포도나무가 심어져 있다.

바르바레스코(Barbaresco)

바롤로와 동북쪽으로 이웃하고 있으며 포도 품종은 네비올로를 재배한다. 이 와인은 타나로 강으로부터 가을의 서리에 의해 영향을 받으며 바롤로와 유사한 와인이지만 전체적으로 볼 때 더 가볍고 섬세한 와인이다.최고 상태가 될 때까지 부드럽게 해야 할 정도로 지나치게 강하지는 않다. 따라서 안전하게 선택 할 수 있다.

발레 다오스타(Valle D'Aosta)

이탈리아 와인지역 중에서 가장 작고 알피네(Alpine)산맥의 북서쪽 맨 끝에 위치하고 있으며 유럽에서 가장 높은 봉우리를 자랑하고 있다. 이 곳의 포도재배는 산악기후의 영향을 받아왔으며 수세기 동안 여러 가지 포도 품종을 개발하여 왔다. 이곳에서는 높은 산도(High Acidity)와 오랜 기간의 숙성을 필요로 하는 레드 와인이 널리 재배 되고 있다. 이 곳의 와인은 드라이하며 육류 음식에 잘 어울린다. 적어도3-4년 정도 숙성 시켰을 때가 가장 좋다.

롬바르디아(Lombardia)

롬바르디아는 세 개의 주요 포도 재배 지역으로 나누어지는데 스위스 알프스에 의해 형성된 북쪽의 호수 지역, 피에몬테와 이웃 해 있는 남서쪽 지역, 아다강(Adda River)에 의해 동서로 나뉘어진 동쪽지역이다.

이 지역에서 가장 좋은 와인은 아다 강이 흘러 내려, 아름다운 발테리나(Valtellina)를 형성하고 있는 북쪽에서 생산된다. 발텔리나 위로는 스위스 국경이 있으며 경사가 심하기 때문에 항상 그늘이 진다. 밑에서 보면 거의 수직으로 보이는 포도원에서 발텔리나 와인이 생산된다. 이 지역의 주요 포도 품종은 네비올로인데 두 세가지 다른 포도와 혼합하여 키아벤나스카(Chiavennasca)라는 이름으로 불리워진다. 롬바르디아 동쪽은 아름다운 가르다(Garda)호수가 있는 곳으로 트레비아노(Trebbiano) 포도 품종으로 만든 루가나(Lugana)라는 가벼운 화이트 와인이 생산된다. 이 와인은 가르다

호수에서 잡히는 신선한 송어와 잘 어울린다. 롬바르디아 포도 재배 기술의 가장 독특한 점은 발포성 와인생산에 있다. 그러나 레드 와인이 일반적이고 고급 와인의 대부분을 차지한다. 롬바르디아 지역에는 현재 20개의 D.O.C.G 와 12개의 포도원이 있다.

베네토(Veneto)

"로미오와 줄리엣"의 무대가 있는 베로나를 끼고 있는 베네토는 이태리에서도 피에몬테, 토스카나 다음으로, 세 번째로 유명한 레드 와인 생산 지역이다.

북쪽으로 베로나의 프레-알프스, 비첸사의 돌로 미티로 둘러싸인 베로나 언덕이 서서히 내려 오면서 포강과 아드리아해의 끝에 위치한 기름진 평원에 이른다. 이 와인은 모젤 와인처럼 초록색 병에 들어 있는 엷은 색의 드라이 화이트 와인으로 생선 요리에 아주 잘 어울린다. 소아베는 덜 숙성되었을 때 마시며 일반적으로 소아베 클라시코를 선택하는 것이 좋다. 소아베 뿐만 아니라 바르돌리노와 발포리첼라도 클라시코가 맛이 더 좋다. 클라시코 지역은 베네토 지역의 노른자위라고 할 만큼 보다 높은 품질과 알코올 함유량을 지니고 있다. 소아베의 동쪽 감벨라라 지역에는 가르가네가 포도로 만들어지는 가르가네가 디 감벨라라(Garganega di Gambellara)가 있는데 드라이 화이트, 스위트, 스파클링이 생산된다. 비안코(Bianco)라고 불리는 화이트 와인들은 85%가 토카이(Tocai) 품종으로 만들어진다. 그러나 역시 이 지역의 명주로는 알코올 도수가 높고 드라이한 레드 와인인 아마로네(Amarone)와 발포리첼라(Valpolicella)가 유명하다. 발포리첼라는 과거에는 그다지 우수한 품질의 와인은 아니었으나 아마로네 포도즙을 짜낸 찌꺼기에다 와인을 다시 한번 발효시키는 리파소(ripasso)라는 옛날 양조 방법을 사용해 풍부한 질감의 레드 와인으로 재탄생 되었다.

트렌티노-알토 아디제(Trentino-Alto Adige)

트렌티노-알토 아디제 지역은 이탈리아의 가장 북쪽에 위치해 있으며 오스트리아와 국경을 맞대고 있다. 이곳에서는 프랑스와 독일의 전통적인 레드, 화이트 포도 품종들이 재배된다. 이태리에서 가장 매력적이고 믿을 만한 가벼운 맛의 와인을 생산한다. 이 곳은 와인의 품질을 향상시키고 판매를 촉진하고 품질의 표준을 정하는데 가장 노력한 지역이다. 이탈리아 와인 수출의 절반 정도가 이곳에서 이루어지며 독일과 오스트리아가 주 고객이다. 실바너, 트라미너, 리슬링, 피노 블랑, 피노 그리조 등이 이곳에서 주로 재배되는 것들이다. 볼자노와 메라노 사이에 있는 아디제 계곡 윗 부분이 화이트 와인을 생산하는 가장 좋은 지역이다. 강 건너 서남쪽을 향한 급경사 지역에서 피노 블랑과 소비뇽 포도가 자라며 숙성되면 와인은 스위트해지고 강건해진다. 피노 블랑은 보다 가볍고 사과 맛이 나며 소비뇽은 강하나 짙은 견과 같은 맛이 난다. 알토 아디제의 약간 쓴맛이 이 지역의 독특한 맛이라고 할 수 있다. 볼자노 부근의 알토 아디제에는 라고 디 칼다로(Lago di Caldaro)와 산타 마달레나(Santa Maddalena)라는 훌륭한 레드 와인이 있다. 산타 마달레나는 유명하며 포도나무는 눈 덮인 알프스가 보이는 경사가 심한 언덕에서 자란다. 특징은 없으나 색깔과 맛이 진한 레드 와인이다. 칼다로와 마달레나의 혼합용 포도인 라그레인(Lagrein)이란 포도가 이 계곡의 특징을 이루며 뚜렷한 개성을 가진 로제 와인을 만든다.

프리울리-베네치아-줄이아(Friuli-Venezia-Giulia)

이 지역은 이태리의 동북쪽 코네에 위치하고 아드리해의 해변 끝으로 약간 경사가 있다. 풍성한 포도 재배 지역이지만 4분의 1만이 포도 재배에 알맞은 언덕에 위치해 있다. 대부분 지역의 포도 재배 특성은 앞서 언급한 베네토 지역과 비슷하다. 양조장의 설비 및 기술이 가장 현대화되어 있는 곳이다. 따라서 세계인에 입맛에 맞는 고품질의 와인을 생산할 수 있는 새로운 지역이라고 볼 수 있다.

이곳의 주요 와인 생산 지역을 크게 세 곳으로 나눌 수 있는데, 동쪽 프리울리 언덕의 꼴리 오리엔탈리 델 프리울리(Colli Orientali del Friuli), 서쪽 프리울리 언덕의 꼴리 그라베 델 리프리울리(Colli Grave del Friuli), 그리고 고리치아노 언덕의 꼴리 고리찌아노(Colli Goriziano)이다. 이들 보다 약간 뒤떨어지는 것으로서 이손쪼(Isonzo), 아퀼레이아(Aquileia), 라티쟈나(Latisana)가 있다.

리구리아(Liguria)

리구리아는 이태리의 와인지역 중에서 가장 작은 면적을 가진 지역의 하나다. 그러나 이곳은 진정한 포도연구의 낙원이다. 이 지역의 오랜된 곳과 고대의 포도원에서는 100여종이 넘는 포도나무를 불 수 있다. 리구리아는 단지 7개의 DOC와인을 가지고 있다.

라 스페치아(La Spezia)는 북쪽해안을 따라서 드라이 화이트 와인인 칭퀘 테레(Cinque Terre) 와 샤케트라(Sciacchetra)라고 알려진 같은 지역 포도로 만든 리큐르 와인이다. 건포도로 만든 새케트는 디저트 와인이며 드라이한 것은 호박색의 아페리티프이다.

에밀리아-로마냐(Emilia-Romagna)

이탈리의 중동부에 위치한 에밀리아-로마냐는 포 강변의 오른쪽으로부터 산기슭까지 이르고, 아펜니니 산맥과 이어지는 광대하고 기름진 평야 지대이다. 이 지역은 포도 재배 뿐만 아니라 와인 연구 지역으로도 유명하다. 기름진 땅은 포도의 산출을 늘려 주는데 이 지역에서 가장 많이 재배되는 세 가지 포도 품종은 람브루스코(Lambrusco), 트레비아노(Trebbiano), 알바나(Albana)이다. 모데나(Modena)는 람브루스코 와인의 중심지인데 여러 종류의 람브루스코 포도 품종이 이곳에서 재배된다. 이들 품종들은 싱싱하고 세미-드라이한 인기 있는 람브루스코 와인을 생산한다. 이 와인은 알코올 함유량이 10.5-11도로 낮은 편이며,신선하고,마시기 쉽고, 향기와 맛이 상쾌한 와인이다.

모데나의 인근에는 파르마(Parma)가 있는데 이 지역은 와인뿐만 아니라 파마산 치즈(Parmasan Cheese)로 유명하다. 레드 와인에 파마산 치즈는 매우 잘 어울린다. 에밀리아-로마냐의 중심지인 볼로냐(Bologna)는 이태리 중부, 미식가의 본고장이다.

토스카나(Toscana)

토스카나는 이탈리아 와인의 본고장이며, 짚으로 싼 키안티는 세계인들의 뇌리 속에 이탈리아 와인을 생각나게 한다. 이러한 형태의 포장법은 유리가 비쌌던 시절 병이 깨어져 나가는 것을 막기 위해서 개발되었으나 오늘날에는 많이 쓰이지 않고 있다. 포장하기가 힘들고 볏짚을 확보 하기가 어려울 뿐만 아니라 곰팡이가 쉽게 피고, 원가가 많이 든다.

키안티

키안티는 지역의 한계, 포도 품종, 생산 방법 등 D.O.C.법에 규정되어 있는 사항들을 정확히 지켜 왔다. 키안티는 서로 다른 여러 종류의 포도를 혼합하여 만든다. 주요 품종은 산지오베제(Sangiovese)로서 전체의 50-80%, 카나이올로 네로(Canaiolo Nero)가 10-30%, 화이트 트레비아노 토스카노(Trebbiano Toscano), 말바지아 델 키안티(Malvasia del Chianti)가 10-30%를 차지하며 나머지 5% 정도는 이 지역 토종 포도를 사용한다. 키안티의 대표적인 양조 방법은 발효가 끝난 후 건포도로 만든 발효되지 않은 와인을 첨가함 으로써 와인에 활력을 불어넣는 것이다.

키안티 (Chianti) : 6개월에서 1년정도 숙성시키는, 후레쉬 하면서도 후루티한 가벼운 와인이다.

이 와인은 기름진 음식에 잘 어울린다. 와인에 포함된 산도가 음식의 소화를 도와주기 때문이다.

키안티 클라시코(Chianti Classico) : 포도원의 중앙 지역에서 산출된 양질의 포도로 만들어진다. 최소 2년을 오크 숙성시키며, D.O.C.법에 의해 엄격하게 모든 과정이 통제되는 고품질이 와인이다.

키안티 클라시코 리제르바(Chianti Classico Riserva) : 병입 되기 전 오크 통에서

3년간 숙성 시킨다. 이 와인은 키안티의 트레이드 마크인 짚으로 싸지 않으며 보르도 타입의 병을 사용한다. 이 와인은 여러 가지 면에서 보르도의 샤또 와인을 연상케 한다. 병 모양, 품질, 전통 있는 개인 회사 소유지에서 포도가 재배되고 병입 되는 것까지 비슷하다. 리제르바는 산도와 탄닌이 조화를 이룬 강건하면서도 부드러운 맛을 낸다. 이 와인은 보다 우아하고 섬세한 음식에 잘 어울린다

브루넬로 디 몬탈치노(Brunello di Montalcino)

D.O.C.G.와인으로 강건하고 맛이 깊으며 진한 향기를 발한다. 이 와인은 생산량이 적고, 품질이 높으며, 오래 보관할 수 있어 국제적인 명성을 얻고 있다. D.O.C.법은 이 와인을 최소 4년을 오크 숙성시키도록 하고 있다.

비노 노빌레 디 몬테풀치아노(Vino Nobile di Montepulciano)

브루넬로 디 몬탈치노의 동쪽에 위치해 있다. 이 와인은 4개의 포도 품종을 혼합하여 만든다. 2년 이상을 오크 숙성시키며, 리제르바는 3년, 리제르바 스페샬레는 4년을 숙성시킨다. 향기와 스타일이 키안티 클라시코와 비슷하다. 이외에도 D.O.C 등급에 속하면서도 세계 100대 와인 중 하나인 사시까야가 있다.

움브리아(Umbria)

이탈리아 중부 지역에 위치한 움브리아에는 아시시(Assisi), 페루지아(Perugia), 오르비에토(Orvieto)가 있다. 이곳은 기후가 온화하고 티베르(Tiber)강이 완만한 언덕 사이로 흐르는 아름다운 고장이다. 배수가 잘 되는 토양은 특히 화이트 와인의 포도 품종에 매우 알맞다. 이탈리아의 심장부라 불리워지는 움브리아는 양질의 포도를 대량 수확할 수 있는 자연적인 조건이 잘 갖추어져 있다. 오르비에토(Orvieto)는 이곳의 대표적인 와인으로 국제적인 명성을 얻고 있으며 소아베, 프라스카티와 더불어 가장 인기 있는 이탈리아 화이트 와인이다. 미묘하고 섬세한 맛의 오르비에토는 이 지역의 전통적인 방법으로 만들어진다. 오르비에토는 세코(Secco : 드라이)와 아보카토(Abboccato : 세미-드라이), 두 가지 타입으로 만들어진다. 둘 다 엷은 황금색에 과일향의 신선함을 느낄 수 있고, 뒷맛이 오래간다. 오르비에토 클라시코는 이 지역의 중심지에서 수확한 포도로 만든 고품질 와인이다.

마르께(Marche)

이탈리아의 중동부, 아드리아해를 향하고 있는 마르께는 훌륭한 와인들이 생산되는 곳이다. 이 지역의 베르디키오 데이 카스텔리 디 예지(Verdicchio dei Castelli di Jesi)

와인은 화이트 와인 중에서도 뚜렷한 개성을 지닌, 매우 드라이한 와인이다. 이 와인은 엷은 초록색을 띠며 섬세하고 우아한 향기를 풍기며 마신 후에 약간의 산도를 감지할 수 있다. 아브루쪼 지역은 마르께 보다 산이 더 많은 지역으로 아드리아해의 해안선을 따라 위치해 있다. 와인은 이 곳 주민들처럼 복잡하지 않다. 두 가지 타입의 와인밖에 없다. 아브루쪼(Abruzzo) 몬테풀치아노 다브루쪼(Montepulciano d'Abruzzo)는 언제나 특성있는 잘 만들어진 와인으로 숙성되었을 때 더 강하며 미묘한 뒷맛이 있다.

이 와인은 이태리 최상급 레드 와인 중의 하나이다. 몬테폴치아노는 포도 품종 이름이며 토스카노에 있는 몬테풀치아노는 마을 이름이다. 아브루쪼와 마르께 레드 와인은 야외용으로, 바베큐나 사냥한 조류, 육류와 잘 어울린다. 화려하기보다는 상쾌한 편이다.

몰리제(Molise)

1983년의 수확으로 DOC와인을 만들기 시작했으며 비페르노(Biferno)와 펜트로 디 이제르니아(Pentro di Isernia)가 있다. 도재배의 구조는 아직 고대조직의 영향을 받고 있음을 알 수 있다. 그러나 이 지역에서는 최근 새로운 품종인 트레비아노(Trebbiano)로 옮겨 심고 있다.

라찌오(Lazio)

이탈리아의 중부 로마를 감싸는 지역으로서 이 지역은 2,000년 전부터 와인을 만들어 왔다. 라치오에서는 화이트 와인이 주로 생산되며 레드 와인은 거의 찾아보기 힘들다. 토양과 기수 조건이 화이트 와인의 포도 품종에 알맞기 때문이다. 가볍고 신선한 프라스카티(Frascati), 마리노(Marino), 카스텔리 로마니(Castelli Romani)를 추천한다. 이들 와인들은 영(Young)하고, 후레쉬한 상태에서 마시는 것이 좋다.

아풀리아(Apuglia)

아풀리아는 와인 생산에 있어서 다른 지역을 주도해 왔는데 현재는 블랜딩 와인의 주요 공급원으로서의 옛 이미지를 버리고 레드 뿐만 아니라 화이트와 로제 와인도 생산하기 시작했다.

이곳에서 생산되는 레드 와인은 색깔이 검붉고 알코올 농도가 높다. 그러나 산도는 거의 없다. 몇몇 지역에서는 균형 잡힌 와인들을 생산하는데 카스텔 델 몬테(Castel del Monte), 산 세베로(San Severo)는 레드, 화이트, 로제로 만들어진다. 특히 로제는 인기가 있다.

캄파니아(Campania)

이태리 남서부, 나폴리 동쪽 베수비우스(Vesuvius) 산이 우뚝 솟아 있는 캄파니아는 지구상에서 가장 독특한 지역 중의 하나이다. 화산 폭발로 생긴 검은 속돌들이 땅에 깔려 토양을 기름지게 한다. 기후는 이상적이며 모든 작물이 잘 자라 일년에 삼모작을 할 수 있다. 포도나무는 왕성하게 자란다. 라크리마 크리스티(Lacrima Christi)는 캄파니아에서 가장 유명한 와인이다. 이것은 베수비우스 산 근처의 낮은 산등성 포도원에서 만들어지는 것으로 너무 드라이하지 않고 부드러우며 우아하고 향기가 좋은 황금색 와인이다. 이것은 뜨거운 화산 토양에서 얻어지는 특질일 것이다. 소량의 레드와 로제 라크리마도 생산된다.

바실리카타(Basilicata)

이탈리아 와인 생산 지역 중에서도 하위에 랭크되지만 이곳에서 생산되는 알리아니코 델 불투레(Aglianico del Vulture)는 수준급이다. 이 와인은 남부 이태리 지역의 와인 중에서는 최상급이다. 숙성을 오래 하면 진한 향기를 풍긴다. 이 곳은 이태리 포도재배지 중에서도 가장 잘 알려지지 않은 잊혀진 지역 중 하나이며 알리아니코가 재배되는 산기슭은 화산 지대이다. 이 지역이 우수한 포도 재배 지역이라는 것은 뛰어난 불투레 와인만 봐도 알 수 있다. 그리고 원산의 포도 품종, 화산 토양, 오크 숙성 등의 의해 키안티나 바롤로와 다른 스타일의 와인이 되게 한다. 이 와인은 어떤 종류의 육류 요리에도 잘 어울린다.

칼라브리아(Calabria)

이태리 서남부 가장자리에 위치한 칼라브리아는 높은 산과 기름진 계곡, 황무지, 차가운 바람과 열대성 해안으로 서로 상반된 자연 조건을 지니고 있다. 포도를 재배할 수 있는 땅이 많지 않고 대부분이 레드와 로제를 생산하고 있다.

시칠리아(Sicilia)

마피아와 마살라로 유명한 시칠리아는 이탈리아 반도 남서쪽에 위치한 큰 섬으로, 모든 유형의 와인이 이 곳에서 생산된다. 평범한 테이블 와인에서부터 알코올 함유량의 많은 디저트 와인에 이르기까지 150여 종류에 이른다.

· 마살라 와인 : 마살라는 카타라토(Catarrato), 그릴로(Grillo), 인졸리아(Inzolia) 품종으로 만든 와인을 알코올 강화시킨 것이다. 마살라는 트라파니(Trapani), 팔레르모(Palermo), 아그리젠토(Agrigento) 지역에서 주로 생산된다. 이 와인은 드라이, 세미-드라이, 스위트, 매우 스위트하게 만들어진다. 이 지역의 화산토가 마

살라에게 마데라와 비슷한 산도를 준다.

샤르데냐(Sardegna)

이탈리아 본토에서 서쪽으로 멀리 떨어져 있는 샤르데냐는 코르크, 올리브, 포도나무가 무성하게 잘 자라는 섬이다. 샤르데냐는 디저트 와인으로 잘 알려져 있으나 현대적인 방법으로 훌륭한 테이블 와인도 생산된다. 이 지역의 위대한 두 와인은 섬의 남쪽, 찌는 듯한 평원에서 생산되는 누라구스(Nuragus) 화이트 와인과 북쪽에서 생산되는 까논나우(Cannonau)이다.

누라구스 디 칼리아리(Nuragus di Cagliari)는 일반 대중에게 판매되는 것은 알코올 함유량을 12도 정도로 약하게 하며, 화이트 와인 중에서 가장 잘 알려져 있다. 까논나우 디 샤르데냐(Cannonau di Sardegna)는 힘찬 레드 와인으로 섬 전체에서 생산된다. 이 와인은 같은 포도 품종으로 드라이, 세미-스위트, 스위트, 로제로 만들어진다.

3) 독일 와인

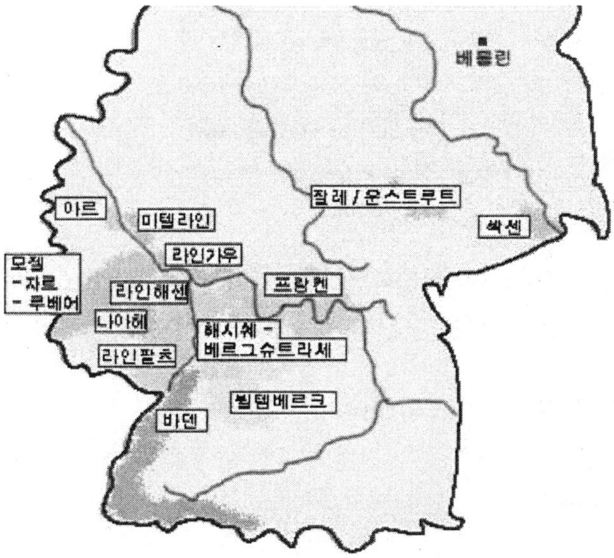

독일 와인의 기원은 고대 로마로 거슬러 올라간다. 고대 로마 사람들은 기원전 100년경에 이 지방을 점령하여 포도재배를 시작하였다. 중세에 와서는 수도원에서 훌륭한 포도원들을 많이 만들기 시작하였으며 포도재배 기술과 와인 만드는 섬세한 기술을 발전시킴으로서 독일 포도재배의 표본을 만들었다. 1803년에 나폴레옹이 라인지방을 점령하고 교회의 포도밭을 분할, 매각하여 포도밭은 개인이나 지방정부의 소유가 되었다. 그럼에도 포도재배 기술은 계속 발전해 왔고 각 지역의 포도주의 명성도 유지되었다. 그 후 오늘날과 같은 고도의 와인의 양조기술에 이르기까지 독일의 와인 양조기술의 진보와 발전은 계속되었다.

독일 와인의 특징에 대해 간단히 언급한다면 화이트 와인의 강국이다. 독일의 포도 지역은 북쪽 한계에 위치해 있지만 화이트와인은 알코올함량이 낮으며 와인마다 각기 다른 향기와 맛의 절묘한 변화를 조성하고 있다. 매혹적이고 섬세한 뉘앙스를 지닌 전 세계인들의 사랑을 받는 와인이다.

■ 독일의 와인 등급

독일의 등급 분류에는도이처 타펠바인(Deutschertaflwein) 란트바인 (,Landwein), 크발리테츠바인 (Qualitatswein), Q.b.A Q.m.P의 네 가지로 분류되며 아래와 같다.

도이처 타펠바인(Deutschertaflwein)

보통 테이블 와인. 설탕 첨가 전의 자연 알코올 함유량이 5%이며, 정상적으로 익은 포도를 원료로 사용한다.

란트바인(Landwein)

타펠바인보다 더 강하고 드라이한 상급 타펠 바인. 20개 특정 지역에서 생산된다.
크발리테츠바인(Qualitatswein)

충분히 익은 포도를 원료로 사용하며 승인된 포도품종으로 생산지에서 발효된 우량 와인이다

· Q.b.A(QualitatsweinbestimmterAnbaugebiete) : 독일 와인의 가장 많은 양이 Q.b.A의 범주에 포함된다. 13개의 포도재배지역에서 생산되고 와인이 그 지역의 특성과 전통적인 맛을 갖도록 보증할 수 있기에 충분할 만큼 인정된 포도로 만들어진다. 가볍고 상쾌하며 풍미 있는 이 와인들을 미숙(未熟)시에도 매일 식사와 곁들여 즐길 수 있는 포도주이다. Q.b.A는 쿠발리테츠바인 베슈팀터 안바우게비테(Qualitatswein bestimmter Anbaugebiete)의 약자로 특정 지역에서 산출되는 중급 품질 와인이다.

· Q.m.P(QualitatsweinmitPradikat) : 특별히 구별되는 품질 등급표가 있는 독일의 최고급 포도주를 포함하는 등급이다. Qualitatswein mit Pradikat의 약자로 설탕을 일체 첨가하지 않은 최고 품질의 와인. 9.5%의 천연 알코올을 함유하며 특정 포도원에서만 생산된다. 이 포도주들은 라벨 위에 6개의 특이한 품질 등급표(Pradikat)중 하나를 붙이게 된다.

독일의 와인 등급

Q.m.P의 품질 등급표(Pradikat)

Pradikat	특징
카비네트 (Kabinett)	잘 익은 포도로 제조하며 섬세하고 가볍다.
슈페트레제 (Spatlese)	정상시기보다 1주정도 늦게 수확, 맛과 향이 더 강하나 달지는 않다.
아우스레제 (Auslese)	잘 익는 포도송이만 수확, 맛과 향이 더 강하나 달지는 않다.
베렌아우스레제(Beerenau-slese)	완전히 익은 포도 알만 골라서 수확, 완숙미와 진한 맛으로 식후용.
아이스바인 (Eiswein)	B. A와 같은 정도의 포도를 밭에서 얼려 수확, 신맛과 단맛이 어우러진 최고급 와인.
트로켄베렌아우스레제(Trock-enbeerenausles e)	건포도에 가깝게 마른 포도송이에서 골라 수확. 향기가 풍부하고 진한 맛의 최고급 와인.

아르(Ahr)

아르 강은 본(Bonn)시 남쪽의 라인강으로 흘러 들어가는 그 양쪽에 험하게 경사진 곳에 퍼져있다. 재배되고 있는 포도품종은슈페트부르군더와 포르투기사의 레드 와인으로서 가볍고 독특한 과실 맛이 나는 레드 와인을 만들고 있다. 화이트 와인용 품종은 강한 리스링과 뮬러-투르가우가 재배되고 있다. 생산되는 와인은 거의 전량이 그 지역에서 소비된다. 아르는 독일의 북서쪽에 있는 작은 강으로, 포도원은 약 25km에 걸쳐서 아르 계곡 주변에 펼쳐져 있다. 계곡이 좁아지고 가파르게 솟은 바위를 휘돌아 아르의 하류에서부터 중간 지점까지 마치 정원처럼 포도나무들이 심어져 있다. 아르 지방의 와인은 슈페트부르군더의 부드러운 것에서 거센 것까지 있다. 가볍고 즐거운 포르투기사도 아르의 특산 와인, 또한 산뜻하고 신선한 화이트 와인도 생산한다.

미텔라인(Mittelrhein)

본(Bonn)시 바로 아래에서 라인강의 양 둑의 남쪽으로 60마일 가량 펼쳐져 있는 미텔라인은 중세의 성곽들과 유적들로 장식된 가파르고 층층의 계단식 포도 농원들이 있는 아름다운 지역이다. 주로 암회색이고, 풍화된 회색의 화강암 토양이다. 켈트족, 튜톤족, 로마인, 훈스족, 스웨덴인, 오스트리아인, 프러시아인, 러시아인, 프랑스인등 많은 민족이 라인강 제방에 역사적인 흔적을 남겼다.

강을 중심으로 수많은 신화와 전설이 만들어 졌다. 과거에도 무역로였고 지금도 내륙 항구를 가진 중요한 산업 항로 중 하나이다. 주요 항구로 발전할 수 있었던 가장 큰 요인은 와인이다. 미텔라인 지방의 와인은 많은 종류가 있지만 대체적으로 신선하며 향기롭고 기운차며 두드러진 포도의 향이 짙은 신맛이 있고 때론 뒷맛이 좋다.

모젤-자르-루베어(Mosel-Saar-Ruwer)

모젤(Mosel)강은 고대 로마도시인 트리어(Trier)의 남쪽에서 시작하여 급경사면의 사이를 구불구불 돌면서 코부렌츠(Koblenz)의 북쪽에서 라인강과 합류한다. 모젤강과 그 지류인 자르와 루베어강 유역지대(流域地帶)의 와인은 향기가 매우 짙으며 색은 엷고, 과실풍미가 담기고 산미가 강한 것이 특징이다. 모젤 지역의 포도 재배자들에게는 포도 재배시 다른 지역보다 더 힘든 일이 하나 있다. 포도원에 석판(Slate)이 깔려 있기 때문에 포도 재배자들은 겨울철에 석판을 걷어 내거나 잘게 부수어야 한다.

그렇다면 매번 이 불편한 석판을 왜 사용하는 것일까?

석판들은 포도원에서 여러 가지 기능을 수행한다. 땅의 습기를 유지시키고 뜨거운 여름에는 낮에 태양열을 간직했다가 기온이 급강하하는 밤에 그 열을 다시 발산하는 기능을 수행한다. 석판이 분해되면 땅을 비옥하게 하는 요인이 된다. 따라서 번거로운 작업이지만 포도 지배자들은 반드시 석판을 주기적으로 채워 놓아야 한다. 모젤 와인을 이해하기 위한 가장 간단한 단어는 석판과 리스링이다. 모젤은 31.530에이커의 면적에서 1,400,000 헥토 리터를 생산함으로써 전체 독일 와인 생산량의 15%를 차지하고 있다. 라인과 모젤은 독일의 전형적인 두 가지 타입의 와인을 대표한다. 이들의 구분은 병의 색깔과 이름으로 할 수 있다. 라인 라인은 병이 갈색(Brown)이고, 모젤은 짙은 초록색(Green)이다. 그리고 라인 와인에는 마을 이름 끝에 하임(Heim)이라는 말이 반드시 온다. 그러나 모젤은 어쩌다 간혹 붙는 경우를 제외하고는 그렇지 않다. 모젤 와인의 특징은 풍부한 향기, 독특한 산미, 자극성, 상품의 과실맛, 섬세한 맛으로 생산된지 1-2년 안에 마시는 것이 좋다.

라인가우(Rheingau)

라인가우는 독일 와인 중에 가장 고급 와인의 생산지이며, 세계 최고의 와인 생산지역 중에 하나이다. 지리적으로는 마인(Main)강에 접하고 이는 호흐하임(Hochheim)과 중류 라인 근처의 로르히(Lorch) 사이에 위치하고 있다. 라인가우는 전체가 하나의 긴 언덕으로 되어 있다. 북쪽은 산림으로 덮인 타우누스(Taunus) 산줄기에 가려져 있고, 남쪽으로는 라인강에 접해 있다. 라인가우는 7,263에이커의 면적에, 2,250명의 포도 재배자가 있다. 이중에 84%가 대부분 소규모로 와인을 생산한다. 그러나 이러한 작은 포도원에서 세계 최고 품질의 와인들이 탄생된다. 생산량이 400병 정도밖에 안되지만 값은 엄청나게 비싸다. 이러한 최상품의 와인들이 이 라이가우의 와인을 빛내고 있는 것이다. 라인 와인은 모젤보다 더 강건하고 향기가 심오하다. 대부분의 라인가우 지역에서는 리슬링을 재배한다. 리슬링은 기후에 대한 독특한 감수성과 토양 변화에 대한 반응으로 라인가우에 가장 잘 맞는 품종이다. 라인가우 와인은 세련된 방향, 독특한 산미, 기품이 넘치는 최고급품이다. 어떤 와인은 봄철의 꽃향기가 나고 어떤 와인은 열대 정원의 자스민 향기를 풍긴다.

나아헤(Nahe)

나아헤는 조그맣고 평화스러운 와인 지역으로, 포도원들은 라인강 어귀로부터 흐르는 나에 강을 따라 15마일에 걸쳐 펼쳐져 있다. 전원풍의 나에 계곡은 좋은 와인 생산지이자 낭만적인 경치를 감상할 수 있다. 이 지역의 토양은 석영암, 점판암, 착색된 사암, 황토 등으로 이루어져 있다. 이 다양한 토양 조건이 와인 맛에 영향을 주어 와인 애호가들은 자기 분위기에 맞는 와인을 찾을 수 있다. 주로 재배되고 있는 품종은 뮬러-투르가우, 리슬링, 실바나로서 일반적으로 라인헤센의 와인과 같이 독특한 맛, 모젤강 와인의 독특한 풍미와 부드러움과 순한 맛을 갖고 있다. 이 곳의 포도 재배 면적은 11,200에이커로서 연간 415,000 헥토 리터를 생산, 독일 전체 생산량의 4,4%를 점유한다.

라인팔츠(Rheinpfalz)

라인팔츠는 북쪽은 라인 헤센, 남쪽과 서쪽은 불란서 국경과 접해 아름다운 자연에 싸여 있는 독일 최대의 와인 생산지역이며, 뮬러-투르가우, 케르나, 실바나, 마리오-무스캇으로부터 만들어지는 부드럽고 향기 높은 맛의 포도주들도 점토와 이탄토(泥炭土)가 혼합된 북방의 토양에서부터 생산되어진다. 석회암과 점토, 황토가 섞인 남쪽의 토양으로부터는 신선하고 강렬한 와인이 태어난다. 라인팔츠는 화이트와인 마시기 편하고 과실맛이 나는 레드 와인들도 유명하다. 매일 마시는 평범한 와인에서부터 최상급의 트록켄베에렌아우스레제에 이르기까지 모든 범위의 와인을 생산한다. 또한 이곳에서는 독일 레드 와인의 25%를 생산해 내고 있다. 레드 와인은 국내에서 소비되며 수출은 거의 되지 않는다.

라인헤센(Rheinhessen)

라인헤센은 언덕의 계곡 안에 있다. 서쪽으로 나아헤강, 북쪽과 동쪽으로는 라인강으로 경계되어 있다. 다양한 토양 형태와 미기후(Micro-climate)로 인해 새로운 이종교배종들과 함께 세 가지 전통적인 백포도종인 뮬러-투르가우, 리슬링, 실바나를 포함해서 많은 포도종이 심어진다. 포루투기사 포도는 가장 중요한 적 포도종이고 잉겔하임 (Ingelheim)주변 지역은 품위 있고 충분히 숙성된 슈패트부르군더 와인으로 알려져 있다. 라인헤센 와인은 수출 시장에서 1위를 차지하고 있는데 이는 유명한 리프프라우밀히(Liebfraumilch)가 영국과 미국에서 인기 있기 때문만이 아니라 여러 다양한 토양조건, 여러 가지 포도 품종이 다양한 와인의 생산을 촉진시키기 때문이다.

프랑켄(Franken)

프랑켄은 독일 포도주 생산지역 중에서 가장 동쪽에 위치하고 있다.

프랑켄 포도 재배지역은 아샤펜부르그(Aschaffenburg)와 슈바인푸르트(Schweinfurt)사이에 위치하고 있으며 포도원은 남쪽을 향해서 마인 계곡의 언덕진 비탈, 마인의 지류 계곡에 있고 또 슈타이거발트의 서쪽에도 약간 있다.부드러운 계곡과 가파른 경사 지역의 기후 조건은 포도 재배에 유리하고, 건조하고 더운 여름과 추운 겨울의 대륙적인 기후는 서리에 대한 주의를 해야한다. 프랑켄의 주요 포도 품종은 최근까지 실바너 였으나 지난 몇 년 동안 물러투르가우가 이어 받았으며 리슬링과 새로운 타입의 포도 품종이 몇 개 더 있다. 연간 350,000 헥토 리터를 생산, 독일 전체 수확량의 3,7%를 차지한다.

둥글고 납작한 파우치 모양의 프랑켄 와인 병은 담겨진 와인이 맛이 다르다는 것을 강조하는데 이는 맛과 향에 의해 확인된다. 프랑켄 와인의 맛이 강건하고 후루티한 것은 자라난 토양의 성질을 말해 준다. 프랑켄 와인 중 뷰르쯔부르거 실바너(Wurzburger Silvanner)는 힘차고 강렬하며, 슈타이거발트는 강건하고, 마인 지역의 뮬러트루가우는 부드러운 향을 지녔다.

헷시쉐 베르그슈트라세(Hessische Bergstrasse)

하이델베르그(Heidelberg)의 양측에 위치하고 서쪽은 라인강, 동쪽은 오덴의 숲(Odenwald)과 접한 지역이다. 여기에서 만들어지는 와인은 맛이 강하며 강한 향기가 있다. 라인가우의 와인보다 맛이 진하며, 산미(酸味)와 고급품은 적다고 한다. 주로 재배되고 있는 품종은 리슬링이며, 풍미가 풍부한 뮬러-투르가우와 섬세한 실바나가 있다. 베르그슈트라세에서 생산되는 와인은 그 양이 많지 않기 때문에 대부분이 그 지역에서 소비된다.

뷔르템베르크(Wurttemberg)

상쾌한 리슬링, 실바너, 트롤링거, 뮬러투르가우가 주로 재배된다. 뷔르템베르그는 다른 지역과 다른 점은 광활한 포도원이 있는데도 이상하게도 독일 외의 지역에는 잘 알려지지 않았다. 이 곳의 연간 생산량은 900,000헥토 리터로 독일 전체 수확량의 9.5%를 차지한다. 이 곳 와인의 특성은 강한 과일향과 독특한 흙에서 나오는 향이 있다.

바덴(Baden)

햇볕이 충분한 바덴은 독일의 가장 남쪽에 위치한 포도 재배 지역이다. 바덴은 한 지역으로 되어 있는 것이 아니라 서로 다른 지역들이 합쳐서 7개의 바데너(Badener) 지역을 형성한다. 지리적으로 기후와 토양 조건의 차이가 큰 이 지역에서는 위도와 토양 조건에 따라서 다양한 와인을 생산하고 있다. 부드러운 실바너 에서부터 가볍고 풍미 있는 구테델(Gutedel), 깊은 맛의 룰랜더(Rulander), 그리고 매혹적인 로제 와인, 바이스헵스트(Weissherbst) 와 레드 와인까지 생산한다. 바덴의 와인 스타일은 모젤과 많이 상반되어 있다. 그리고 이 지역은 라인 지역보다 3배나 습도와 안개가 많다. 그것은 보스게스(Vosges)산이 우산처럼 둘러싸고, 안개와 비가 많은 블랙 포레스트(Black Forest) 기슭에 위치하는 데서 받는 영향이다. 바덴의 포도원들은 블랙 포레스트와 라인 계곡 사이 130km에 걸쳐서 폭이 좁고 길죽하게 형성 되어 있으며 카이저슈툴(Kaiserstuhl)과 투어 베르그가 포도 재배 지역으로 유명하다. 이 지역에서 뮬러 투르가 전체의 30%를 차지하며, 슈패트부르군더 18.6%, 룰랜더 12.5%, 그리고 리슬링은 7.4%밖에 되지 않는다. 바덴 사람들의 1인당 년간 와인 소비량은 53병이고 전 독일 평균소비량은 1인당 32병이다.

잘레/운스트루트(Saale/Unstrut)

잘레/운스트루트는 포도 재배와 와인 양조의 긴 전통을 가진 독일의 포도재배 양조지역들 중 가장 북쪽의 위치하며 대부분 소규모이다. 포도 덩굴들은 로맨틱한 잘레강 계곡의 시작부와 Freyburg 마을 근처의 언덕에 심어진다. 잘레와 운스트루트강의 따뜻한 계곡에서 뮬러-투르가우, 실바나 그리고 바이스부르군더(Pinot Blanc) 포도들이 재배되고 부드러운, 단맛이 적은 화이트와인으로 만들어진다. 기후적 조건으로 인해 슈페트레제 Spatlese와 아우스레제 Auslese급 와인은 매우 드물다. 그러나 QbA와 카비네트 kabinett 와인은 미숙할 때 훌륭하다.

싹센(Sachsen)

작센은 그 포도원 대부분이 엘베강의 언덕진 경사면에 위치해 있고 독일 포도재배지역 중 가장 동쪽에 있다. 이 지역은 남쪽의 Pillnitz로부터 약 30마일 범위의 Dresden, Radebeul과 Meissen 까지 뻗혀 있다. Dresden과 Meissen의 문화, 역사적 중심지들은 매년 많은 방문객을 끈다. 작센 지역의 대부분의 와인이 그 지역에서 소비된다.

뮬러-투르가우, 바이스부르군더(Pinot Blanc)그리고 트라미나(Traminer) 포도로 만들어지는 와인은 달지 않고 포도향의 신맛이 있는 개성이 가득하다. 몇 가지 부드러운 와인과 몇몇 스파클링은 이 지역의 특산품들이다.

4) 캘리포니아 와인

진정한 와인 혁명은 지난 30년 사이 아메리카 대륙에서 일어났다.

아메리카는 원시 시대부터 비티스종의 포도 식물이 널려 있었지만 그 어느 것도 유럽인의 취향에 맞는 와인을 만들기에는 부적합했다. 1524년에 멕시코는 수입한 포도나무로 포도경작지를 조성하기도 했으나 구체적인 결실을 얻지는 못했다. 19세기 중반에 와서야 포도나무가 멕시코에서 태평양 연안을 따라 북쪽으로 옮겨가 캘리포니아를 지배하게 되었다. 짧은 경력에도 불구하고 1870년경 이미 캘리포니아의 와인 산업은 당시 세계 최대 규모의 와인 양조장을 건설할 계획을 세울 정도로 발전하였다. 그러나 19세기 말 포도 전염병과 20세기 초 내려진 금주령 때문에 무산되고 말았다. 1940년대와 50년대에 들어서며 이곳의 와인 산업은 새로운 전성기를 맞게 된다. 캘리포니아 포도 경작의 창시자인 헝가리 출신 하라치(Haraszthy)라는 사람이 소노마(Sonoma) 계곡에 세운 부에나-비스타(Buena-Viata)양조장이 부활된 것도 이 시기이다. 현재 미국 와인 생산량의 90%를 차지하는 캘리포니아에는 800여 곳의 와인 양조장이 있으며, 놀라울 정도로 균일한 품질의 와인을 생산해내고 있다. 유럽은 전통적으로 포도밭에 등급이 있고 제조방법 또한 법으로 규제하고 있어 새로운 시도가 불가능하지만 미국은 현대적인 포도 재배 및 양조 기술을 최대한 활용, 다양한 실험을 통해서 품질 좋은 와인을 생산하고 있다.

미국의 경우 고급 와인은 버라이어털(Varietal)와인으로 분류되는데, 원료가 된 포도 품종 자체를 상표로 사용하는 것이 특징이다. 다만 그 품종이 반드시 75%(1983년 이전에는 51%)이상 와인 생산에 사용되야 한다.

버라이어털 와인과 구별되는 고급 와인으로 메리티지(Meritage)와인이 있다. 이 와인은 카베르네 소비뇽이나 메를로 같은 프랑스 보르도 지방산 품종만을 적당한 비율로 섞어 만든다.한 품종의 사용 비율이 75%를 넘지 않기 때문에 포도 품종을 상표로 사용하지 못한다. 이 와인은 미국의 유명한 와인 생산업체들이 프랑스 보르도 지방의 특급 와인에 도전하기 위해 만들기 시작했는데, 각 업체별로 연간 30만 병 이상을 생산하지 않는다. 일부 회사의 경우 리저브(Reserve)라는 단어를 라벨에 표기하는데, 법적 구속력은 없지만 오랜 숙성을 거친 프리미엄급 와인임을 뜻한다.값싼 일반 와인은 제네릭(Generic)와인으로 분류된다. 이 와인은 부르고뉴, 샤블리와 같은 프랑스의 유명한 와인 생산지 명칭을 그대로 상표에 사용해 그곳 스타일과 비슷한 와인이란 이미지를 준다.

미국에서는 주로 프랑스 포도 품종이 재배되는데, 진판델(Zinfandel)은 캘리포니아 고유 품종으로 미국산 와인의 개성을 잘 나타낸다. 처음에는 대중적인 저그 와인용으로 만들어지다가 품종을 꾸준히 개량해 지금은 고급 레드 와인용으로 쓰인다. 카베르네 소비뇽, 메를로, 샤도네이, 소비뇽 블랑등이 많이 쓰이는 포도 품종이다.

■ 주요 생산 지역

북부 해안 지역(Northern California coast)

· 레이크 (Lake County) : 대양으로부터 내륙의 윗 쪽에 위치하고 있으며 3,000에이커의 포도재배 지역이 있다. 카베르네 소비뇽 종류가 1,500 에이커로 제일 넓은 지역을 차지하고 있으며 레이크 지역에는 'Clear Lake'와 이보다 훨씬 적은 규모인 'Guenoc Vally'의 2개의 AVAs(포도 재배 허가 지역) 가 있다.

· 소노마벨리(Sonoma Valley) : 소노마는 캘리포니아에서 가장 역사가 깊은 와인 고장이다. 이 지역은 미국 와인의 본 고장으로서의 모든 분위기를 갖추고 있다. 기후와 토양은 세계적 품질의 와인을 만드는데 이상적이다. 서늘한 안개와 바닷바람이 융화되는 따뜻한 여름은 성장기를 길게 하며, 품종 특성을 향상시킨다. 소노마 계곡의 풍부하고 독특한 토양은 와인에 매우 특별한 특성을 부여한다. 1973년 소노마에는 20여개의 양조장이 있었으나 5년 후 1978년에는 55개로 늘었고 지금은 130여 개로 늘었다. 새로운 포도원이 생겨나면서 상급 와인의 판도가 변화되고 있다. 우아하고 균형 잡혀 있으며 복합 미묘함을 지닌 뛰어난 와인에 대한 요구는 상급 와인에 더 현저하게 나타나고 있다.

· 소노마 밸리의 와인 생산지 : 소노마 밸리에는 모두 8개의 와인 생산지역이 있고 기후와 토양에 따라 모두 조금씩 차이가 나는 와인을 생산하고 있다. 9개의 생산 지역은 소노마 마운틴(Sonoma Mountain), 드라이 크릭 밸리(Dry Creek Valley), 알렉산더 밸리(Alexander Valley), 나이츠 밸리(Knights Valley), 러시안 리버 밸리(Russian River Valley), 초크 힐(Chalk Hill), 소노마 카운티 (Sonoma County), 카네로스(Caneros) 이다.

· 나파벨리(Napa Valley) : 나파는 남쪽의 산 파블로 베이(San Pablo Bay)에서 북쪽의 칼리스토가(Calistoga)까지 길이 30마일 폭 3마일에 걸쳐 펼쳐져 있다. 동쪽은 가파르고 울퉁불퉁한 지형의 능선으로 되어 있어 강한 햇볕을 받는다. 그러나 서쪽은 산으로 둘러싸인 서늘한 삼림 지대로 되어 있다.

나파는 미기후(micro climate)의 대표적인 곳이다. 이상하게도 이 지역에서는 북쪽으로 갈수록 더 따뜻해진다. 이러한 현상은 산 파블로 만에서 오는 해양 기후의 영향이다. 나파의 카네로스(Carneros)와 욘트빌(Yountville)에는 서늘한 기후에 적합한 샤도네이와 피노 느와가 재배된다. 욘트빌에서 세인트 헬레나까지는 매우 중요한 포도원들이 밀집되어 있는데 이 곳에서 나파의 가장 훌륭한 카베르네 소비뇽이 생산된다. 나파 밸리의 포도 생산 지역은 모두 8개 지역이고 역시 지역에 따라 조금씩 와인의 맛과 향이 차이가 난다.

8개의 지역은 다음과 같다.

나파 밸리(Napa Valley), 카네로스(Caneros), 스프링 마운틴 디스트릭트(Spring Mountain District), 마운틴 비더 (Mount Veeders), 루더포드(Rutherford), 오크빌(Oakville), 하웰 마운틴(Howell Mountain), 스태그 립 디스트릭트 (Stag Leap District), 아틀라스 피크 (Atlas Peak), 와일드 홀스 밸리 (Wild Horse Valley)

· 카네로스(Carneros : 스페인어로 "양") : 소금기가있는해풍과안개에의해여름에서늘하기때문에나파의부르고뉴라고불린다. 샤도네이와 피노느와 같은 부르고뉴 포도 품종이 이곳에 적합하다. 카베르네 소비뇽은 이곳에서 잘 되지 않는다.

· 마운트비더(Mount Veeder) : 욘트빌의 왼쪽, 나파의 서쪽 측면에 위치하고 있으며 나파에서 가장 높은 지대로 독특한 와인을 생산해 낸다. 45에이커의 마야카마스(Mayacamas) 포도원은 계단식으로 되어 있고 안개조차 포도원에 미치지 못한다. 포도는 계곡에 있는 것보다 1주일 먼저 익으며 산도가 강하다. 카베르네 소비뇽이 특히 뛰어나며 샤도네이, 소비뇽 블랑도 훌륭하다. 마야카마스에서 멀리 떨어지지 않은 곳에 새로 조성된 헤스 콜렉션(Hess Collection) 포도원이 있다. 캘리포니아 최상급 카베르네 소비뇽을 생산하며 샤도네이도 훌륭하다.

· 멘도치노(Mendocino) : 이곳은 캘리포니아에서도 가장 최북단에 있는 포도 재배 지역이며, 언덕이 계곡보다 높기 때문에 언덕 아래의 계곡은 더 건조하고 따뜻하다. 이곳의 와인은 진하며 레드 와인인 까리냑, 카베르네 소비뇽, 피노느와, 진판델, 프티 쉬라는 오히려 부드럽다. 이곳에서 가장 오래되고 유명한 포도원은 파두치(Parducci)이며 캔달-잭슨(Kendall-Jackson)은 현재 멘도치노에서 뿐만 아니라 캘리포니아 전체에서도 가장 주목받고 있는 양조장 중의 하나이다.

남부 센추럴 연안 (South Central Coast)

북쪽에서부터 남쪽으로 내려오면서 파소 로블즈(Paso Robles), 에드나 벨리(Edna Valley), 산타 마리아 벨리(Santa Maria Valley), 그리고 산타 이네즈 벨리(Santa Ynez Valley)가 위치해 있다.

북부 센추럴 연안 (North Central Coast)

샌프란시스코만에서 몬트레이에 이르는 지역으로 주요 생산지로는 몬트레이(Monterey)와 리버모어 밸리(Livermore valley)가 있다. 이 곳의 기후는 일반적으로 따뜻한 기후이지만 포도 재배에 적합한 마이크로 클라이미트 지역이다.이 지역 와인의 특징은 몇몇 메이저 회사가 생산 시설의 기계화, 대량화의 주도로 그다지 부담스럽지 않은 가격대의 품질이 괜찮은 와인을 생산하고 있다는 점이다. 이곳에서 주로 재배되는 포도 품종은 바베라, 카베르네 소비뇽, 카리냥, 샤도네이 등 주로 프랑스 품종이 많이 재배된다.

· 몬터레이(Monterey) : 몬터레이는 사실 60년대까지 와인 생산지로 인식되지 못했다. 60년대 들어서 U.C.Davis의 연구 결과 이 지역이 다양한 포도 품종을 재배할 수 있으며, 프리미엄급의 와인을 생산해 낼 수 있는 지역임을 깨닫게 되어 그 때부터 이 지역에 와인 회사와 양조장이 들어서게 되었다. 현재 몬터레이 카운티는 북미 최대의 프리미엄 와인 생산지 중의 하나로 손꼽히고 있다. 몬터레이 지역 내에서도 다양한 기후 변화가 일어나 여러 가지 포도 품종이 자랄 수 있는 지역이다. 특히 몬터레이 지역 중에서도 Monterey AVA (American Viticultural Area)는 마이트로 클라이미트의 영향으로 부드럽고 마시기 쉬운 레드 와인이 많이 생산된다. 이 지역의 주요 메이저 생산회사로는 델리카토(Delicato), 캔달 잭슨(Kendall-Jackson), 웬테 (Wente), 몬테라(Montera) 등이 있다.

중앙 내륙 지역 (Central Valley)

이 광대한 지역은 길이 654km 폭 150km에 이르며 무기질의 풍부한 토양을 갖고 있다. 미국내에서 부담 없이 매일 마실 수 있는 와인들이 이 곳에서 생산되고 있다. 캘리포니아 와인의 80%를 이곳에서 생산하며 토양은 매우 비옥하며 평지로 되어 있다. 과수원들은 포도 나무로 이루어져 있고 이 포도 중에는 식용과 건포도용, 그리고 와인용 포도가 있다. 이들 포도는 만약의 경우에 어느 용도로도 쓰일 수가 있다. 기후는 항상 무더우며 태평양의 어떠한 영향도 이 곳에는 미치지 못한다. 이러한 기후로 인해 자연적으로 생산되는 포도는 당분 함유량이 높고 산도가 거의 없다.

5) 포르투갈 와인

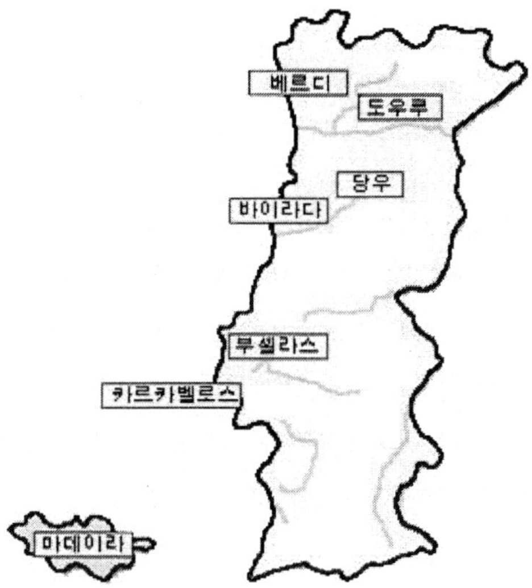

포루투칼 와인산지의 포도원은 주로 고원지대에 많이 위치하고, 길고 무더운 여름, 강우량도 많아 포도 재배에 적당한 기후 조건을 가지고 있다. 특이한 와인인 포트(Port) 와인, 마데라(Madeird) 와인, 로제 와인이 유명하다. 포루투칼에서는 헤지앙 데마르까다(Regian Demarcada)라는 법이 있어 와인의 품질을 관리한다. 헤지앙 데마르까다는 지역 한정 관리를 뜻하는 말로 프랑스의 A.O.C.와 비슷한 법으로 7개 지역을 지정하여 관리하고 있다. 여기에서는 포루투칼 와인의 대명사 포트에 대해서 알아보기로 한다.

디저트 와인의 대명사 포트(PORT)

식사가 끝난 후 치즈나 케이크을 곁들여 마시는 디저트 와인으로 부드럽고 단맛이 나는 포트가 있다. 포트는 세리와 함께 대표적인 주정강화 와인이다. (주정강화 와인 : 일반 와인에 일정량의 브랜디를 첨가해 알코올 함량을 17-21%로 높인 와인) 포트라는 이름은 포르투갈의 수도 리스본 다음으로 큰 항구도시인 오포트(Oporto)에서 포트 와인을 실어 나르면서 유래되었다.포트의 원산지는 포르투갈의 중 북부에 위치한 도우루(Douro)지역의 계곡에서 생산된다. 포트는 대부분이 레드 와인으로 제조하는데 일부 화이트 와인으로 만들기도 한다. 포트는 발효가 진행되는 동안 알코올 함량이 75% 정도인 브랜디를 첨가하여 만든다. (발효가 끝난 후 브랜디를 첨가하는 세리와는 대조적) 포트의 경우 발효 중 브랜디가 첨가되는데 이때 효모가 죽으면서 포도즙의 발효가 멈춘다. 발효가 중단된 상태이기 때문에 당분이 남는다. 포트에서 단맛이 느껴지는 것은 이 때문이다. 포트는 일반 와인보다 발효기간이 짧기 때문에 색소와 탄닌 등 포도 껍질과 씨에 함유되어 있는 각종 성분을 빨리 추출하는 것이 중요하다. 포트는 숙성을 어디에서(오크통 또는 병 속) 하느냐에 따라 분류된다.

빈티지 포트(Vintage Port)

이 와인은 그해 수확한 포도만을 사용하여 만든 포트이다. 와인을 완성시킨 후에 오트통에 담아서 항구도시인 빌라 노바 데 가야(VILA NOVA DE GAIA)로 옮겨서 2년 동안 숙성시킨다. 한때는 오크통에 담겨 있는 빈티지 포트를 영국으로 수출하여, 영국 업자들이 병에 넣었는데, 1974년부터는 전량 포르투갈에서 병에 담는다. 알코올 농도는 21%이며 병에서도 천천히 숙성되므로, 10년, 20년 보관 후에 개봉하면 맛이 훨씬 더 부드럽게 된다.

우드 포트(WOOD PORT)

우드 포트는 빈티지 포트와는 달리 오르지 오크통에서 숙성되어 병입된 후 바로 소비된다. 따라서 디켄팅 작업이 필요치 않으며 침전물은 (SEDIMENT)은 오크통에 남아 있다. 우드 포트는 각 생산 회사에 따랄 성격과 질이 결정되며 대부분의 우드 포트는 각기 다른 해외 와인을 혼합하여 만들어진다. 따라서 제조자(BLENDER)의 기술과 경험이 무엇보다도 중요시 된다.

우드 포트의 종류

- 루비포트(Ruby Port) : 가장 가격이 저렴하며 빈티지에 상관없이 레드와인으로 만든 색깔이 짙은 포트로서, 색깔이 짙고 맛도 신선하며 생동감이 있다. 오크통에서 3년정도 숙성시키며, 시장에 출하할 때 상표에 소유자 명칭을 표시한다.
- 타우니 포트(Tawny Port) : 붉은 색깔이지만 색깔이 옅은 포도를 섞어서 만들기

때문에 약한 호박색을 띤다. 루비포트 보다는 맛이 부드럽다. 싼 것은 오크통에서 3-4년 숙성시키고 비싼 것은 8-10년 숙성시킨다.

· L.B.V(LateBottledVintage) : L.B.V포트는 빈티지 포트처럼 특정 년도의 포도만을 사용한다. L.B.V 포트가 빈티지 포트와 구별되는 점은, 빈티지 포트는 오크통에서 2년간 숙성 후 주입하여 병에서 오랫동안 숙성시키는 반면, L.B.V 포트는 오크통에서 최소 4년, 최고 6년 동안 숙성시킨다. L.B.V 포트는 오크통에서 숙성 후 병입 되어 바로 소비된다. 따라서 디켄팅 작업 (병 속에 있는 침전물을 거르는 일)이 필요치 않다. 특히, 그라함스 L.B.V포트는 풍부한 과일향과 오크통 숙성과정에서 얻어진 부드러운 맛이 짜임새 있게 조화된 특급 포트이다.

· 화이트 포트(White Port) : 백포도를 원료로 하여 만든 것으로 발효과정을 거쳐서 브랜디를 첨가하여 강화시킨 와인으로 식전후 잘 어울리는 드라이 화이트 와인이다. 포르투갈 자국 내에서는 스위트하게 만들어 소비하기도 한다.

■ 포루투칼의 주요 와인 산지

베르디(Verde) 지방

포르투갈 와인 중에서 가장 맛이 좋고 깔끔한 와인 중 하나가 비뉴 베르드(Vinho Verde)이다. 비뉴 베르드는 그린(Green)와인이라는 뜻이지만 실제로는 비뉴 마두라(Vinho Madura)의 상 개념으로 "영(Young)와인"이라는 뜻이다.이 와인은 그린색 와인이 아니고 다른 와인들처럼 화이트, 레드, 로제가 있다. 가볍고 약간 신맛에 신선하고, 거품이 나기도 하며 좋은 향기에 알코올 함유량이 8-10%이다. 사용되는 다양한 포도는 사과산이 강하고 당도가 매우 낮다. 가볍고 맛이 좋으며 또 갈증 억제의 효과도 있어서 음료수 대용으로 많이 마시기도 한다. 2년 정도 지나면 산화되기 시작하기 때문에 신선한 상태에서 마시는 것이 좋다.

도우루(Douro) 지방

도우로강은 험악한 산악지대가 많으며 짙은 색의 풍부하고 부드러운 포트 와인을 생산한다.

당우(Dao) 지방

포르투갈의 중심지이며 중후한 향과 맛을 지니고 있다. 레드는 부르고뉴, 화이트는 알사스 타입이다. 오래 숙성한 고급 레드 와인은 르제르바스(Reservas)라고 표기한다.

바이라다(Bairrada) 지방

이 지역은 포르투갈의 중요한 새 와인 생산 지역이다. 리스본과 오포르투를 연결하는 하이웨이 사이에 위치한 전원적인 지역이다. 다옹의 화강암 언덕들과 대서양 연안 사이의 대부분의 지역으로 이루어져 있다. 바이하다의 낮은 언덕들은 짙은 석회석과 점토로 이 토양이 와인의 진한 맛, 전통적인 포르투갈의 레드 와인에 자극적인 맛을 내게 한다.

부셀라스(Bucelas)

리스본의 바로 북쪽 마을로 예전에는 아린토(Arinto)포도로 만들었다. 드라이하고 매우 뚜렷한 향과 특성을 가진 이 와인은 엷은 황금색으로 숙성 될수록 좋은 향기를 가진다.

카르카벨로스

리스본의 서쪽에 있는 대서양 연안의 작은 마을이다. 이 지역에서는 라미스코(Ramisco)포도를 재배하는데 깔끔하고 농도가 매우 짙으며 루비 색이 나는 레드 와인을 생산한다.

마데이라(Madeira)

마데이라는 포르투갈령의 섬으로 아프리카 서북부 대서양에 있다. 화산토양에서 재배되어 매우 독특한 향을 지니고 있으며 드라이한 맛의 정도에 따라 여러 종류의 마데이라가 있다. 마데이라는 마데라섬 고유의 제조 방법으로 만든 와인으로 보존 기간이 길며 세리(Sherry)와 포트(Port)의 사촌이라 할 정도로 비슷한 점이 있으나 제조과정은 조금 다르다. 마데이라는 먼저 드라이 와인을 만든 후 탱크에서 섭씨 50-60도의 온도로 3-4개월동안 가열한다. 이때 와인은 누른 냄새가 나고 마데이라 고유의 특성을 얻게 된다. 이후 증류주를 첨가해 알코올 함유량을 18-20%로 높이고 오크통에서 3년 동안 숙성시킨다. 숙성은 에스뚜화젱 과정을 거친다.

· **에스뚜화젬(Estufagem)** : 에스뚜화젬 과정을 발견한 것은 모든 과학적 발견이 그러하듯이 우연이었다. 마데이라를 팔기 위하여 배에다 싣고 열대지방을 항해하며 아프리카와 서인도 제도, 동인도 제도를 돌아다녔다고 한다. 그러나 이 시기가 Napoleon(1769-1821) 시대였기에 영국과 프랑스가 전쟁을 할 당시여서 와인이 잘 팔리지 않아 팔다가 남은 와인을 배에 싣고 되돌아 왔다. 되돌아와 팔다 남은 와인 맛을 보니 처음 떠날 때 보다 맛과 향이 더욱 좋아진 것을 알게 되었다. 원인을 분석한 결과 무더운 열대지방을 오랜 기간 항해하는 동안 와인이 자연적으로

숙성 되었음을 알게 되어 에스뚜화를 이용하게 된 것이다. 주정강화 와인 마데이라는 드라이와 스위트한 두가지 맛으로 만드는데 스위트 와인은 에스뚜화(estufa :가열실)에 들어가기 전에 브랜디를 첨가하며 드라이 와인은 에스뚜화에 들어가 에스뚜화젬을 마친 후에 브랜디를 첨가한다.

마데이라의 종류

- 서셜(Sercial) : 아몬드의 맛과 향이 약간 나는 드라이 와인으로 차게 냉각 시켜 식사 전후로 잘 어울린다. (당분 2-3%)
- 베르델류(Verdelho) : 황색의 약간 단맛이 나며 연기와 같은 냄새가 나는 Soup과 잘 어울리는 고전적 타입의 와인이다.
- 부알(Bual) : 짙은 밤색의 단맛의 나는 와인으로 디저트 와인으로 적격이다. (당분 8-10%)
- 말루지(Malmsey) : 짙은 갈색의 단맛이 강한 와인으로 디저트 용도로 잘 어울리는 와인이다. (당분 10~!4%)
- 레인워터(Rainwater) : 서너가지의 마데이라를 혼합하여 병에 담겨지며 상표에는 전통적으로 e.g 마크가 있다.

6) 스페인 와인

스페인에는 로마시대 이전부터 포도가 재배되었다. 3,000년 전,용감한 페니키아 사람들이 스페인에 그들의 무역 거점을 세웠다는 것이 기록에 남아 있다. 로마 점령기에는 스페인과 로마 사이에 활발한 교역이 있었다. 폼베이의 폐허에서 발견된 스페인산 와인 주전자(Wine Jar)는 이 모든 것을 말해 준다. 8세기에 스페인을 정복한 무어인(Moor : 아프리카 북서부의 이슬람교를 믿었던 종족)들의 통치 기간에도 포도 재배는 번창했다. 이 기간에 증류기(Pot Still)가 사용되었다. 서기 900년경에 알코올 강화 와인(세리)이 만들어진 것으로 추정되고 있다.

스페인의 포도밭의 면적은 160만 ha로서, 넓이로는 세계 제1이지만, 생산량은 300-400만 kl로서 이탈리아나 프랑스의 약 60% 정도이다. 이는 포도가 다른 작물과 혼합 재배되고 있는 경우가 적지 않기 때문이다. 스페인의 경우 스페인 독자적인 포도품종이 많기 때문에, 200종 이상의 포도품종이 재배되고 있지만, 일반적으로는 Airen(아이렌)종 외에 7개 품종이 전체의 7할 가까이 차지할 정도로 넓은 지역에서 재배되고 있다. 산지의 개성을 나타낼 수 있는 와인의 생산지 호칭은 다른 나라보다 뒤늦게 1926년 Rioja(리오하)를 시점으로 시작되었다. 그 후 1933년 Jerez(헤레스)가 명산지로서 정비되고 특히 1970년에는 개정되어, 전국적인 원산지 호칭법(Denominaciones de Origin 약어로 D · O)이 제정 되었다. 그러나 이 법이 제정되었음에도 불구하고 , Rioja나 Jerez 등의 몇 개 지구를 제외하곤, 품질에서 아직 엄격한 관리가 행하여지고 있지는 않다. 하지만, 최근 EC에의 가맹으로 EC위원회의 '87년 규정에 따라 France의 A.O.C와 같은 관리를 행하게 됨으로써, 본격적인 정비의 강화가 전개되고 있다. 그에 따라 현재 39개의 DO 지구가 제정되었고, 와인에 각각의 토지의 전통에 기초한, 생산지구, 포도품종, 토양, 양조, 숙성방법, 알코올 농도 등의 화학 분석식, 관능검사 등을 규정해서 품질향상을 도모하고 있다. 앞으로 더 발전될 가망성이 많은 곳이다.

■ 주요 생산 지역

라만차(La Mancha)

돈키호테로 유명한 곳이기도 한 라만차는 스페인의 중부, 마드리드의 바로 남쪽에 위치한다.포도 재배 면적이 가장 넓어 많은 와인이 생산된다. 라만차 평원에서 생산되는 많은 와인이 발데페냐스(Valdepenas) 마을 이름을 사용하고 있으며 이들은 13도 정도의 높은 알코올 함유량을 지닌 엷은 레드 와인으로 레드 센시벨(Cencibel)과 화이트 아이렌(Airen) 포도를 혼합하여 만들어진다. 이러한 혼합으로 최고의 발데페냐스 와인은 강건하면서도 과일향이 많은, 섬세한 맛을 낸다.

패네데스(Penedes)

카탈로니아 지방의 중심지인 바르셀로나에서 멀지 않으며 바다와 산을 끼고 있어 아주 상이한 기후지대에 걸쳐 있는 패네데스(Penedes)지역은 세계 최고의 발포성 와인, 즉 샴페인 방식으로 생산되는 까바(Cava)로 유명하다. 그러나 국제적인 명성을 얻게 된 것은 레드 와인으로, 그 중에서 카탈로니아 지방의 와인 개척지 미구엘 토레스(Miguel Torres)의 그랑 코로나스(Gran Coronas)가 유명하다.

리오하(Rioja)

스페인에서 훌륭한 레드 와인을 생산하는 최고 산지는 자라고자(Zaragoza)의 서쪽에 위치한 에브로(Ebro)강 유역이다. 인접 지역인 프랑스의 보르도에 포도 전염병이 만연하여 상인들이 보르도를 대체할 만한 지역을 물색할 때 발견된 곳이다. 리오하(Rioja)지역의 대표적인 포도종은 템프라닐로(Tempranillo)이지만 항상 가르나차(Garnacha) 포도와 섞어 와인을 빚는다. 리오하 와인은 지역에 따라 특성이 전혀 다르다. 리오하 바하(Rioja Baja)지역의 와인은 알코올 함량이 높고 맛이 밋밋하며, 리오하 알라베사(Rioja Alavesa) 지역의 와인은 숙성이 짧아 금방 마실 수 있고 과일맛이 풍부하며, 리오하 알타(Rioja Alta) 지역은 고급 와인 생산의 주심이다.

헤레즈 델 라 프론떼라(Jerez de la Frontera)

스페인의 가장 남쪽 안달루시아(Andalucia) 지방에 위치한 헤레스 델 라 프론데라는 3,000여 년 동안 무역 거점 도시였으며 여러 세기 동안 이곳에서 생산되는 와인은 명성을 지니고 있다. 400여 전 이곳 와인을 영국에 수출하기 위해 술통에 상표를 붙였다. 이 지방에서 생산되는 가장 유명한 것이 바로 세리이다.

■ 세리(Sherry)

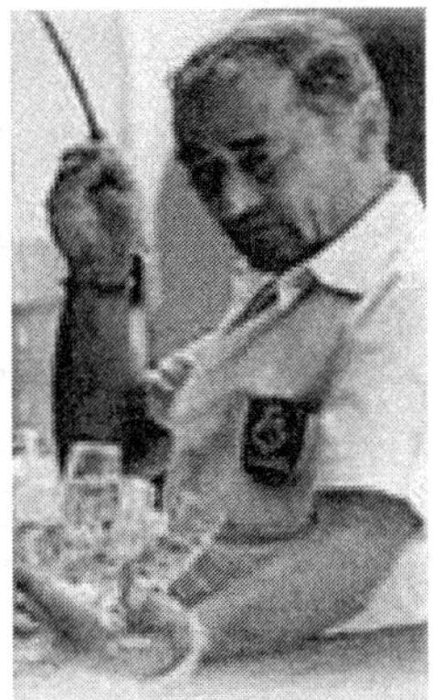

피노 세리(Fino-Sherry)는 엷은 색을 띠며 단맛이 없는 드라이한 맛이다. 알코올 도수를 15%로 높인 것이고, 질감이 중후한 올로로소(Oloroso) 종류는 알코올 도수를 18%로 높인 것이다. 통 속 저장은 솔레라(Solera)라고 하는 독창적인 방식을 따르는데 이 방식은 와인 통에 '크리아데라'라고 하는 저장실에 3층으로 쌓아 놓고 매년 가장 아래층에 있는 통에서 4분의 1 정도의 와인을 병에 채워 넣는 것이다. 모자라는 양만큼의 와인은 2층의 통에서 채우고, 2층에 생기는 빈 공간은 또 3층의 통에서 내려오는 와인으로 보충함으로

써 언제나 좋은 맛을 지니게 한다.

■ 세리의종류

휘노(Fino)

매우 맑고 우아하며 방향이 나면서도 연하고 신선한 맛이 나는 Dry Wine이다. 대부분의 Sherry는 마실 때 실내온도로 많이 마시는데 약간 차게 해서 마시는 것이 좋다.

아몬티야도(Amontillado)

Fino를 일정기간 숙성시킨 것으로 숙성과정에서 색이 호박색으로 변하였고 짙은 맛에 알코올 도수도 Fino 보다 2~3도 높으며 약간의 단맛이 나는 Medium Sweet 형의 Sherry이며 많은 양은 아니지만 24~25도에 이르는 알코올 도수가 높은 것도 있다.

만시니야(Manzanilla)

Fino를 숙성 시킨 Sherry이며 이 술을 생산하는 Sanlucar de Barrameda 지방은 해안지대로 해풍에 영향을 받아 Sherry에 독특한 맛을 나게 하며 마시고 난 다음 뒷맛이 약간 쓴맛을 느끼는 것으로 자국 내에서 많이 소비하며 많은 애주가들에게 좋은 술이다.

올로로소(Olorso)

짙은 황색의 짙은 맛이 나면서도 견과 맛이 함께 나는 알코올 도수가 Fino보다 높은 술이다. Olorso는 생산할 때 Dry하게 생산되어 자국내에서는 Dry Wine으로 소비되지만 수출하는 것은 Sweet하게 만들어 수출한다.

아모로소(Amoroso)

Sherry의 소비가 가장 많은 영국 사람들의 취향에 맞추어 짙은 갈색에 단맛이 나는 술이며 Amoroso보다 더 짙은 색이 나는 것을 Brown Sherry라고 하며 Brown Sherry는 단맛도 Amoroso보다 강하게 난다.

크림 쉐리(Cream Sherry)

스페인의 Jerez에서 생산한 Sherry를 영국 서남부의 항구도시 Bristol에서 수입하여 넣고 다시 가공한 것으로 단맛이 강하게 나는 것으로 미국에서도 많은 소비를 한다.

팔로 코르타도(Palo Cortado)

이 Sherry는 대풍년이 든 해에만 생산이 되는 Vintage Wine으로 매년 생산이 되지 않으며 발효를 낸 후 20년 이상을 숙성시킨 후 판매되는 것으로 품질이 매우 우수한 것으로 생산이 수요를 따르지 못한다.

홀로르(Flor)

영어로 플라워링(Flowering)이라고 하는데, 와인의 표면에 떠 있는 효모 막으로서 6mm정도의 두께를 유지한다. 이것은 발효에 의해 생겨나는 천연 효모와 같은 것이다. 이 홀로르는 봄가을에 강하게 나타난다. 홀로르는 토양, 기후와 함께 쉐리의 독특한 개성을 형성하며, 성장과 숙성을 돕는다.

루에다(Rueda)

사모라(Zamora)에서 아란다 데 두에로(Aran da de Duero)로 흘러 들어가는 두에로 강과 그지류가 이루는 좁은 계곡의 바야돌리드(Valladolid) 주변에는 오래 전부터 와인 양조 전통이 내려오고 있다. 이는 포도에 좋은 사나운 기후 때문이 아니라 더운 지방의 갈증에 따른 수요 였다고 보여진다. 바야돌리드는 17세기 스페인의 수도였다. 이곳의 와인은 알코올 함유량이 많고 레드 와인은 검은빛이 나며 화이트 와인은 완전히 숙성되지 않은 세리 와인 같다. 백악질의 점토 토양이 어쩌다 오는 비를 보존하고 이곳의 와인이 백악질에서 비롯되는 특성을 약간이나마 갖도록 한다.

몬티야(Montilla)

세리의 고장 헤레스에서 북동쪽으로 100여 마일 떨어진 곳에 몬티야-모릴레스(Montilla-Moriles)지역이 있다. 몬티야 와인은 몬티야는 티나하스(Tinajas)라는 커다란 진흙 항아리에서 발효시키는 것이 다를 뿐 세리와 거의 똑같다. 50여 년 전 까지만 해도 이 지역의 포도들은 헤레스에서 제조되었다. 그러나 몬티야가 독립하기 시작하면서 몬티야 와인만의 성격을 지니게 되었다. 이곳 와인의 특징은 높은 천연 알코올 함유량에 있으며 세리와는 달리 알코올을 강화하지 않은 상태로 수출된다. 몬티야의 천연 알코올 도수는 16도에 이른다. 반면에 세리는 알코올을 좀 더 강화한다.

7) 칠레 와인

포도재배 시초는 1600년대 이전으로 거슬러 올라가나, 오늘날과 같은 포도원의 출현은 1850년대 이후 유럽의 포도 품종이 유입된 후로부터라고 본다.80 년대 초 칠레는 저렴하면서도 상대적으로 질이 좋은 새로운 와인의 공급원을 찾던 많은 미국,영국의 와인 애호가들의 요청을 충족시키며 남미의 제일 큰 생산국으로 떠오르게 된다. 칠레는 면적과 인구가 적은 나라이지만 고급 와인의 관점에서 볼 대 남미의 최고급 와인을 생산하는 곳이다. 칠레는 매혹적인 맑은 기후, 이상적인 토양조건 그리고 무엇보다도 포도밭에 병충해가 없는 천혜를 누리고 있다. 칠레의 포도나무는 이 나라의 운 좋은 지형, 기후, 위치뿐만 아니라 국경의 농산물 검역관에 의한 철저한 예방 조치 때문에 결코 곰팡이나 뿌리 잔디와 같은 심한 전염병에 걸리지 않는다.

칠레의 와인 생산은 모든 점에서 유럽 방식을 따르고 있다. 초기에는 정부의 최소지원과 함께, 일부 와인 생산업체에서 생산설비의 현대화를 위하여 상당히 큰 투자를 결정하였다. 그 당시까지만 해도 지역의 수요에는 충분했던 낡은 목조의 대형 양조 통들이 미국산 혹은 값이 비싼 프랑스산의 작은 규격의 오크통으로 대체되었다.화이트 와인의 산화 방지, 양조 과정의 조절 및 관리, 보관 등을 위하여 생산업체들은 스텐인레스 스틸의 주조통을 설치하였고 최신의 압착기, 병입 라인을 채택하였다. 이런 현대화 과정과 병행하여 포도의 생산량을 제한함으로서 아롬 향의 개선을 도모할 수 있는 재배 기법 등을 도입하였다. 칠레의 와인 생산업체들은 와인을 자국 내 시장을 위한 저렴한 와인과 수출을 위한 와인 등 두개의 범주로 구분하였다. 자국의 내수용으로는, 잘 알려지지는 않았으나 생산성이 대단히 높은 품종을 사용하여(예:Pais) 제조한 와인을 재래식의 목제 통에 넣어 지나치리 만치 오래 숙성 및 산화케 함으로서 지역적인 취향의 수요에 대처하였다. 칠레에는 모든 타입의 와인이 생산되고 있지만, 레드 및 화이트 테이블 와인 이외의 와인 소비는 많지 않다. 고급이지만 다소 스위트한 발포성 와인은 대부분이 벌크 와인을 만드는 공정으로 생산된다. 세리와 포트 타입도 버머스와 마찬가지로 만들어진다.

칠레에는 모든 타입의 와인이 생산되고 있지만, 레드 및 화이트 테이블 와인 이외의 와인 소비는 많지 않다. 고급이지만 다소 스위트한 발포성 와인은 대부분이 벌크 와인을 만드는 공정으로 생산된다. 세리와 포트 타입도 버머스와 마찬가지로 만들어진다.

칠레는 접목 되지 않은 필록세라 이전의 포도나무를 갖고 있는(64, 530 ha) 아주 드문 지역중의 하나이다. 토양에 아주 잘적응하는 품종 (피노누아, 카베르네 소바뇽 및 샤도네이)의 채택에도 불구하고, 내수용 와인의 생산에는 Pais 품종이 주종을 이루며 가장 많이 재배되고 있다. 카베르네 소비뇽은 레드 와인의 재배 면적으로 두 번째이다. 화이트 품종으로서 세미옹, 소비뇽 및 샤도네이가 절반을 차지한다. 젊음이 가득 찬 매력의 레드 와인, 카베르네 소비뇽 및 메를로는 칠레를 국제무대의 전면에 부상시켰다. 이 두 품종의 포도는 장과, 건초 및 스파이스 향과 함께 아주 깊고 짙은 자주빛을 내는 반면 탄닌에 의한 떫은 맛이 너무 강할 때가 많다. 그러나 오크통에 의한 숙성을 통해 훌륭한 와인으로 될 가능성이 크다.

■ 칠레 와인의 분류

칠레 와인은 숙성 기간에 따라 4등급으로 분류한다. 첫 등급은 1년 미만 숙성시킨 것이며, 2 등급은 "especiales"로 표기하는 것으로서 2년에 해당한다. 라벨에 "res-ervado" 로 표시한 것은 4년 숙성시킨 것으로서 좋은 품질이다. 끝으로 제일 높은 등급의 칠레 와인은 "Gran Vino" 라고 표기하며 6년 혹은 그 이상 숙성시킨 것이고 최상급의 품질이다.

■ 칠레 와인의 주요 생산 지역

수도 산디아고의 북으로 80 Km 떨어진 곳으로부터 남으로 240 Km 이상 떨어진 지역에 걸친 방대한 중앙 계곡은 기후조건도 다양하고, 수출되는 와인에 표기되기도 하는 다양한 지역을 포함한다. 산디아고를 중심으로 다음 지역인 Maipo 계곡은 포도 재배 지역으로 칠레에서 제일 먼저 개발된 곳으로 포도원의 밀집도가 제일 높다. 카베르네 소비뇽 과 메를로의 상당한 양을 생산한다. Maule계곡은 80년대 개발된 제일 신선한 지역이다. 이 지역은 일반적으로 소비뇽, 메를로 및 샤도네이에 적합할 것으로 판단한다. 산디아고 북서쪽의 새로운 지역인 카사블랑카 (Casablanca)는 태평양의 미풍의 혜택을 누리고 있다. 샘물을 사용하는 이 지역의 포도원들은 과도한 생산을 억제하는 경향이 있다. 백악질에 모래가 많은 토양에서 샤도네이는 천천히 익어가며 미묘하고도 집약된 향기를 배어간다. 메를로와 쇼비뇽 블랑 또한 이 지역에서 선호하는 품종이다.

■ 와인 병 모양에 따른 와인 스타일

처음 와인 샵을 둘러보면 대부분의 와인 병들이 비슷하게 생겼다는 느낌을 가졌을 것이다. 그러나 자세히 보면 약간씩 다르다는 것을 한참 보고 나서야 알게 될 것이다. 와인초보에겐 현혹적인 예쁜 병에 담긴 와인을 좋아하는 경우를 많이 본다. 그러나 전통적인 스타일의 고급 와인들은 전통 방식의 와인 디자인을 고수한다. 사실, 와인 병 디자인에 대한 규정은 없지만 와인메이커들은 예전부터 만들어온 와인 병 모양을 고집하고 있다. 비교적 짧은 와인역사를 가지고 온 신대륙의 저가 와인에서 예쁜 디자인의 와인들을 더욱 많이 발견할 수 있다. 우리는 와인 병 모양을 보고도 그 와인의 산지와 전통 스타일을 가늠할 수 있다.

와인 병 모양에 따른 스타일과 특징들

1 2 3 4 5 6 7 8 9

1. 샴페인 (Champagne) 스타일

불어로는 상파뉴라 불리는 지역에서 생산되는 샴페인(Champagne)에서 사용되어 온 이와인 병은 대부분의 발포성(스파클링)와인들도 유사한 모양을 가지고 있다. 버섯 모양의 코르크 마개를 철사로 조여 고정한 후 알루미늄 캡을 씌운 모양이다. 또한 샴페인 병은 다른 와인들 보다 훨씬 두껍고 무겁다. 와인 병의 바닥은 다른 와인들 보다 더 깊이 파여있다. 샴페인과 같은 스파클링 와인들은 병 속에 고 압력의 탄산가스를 보유하고 있다. 이는 2층 버스 타이어와 거의 유사한 압력을 유지하고 있기에 샴페인 병이 터지지 않도록 하기 위함이다. 깊이 파인 병의 바닥은 병 속에 있는 탄산 가득한 와인의 압력을 분산 시켜 병에 무리가 가지 않도록 함이다.

2. 보르도(Bordeaux) 스타일

프랑스 보르도 지방의 전형적인 와인 병 모양으로 아마도 시중에서 가장 많이 본 와인 병 중의 하나 일 것이다. 남성의 각진 어깨를 보는 듯 한 이 와인은 보기만 해도 전통적이고 남성적인 느낌이 든다. 보르도에서 주로 사용되는 까베르네 소비뇽(Cabernet Sauvignon), 멜로(Merlot), 말벡(Malbec) 등과 같은 레드 품종이나 보르도 풍 화이트 와인에도 사용된다. 일단 이렇게 생긴 병의 레드 와인들은 대체적으로 드라이하고 탄닌이 강한 풀 바디의 와인들이 많다는 것을 참고하는 것이 좋다. 일부 이태리에서도 사용된다.

3. 부르고뉴(Bourgogne = 영어론 버건디 Burgundy) + 4) 론 스타일

와인 병의 어깨가 여성처럼 부드럽게 내려오며 보르도 병 보다는 좀 더 통통한 모습을 하고 있다. 부르고뉴와 보졸레 지방의 와인들은 탄닌이 강하지 않고 가볍고 부드럽기에 와인 초보자들에게 부담 없는 스타일의 와인들이 많다. 그러나 프랑스 론 지방의 와인들도 유사한 와인 병 모양을 사용하고 있다. 론 지방의 와인들은 좀 더 탄닌이 주는 떫은 맛과 함께 묵직한 바디 감과 스파이시한 느낌을 가지는 와인들이 많다. 론 지방의 와인들의 대표 품종인 쉬라(Syrah)가 호주에서는 쉬라즈(Shiraz)로 불리는데 이 품종으로 만들어진 와인들은 대부분이 이러한 와인 병을 사용한다. 일부 이태리에서도 사용된다.

4. 알자스(Alsace) 와 모젤(Mosel) 스타일

부르고뉴 와인의 유사한 어깨 모양을 하고 있으나 와인 병이 전반적으로 좀 더 길다. 주로 화이트 와인이 이곳에서 생산되며 너무 드라이하지 않고 약간 달콤한 맛을 기대할 수 있을 것이다. 독일에 근접한 프랑스의 알자스 지방의 화이트 와인과 독일의 리슬링을 이용한 모젤 와인들에서 이러한 병모양을 볼 수 있다.

5. 복스보이텔 (Bocksbeutel) 스타일

독일 프랑켄(Franken)지방의 전통적인 화이트 와인 병으로 녹색 병을 많이 쓰고 둥글 납작하게 생겼다. 프랑켄의 와인들은 다른 독일의 와인들에 비해 드라이하면서도 묵직한 바디 감이 느껴지는 고급 화이트 와인들이 많다. 그리스와 포르투갈에서도 일부 이런 유형의 와인 병을 사용하기도 한다.

6. 포트 와인(Port Wine) 스타일

포르투갈의 포트와인(주정강화 와인), 스페인의 마데라(Madeira) 와 쉐리(Sherry)의 경우 이러한 와인 병을 많이 사용한다. 주로 500ml 용량을 사용하며 병의 마개는 코르크 오프너를 이용하지 않아도 쉽게 뺄 수 있도록 만들어 졌다. 포트 와인은 발효 도중 브랜디를 첨가하여 매우 달콤하면서도 18-20%의 높은 알코올 도수를 보유하고 있다. 식사 후 작은 포트 와인 글라스로 1잔 정도 마시게 되는 디저트 와인이다.

7. 아이스 와인 (Ice Wine) 스타일

독일과 캐나다에서 주로 생산되는 꿀과 같이 달콤한 디저트 와인이다. 대부분이 375ml 의 작은 와인 병을 이용한다.

8. 프로방스와 남 프랑스 스타일

남프랑스로 내려가면서 특히 로제와인과 화이트 와인에서 여성스러운 독특한 와인 병 모양을 가진 와인들을 많이 만날 수 있다.

■ 와인 병의 바닥이 움푹 패인 이유는?

한때 이 내용을 가지고 사람들이 논쟁을 가지기도 했다. 일부는 8가지가 되는 설득력 있는 이유 들을 말하기도 했다. 그러나 와인을 만드는 와인 메이커에게 물어보면 예전부터 그렇게 만들어왔기에 그렇게 한다 내지는 잘 모르겠다고 하는 사람도 있었다. '

"와인 병의 바닥이 깊이 파인 와인일수록 고급이다" 라고 이야기 하는 경우도 있다. 그러나 이것은 모든 와인에 적용되지는 않고 대체적으로 그렇다 라고 할 수는 있겠다. "와인 병을 서빙할 때 잡기 좋으니까" 라고 하는 사람도 있는데 그럴 수도 있겠다. 그러나 가장 설득력 있는 답이라면 와인 병 속의 압력분산을 통해 와인 병이 깨지는 것을 방지한다는 것과 장기간 숙성으로 인해 자연 발생적으로 생기는 찌꺼기를 한곳에 모아 와인이 쉽게 탁해 지는 것을 방지하기 위함이다.

■ 와인 병의 기준 용량은?

시중에서 주로 발견할 수 있는 와인 병 사이즈, 즉 용량은 아래와 같다.

· 데미 (Demi) : 375ml, 기본 형의 반 병

· 스텐다드 (Standard) : 750ml, 가장 많이 사용되는 기본 용량

· 매그넘 (Magnum) : 1500ml, 고급 와인들 중 장기 숙성을 위해 많이 사용.

· 제로보암(Jeroboam) : 3000ml, 요리용 혹은 저가의 저그(jug)와인에서 많이 발견된다.

■ 초보자에게 이상적인 와인 선택 5 단계

처음 와인을 접할 때 잘못 선택하는 경우 와인에 대해 실망하는 경우를 보게 된다. 초보자도 좋아할 만한 맛있는 와인들이 꽤 있다. 그러다가 와인이 주는 그윽한 맛의 항해는 시작되고 무르익어 가면서 어느덧 와인 메니아가 된 자신의 모습을 발견하게 된다. 와인이 주는 즐거움은 우리의 바쁜 일상 생활에 풍요로운 여유를 주며 좋아하는 사람과 함께 나눌 수 있는 양념이 되는 것이다.

와인을 잘 모르면서도 레드 와인을 그것도 보르도 와인을 찾거나 선물하는 경우를 흔히 보게 된다. 아마도 와인을 즐기는 사람들 사이에서 많이 들어본 와인이 좋다고 생각하는 것 같다. 사실 이러한 와인들은 와인을 처음 접할 때 별로 맛없는(?) 와인으로 인정되는 경우를 많이 본다. 초보자로서 이런 와인은 너무 드라이하며 심지어 쓴 맛과 떫은 맛이 심하다고 생각되는 경우가 많은데 가격 또한 높은 경우가 많다. 필자의 경험에 비추어 보아 마찬가지로 와인을 빠지게 되는 주변 와인 애호가들의 경험들을 보면, 와인을 접할 때에도 어느 정도의 단계를 밟았을 때 와인을 좀 더 편하게 접근하고 이해할 수 있을 것이다.

초보 와인 선택 5 단계

· 초보 1 단계 : 달콤한 화이트 와인(예를 들면 독일 모젤지방의 리슬링 와인종류)으로 시작하면 향기로운 과일 향에 매료 되면서 맛있다고 생각하게 된다. 처음 와인을 접할 때에는 약간은 달콤하면서 신선한 과일향기와 꽃향기가 풍부한 와인이 좋을 것이다. 이 경우에는 간단한 스넥과 함께 하면 좋을 것이다.

· 초보 2 단계: 약간 드라이한 화이트 와인 (예를 들면 캘리포니아산 샤도네 혹은 호주산 샤도네)가 이상적이다. 단맛을 싫어할 경우 이 와인부터 시작해도 좋은데 상큼한 느낌과 오크통에 숙성된 경우에는 바닐라 향기 등이 나면서 부드럽다. 해산물과 특히 잘 어우러지는 샤도네는 와인 초보자 뿐만 아니라 애호가들 사이에서도 무척 사랑을 받으며 가격과 생산 지역도 무척 다양하다.

· 초보 3 단계 : 떫지 않은 가벼운 레드 와인 (예를 들면 프랑스 버건디 지역 특히 보졸레 지방에서 생산되는 와인들이나 이태리 와인들이 좋다. 보졸레 누보, 끼안띠 등등). 최근에 출시되었던 보졸레 누보는 초보자들 사이에서도 무척 사랑을 받았던 화이트 와인 같은 레드 와인이다. 떫은 느낌이 별로 없으며 신선한 과일 향이 듬뿍 있는 마시기 쉬운 경쾌한 와인이다. 레드 와인으로 즐거운 분위기

를 만들고 싶다면 프랑스 보졸레 지역의 와인이 더할 나위 없이 좋다. 최근 이태리식 파스타가 인기를 끌면서 많은 사람들에게 사랑 받는 것이 이태리산 끼안띠 이다. 밝은 루비색이 매혹적인 이 끼안띠 또한 다양한 가격이 있지만 1만원대 와인도 파스타와 함께 하기에 무난하다. 2-3만원대의 끼안띠 클라시코도 꼭 한번은 권장하고 싶은 와인인데 와인의 맛에 빠지기 시작하는 단계가 이 와인을 좋아할 때가 아닐까…

· 초보 4 단계 : 부드럽고 약간 진하면서도 과일향이 풍부한 레드 와인을 시도 하는 것을 권장한다. . (예를들면, 호주산 쉬라즈나 까베르네 소비뇽, 미국산 진판델이나 멜로종류 혹은 멜로 포도품종이 많이 들어간 프랑스의 쌩떼밀리용지역에서 생산되는 와인 정도가 시도할 만 하다.) 이 단계가 되면서 와인의 세계에 좀더 깊이 빠지게 되는 단계일 것이다. 이때부터는 다양한 와인의 맛을 보고 싶어 지기도 하며 양식이 곁들어지는 저녁식사 시간이라면 당연히 와인이 테이블 위에 있어야 된다고 느낄 것이다

· 초보 5 단계 : 마지막으로 짜임새가 있으면서도 묵직한 느낌의 탄닌 맛이 강한 고급 와인들을 접할 기회를 가져보라. 프랑스 보르도 와인이나 까베르네 소비뇽과 같은 포도품종이 많이 사용된 와인들을 선택해 보자. 이런 종류의 와인에 익숙해지면 자신도 모르게 다른 와인에 관심을 가지게 되면서 끊임 없는 와인 세계로의 항해를 하게 된다. 어디를 가든지 와인 오프너는 주머니에 지니고 다니는 자신을 발견하기도 한다. 물론 이 에는 주머니 사정도 잘 살펴보아야 할 것이다. 자꾸 비싼 와인에 호기심을 가지기 시작하게 되기 때문이다.

와인이 주는 즐거움은 직접 경험해 보지 않고는 모를 일이다. 어떤 사람은 와인은 청각으로 즐기고 (와인 잔 소리가 아름답기에), 시각으로 즐기고 (와인의 색상은 다양하면서도 보석처럼 아름답기에), 후각으로 즐기고 (와인의 훌륭한 향기는 무척이나 다양하고 좋기에) 그리고 입으로 즐긴다 (와인이 주는 다양한 맛의 표현은 마셔본 사람만이 알 수 있기에) 라고 한다. 훌륭한 와인을 마신 후에 주는 만족감과 즐거움이 있으며 와인은 혼자 마시기 보다는 좋아하는 사람들과 함께 하고 싶어지기에 친구를 만들어 주고 대화의 꽃을 피우게 한다.

4. 와인테이스팅

1) 서빙방법

(1) 서빙 적정온도

사람이 체형마다 옷을 달리 입는 것처럼 와인 역시 마시기 전 갖춰야 할 점이 있다. 와인의 맛과 향을 제대로 즐기기 위해서는 각 와인마다 적절한 온도에서 서브되어야 한다. 일반적으로 레드 와인은 실온에서 화이트는 약간 차갑게 마시는 것이 좋다고 알려져 있다. 그러나 여기에서 말하는 '실온' 은 난방 시설이 잘 갖춰진 요즘과 달리 과거 유럽 궁정 식당의 실내 온도로서 18℃-20℃ 사이로 약간 서늘한 기온이다. 또 레드 와인도 품종에 따라 온도를 달리 하는 것이 좋다. 예를 들어 보르도와 같이 무거운 와인은 차게 하면 탄닌 성분이 강하게 느껴져 떫은 맛이 두드러 지지만 보졸레와 같이 가벼운 레드 와인은 10도 정도로 약간 차갑게 마셔야 제대로 된 맛을 볼 수있다.

와인에 따라 서비스 온도를 달리 하는 것이 귀찮고 번거로운 일일 수도 있지만 조금만 신경쓴다면 맛있게 와인을 즐길 수 있다.

대표적 와인의 일반적 적정 서비스 온도

16~18℃	무겁고 중후한 맛이 나는 레드와인 -보르도, 부르고뉴, 바롤로 지역 와인
13~15℃	중간 정도의 무겁고 중후한 맛이 나는 레드와인 -론 와인, 보졸레, 알자스, 키안티 와인
10~13℃	가벼운 맛의 적포도주와 로제 와인 -샤블리, 무스까데, 알자스 리스링, 앙주지방, 로제 와인
9~10℃	화이트 와인 서빙 온도 -꼬뜨 뒤 프로방스, 따벨, 부르고뉴의 화이트 와인들
6~8℃	샴페인과 발포성 와인(스파클링 와인)

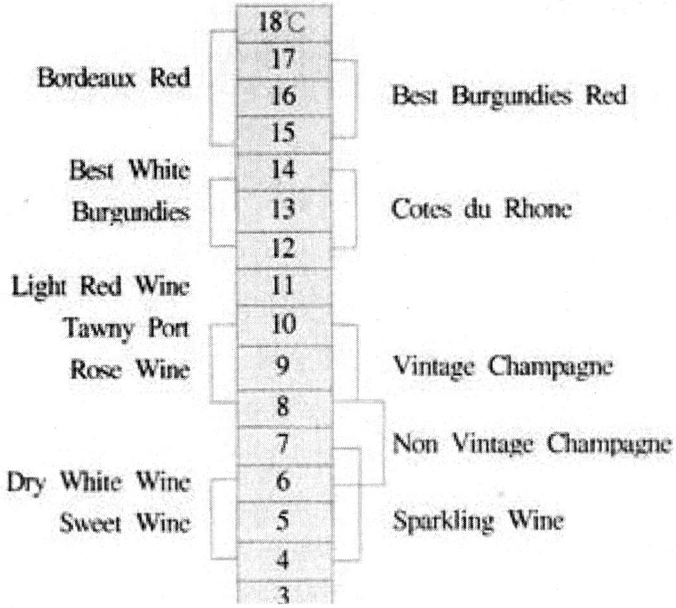

서빙 전 온도 맞추기

보관된 와인을 마시기 위해선 가장 알맞은 온도에 맞춰서 서브되어야 한다. 마시기 직전 온도를 맞추는 몇 가지 방법에 대해 알아보자. 와인 차게 하기 와인을 재빨리 차게 하는 가장 간단한 방법은 얼음과 물이 섞인 통에 와인을 병째로 담그는 것이다.이 쿨러는 식사가 진행되는 동안 계속적으로 와인의 온도를 알맞게 유지 시키는 역할을 한다. 은빛의 금속성 용기나 사기로 된 냉온병 타입의 용기는 약 2-3시간 동안은 온도를 유지시켜준다. 더 빠른 쿨링을 원한다면 얼음과 물이 섞인 굵은 소금을 집어넣는 것도 하나의 방법이다. 와인 실온화하기 (샹브레) 앞에서 언급했듯이 여기서 말하는 실온은 섭씨 18℃-20℃를 의미한다. 샹브레의 대상이 되는 와인은 주로 장기 보관용 레드 와인이다. 보르도나 부르고뉴 스타일처럼 짜임새 있는 와인은 차게 해서 마시면 탄닌 성분이 강하게 느껴지며 제향이 우러나오지 않는다. 대체적으로 온도가 높을수록 단맛이 무겁게 느껴지고 산미가 많이 느껴진다. 이 때문에 무감미나 감미 화이트와인은 차게 해서 마시는 것이 좋다. 탄산가스는 온도가 올라갈수록 빠르게 날아가 버린다. 샴빠뉴 와인 및 기타 발포성 와인은 탄산가스나 계속적으로 섬세하고 기분 좋게 느껴지도록 차갑게 서빙한다.

(2) 코르크 마개 따기

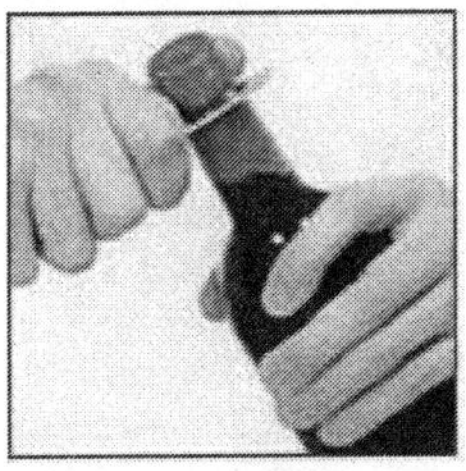

코르크 스크류는 나선 모양의 마개 뽑이를 갖고 있고 병 뚜껑을 따는 장치와 와인 병의 캡슐 제거를 위한 작은칼을 갖추고 있어야 한다.

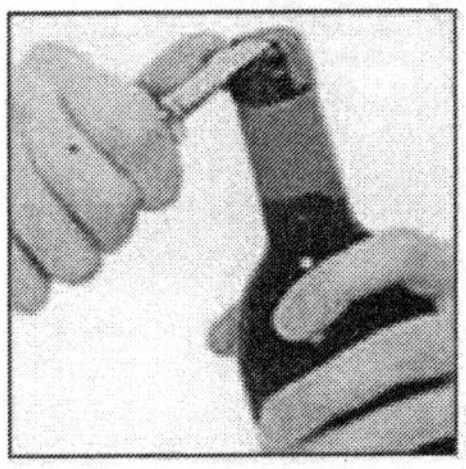

칼을 이용하여 와인병목 캡슐의 볼록한 부분의 아래쪽을 깨끗하게 도려낸다. 이때 가급적이면 와인병을 돌리지 않도록 한다.

코르크 스크류의 나선 끝 부분을 코르크의 정 중앙 부분에 놓고 천천히 아래 방향으로 돌린다. 이때 코르크 스크류를 너무 깊게 돌려 코르크를 통과하지 않도록 조심한다. (코르크 조각이 와인에 떨어질 수 있다.)

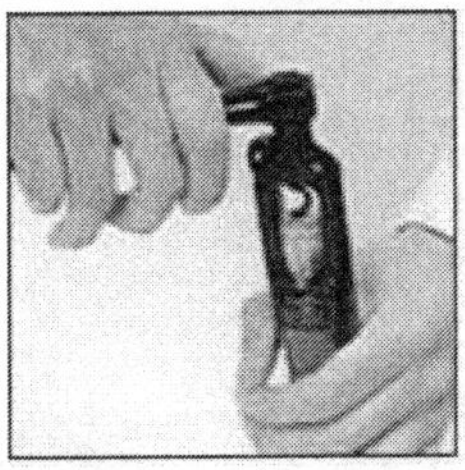

스크류의 지레를 병목 테두리 부분에 걸친 후 반대쪽 손잡이를 천천히 위쪽으로 잡아 당긴다. 이때 코르크가 부서지는 것을 방지하기 위해 수직 방향 위쪽으로 잡아당긴다. 비스듬히 또는 억지로 당기지 않도록 조심한다.

코르크를 조심스럽게 뽑아 낸 후 냅킨을 이용하여 병 입구 부분을 깨끗이 닦아낸다.

와인을 주문한 사람의 와인 잔에 소량의 와인을 따른다.
시음 후 승인을 얻은 후 다른 손님들에게 와인을 서비스한다. 와인을 글라스의 2/3이상 따르지 않도록 한다.

와인을 글라스에 따른 후 손목을 이용해 빠르게 회전하며 병을 세워 와인 방울이 테이블 또는 병에 흘러내리지 않도록 한다.

(3) 디캔팅

디켄팅은 와인을 마시기 직전 침전물을 와인에서 분리시키는 작업을 의미한다.

6-7년 이상묵힌 레드 와인은 병 안에 붉은 색소와 탄닌 등 자연 침전물이 끼어있을 수 있다. 이런 찌꺼기가 와인 속에 섞여 있으면 좋지 않은 맛을 낸다. 따라서 좋은 와인을 마실 때 디켄팅을 하는 것이 좋다.

디켄팅 언제 할까?

와인의 숙성도에 따라 다르지만, 일반적으로 서비스 하기전 약 30분전에 하는 것이 좋다.

와인 부케가 서서히 형성되므로 도중 아주 가벼운 공기와의 접촉에도 섬세하고 날아가기 쉬운 아로마는 금방 약화될 수가 있기 때문에 향의 보존을 위해 식사 직전에 디켄팅한다.

디켄팅은 어떻게 할까?

먼저 병을 흔들지 않으면서 코르크 마개를 딴다.

① 디켄터에 와인을 조금 흘려 넣은 뒤 헹구어서 술 냄새가 배이도록 한다.
② 그 다음 한 손에는 병을 들고 와인을 디켄터의 내부 벽을 타고 흘러내리도록 하면서 조심스럽게 옮겨 담는다.
③ 촛불을 켜서 병목 반대편 아래쪽에 놓아두면 찌꺼기가 병목 쪽으로 흘러들어 오는 것을 쉽게 발견할 수가 있다.
④ 찌꺼기가 디켄터 안으로 흘러 들어가지 않도록 잘 살피다가 빠른 동작으로 병을 일으킨다.

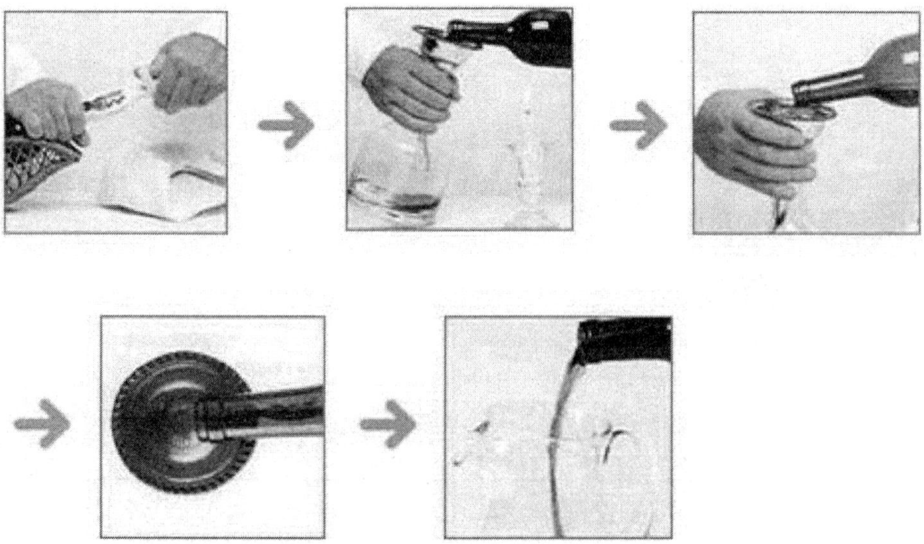

(4) 와인 서빙

와인을 찾는 고객은 와인의 추천을 의뢰하지 않고 자신이 특별히 선호하는 와인을 요구하기도 하지만, 지배인이나 바텐더는 와인에 대한 지식을 충분히 갖추어 고객이 필요로 할 때 도움을 주어야 한다. 와인을 글래스에 따르면 와인의 온도가 1~3℃ 정도 상승한다. 따라서 와인 글래스는 얇을수록 좋으며, 두꺼운 와인 글래스는 냉장고에 미리 적당한 온도로 낮추어 두는 것이 좋다. 와인 한 잔의 기준은 4온스 이므로 와인 글래스의 용량은 6온스 이상이 좋다. 고급와인은 향을 즐기기 위해 10온스 이상의 큰 글래스를 사용하기도 한다. 일반적으로 화이트 와인은 온도가 올라가지 않도록 작은 글래스에 따라 빨리 마시지만, 레드와인은 큰 글래스에 많이 따라 놓고 서서히 마시므로 용량이 더 크다. 샴페인은 폭이 좁고 깊어 기포가 빨리 사라지지 않는 플루트형이 좋다.

와인서비스의 적당한 온도는 화이트와인 7.2~10℃, 레드와인이 실내온도(16~18℃), 샴페인은 4.4~6℃이다. 일반적으로 와인은 전주를 하지 않고 병으로 직접 서브하지만, 연도가 오래된 와인으로써 침전물이 생긴 것에 대해서는 디캔터에 옮겨 담아 서브할 수도 있다. 와인은 오래된 것일수록 앙금이 많기 때문에 조심스럽게 따라야 하고, 호스트가 먼저 테스팅 한 후에 차례로 서브하는 것이 상례이다.

화이트 와인의 서비스 방법

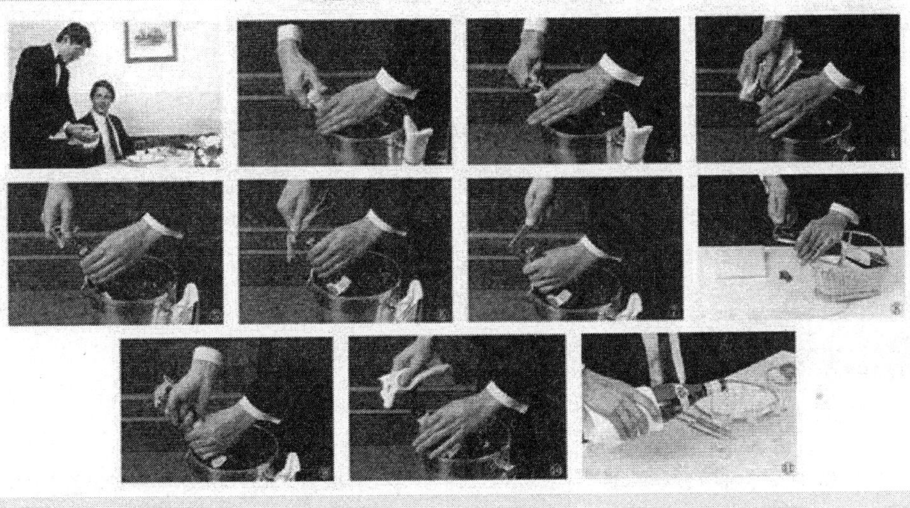

① 주문한 와인을 고객에게 확인한다

② 아이스 버켓에 와인을 놓고 코르크 스크류 나이프로 병의 호일을 절단한다.

③ 병의 호일을 완전히 벗겨낸다.
④ 서비스 냅킨으로 병 입술 주위를 깨끗이 닦는다.
⑤ 코르크 스크류를 콕의 중앙에 꽂는다.
⑥ 코르크를 통과하여 조각이 술병 안으로 떨어지지 않을 만큼 돌려 넣는다.
⑦ 코르크 스크류 받침대를 병 입술에 걸쳐 놓는다.
⑧ 코르크 스크류를 천천히 잡아 올린다.
⑨ 코르크 마개가 거의 다 빠져 나오면 오른손으로 콕을 뺀낸다.
⑩ 서비스 냅킨으로 병 입술을 깨끗이 닦는다.
⑪ 와인 병목이 글래스에 닿지 않도록 하여 천천히 따른다. 2/3 이상 따르지 않도록 하며, 다 따른 후에는 와인이 흐르지 안도록 병목을 가볍게 비틀어 올린다.
⑫ 와인 서빙이 끝난 후에 다시 아이스 버켓에 와인 병을 놓는다.

레드와인 서비스 방법

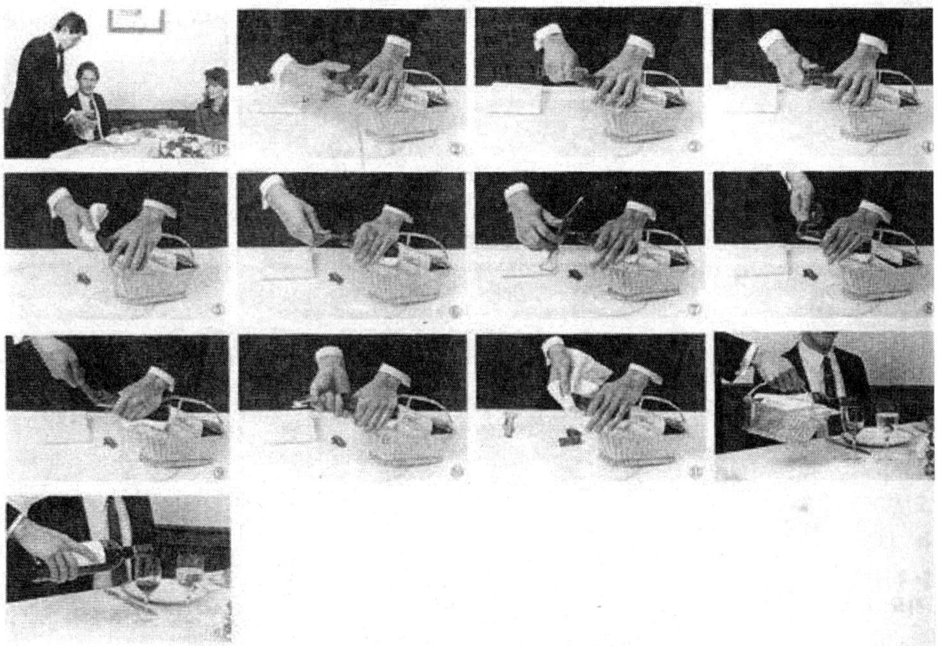

① 와인바스켓에 라벨이 보이도록 와인병을 눕혀 놓고 주문한 와인의 라벨을 보여준다.
② 스크류 나이프로 병목 밑의 호일을 절단한다.
③ 계속하여 병목 주위를 코르크 스크류 나이프로 돌려 절단한다.

④ 병의 호일을 제거한다.

⑤ 병목 주위를 서비스 냅킨으로 깨끗이 닦는다.

⑥ 코르크 마개 중앙에 코르크 스크류를 꽂는다.

⑦ 왼손은 병목을 부드럽게 잡고, 오른손으로 천천히 코르크 스크퓨를 돌린다.

⑧ 병입구에 코르크 스크류 받침대를 걸쳐 놓는다.

⑨ 코르크 마개가 거의 빠져 나오도록 코르크 스크류를 잡아 올린다.

⑩ 손을 이용하여 코르크 마개를 완전히 빼낸다.

⑪ 병 입술을 서비스 냅킨으로 깨끗하게 닦는다.

⑫ 와인 바스켓에 라벨이 보이도록 와인병을 놓고 호스트가 시음을 할 수 있도록 서빙한다.

⑬ 호스트의 승낙이 있으면 바스켓에서 와인병을 꺼내 서빙한다.

샴페인 서비스 방법

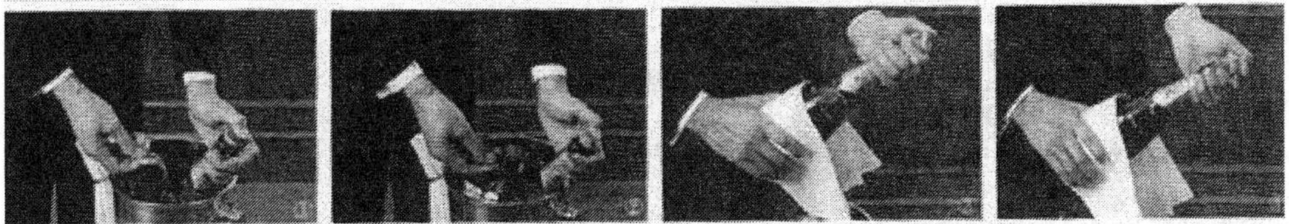

① 샴페인은 반드시 와인 쿨러에 물과 얼음을 넣고 시원하게 한 후 서빙한다. 왼손 엄지로 병마개를 누르고 오른손으로 은박포장지를 벗긴다.

② 왼손엄지로 병마개를 계속 누르면서 철사를 푼다.

③ 왼손은 마개를 잡고, 오른손은 병을 잡은 채 서로 반대방향으로 비튼다.

④ 큰 소리가 나지 않도록 하면서 마개를 꺼낸다

2) 와인테이스팅

와인 테이스팅은 본격적으로 와인의 맛을 평가하는 단계이다. 지금까지의 모든 이론들이 사실은 테이스팅을 위한 서곡이라고 말할 수 있을 정도. 와인은 다른 음료와 달라서 시각, 후각, 미각 3가지 감각을 모두 충족시켜 준다. 수천가지의 와인 중에서 하나를 골라 특색을 삭펴보는 것은 꽤 재미있는 일이다. 테이스팅에 있어서 무엇보다 중요한 것은 자신의 느낌. 평가 후 느낌을 노트에 기록하는 것이 좋다. 다음 번 와인을 선택할 때 또는 와인에 대한 지식을 늘리고자 할 때 많은 도움이 된다. 여기에서는 와인 테이스팅을 위한 기본적인 몇 가지 사항에 대해 설명하고자 한다.

① 시각

색과투명도

와인을 글라스에 따랐을 때 가장 먼저 체크해야 할 것은 와인의 컬러와 투명도이다. 뒷 배경을 하얀색(흰색 종이나 테이블 보)으로 두고 글라스를 비쳐본다. 와인에 따라 각기 다른 색과 투명도를 나타낼 것이다. 화이트 와인의 경우 컬러가 옅은 짚단 색에서부터 연초록을 띠는 황금색에 이르기까지 와인마다 다른 색을 관찰할 수 있다. 레드 와인이라면 짙은 루비 색에서부터 어두운 체리, 보라빛 등을 볼 수 있다. 또한 시간이 지날수록 레드 와인은 색깔이 옅어지고 화이트는 반대로 진해진다.

숙성정도에따른색상변화

- 레드와인 : 짙은 자주색(유년기) → 루비색 → 붉은색 → 붉은 벽돌색 → 적갈색 → 갈색
- 화이트와인 : 엷은 노란색 → 연초록빛을 띤 노란색 → 볏짚색 → 짙은 노란색 → 황금색 → 호박색 → 갈색

와인의눈물

색과 투명도를 관찰했다면 이번엔 와인 글라스를 돌려본다. 글라스를 돌린 것을 멈춘 후에도 와인이 글라스의 내벽 쪽으로 흘러내리는 것을 볼 수 있다. 이것을 와인의 눈물 혹은 와인의 다리라고 표현한다. 이는 와인 속에 함유된 알코올, 글리세롤,설탕 등으로 분석된다. 따라서 눈물이 많은 와인일수록 알코올이 높거나 당분이 많은 스위트한 와인이라고 보면 된다.

② 후각

와인을 마시는 것은 곧 향기를 음미하는 것이라는 표현이 있을 정도로 향기는 와인의 생명과도 같다. 와인의 향기는 정확히 그 와인의 질을 나타낸다.

곰팡이가 핀 오래된 통에 저장되었던 와인은 썩은 버섯 냄새가 나고, 코르크가 완전하게 막혀 있지 않은 와인은 젖은 톱밥 냄새가 난다. 썩은 양배추 냄새가 나는 것은 와인 제조업자가 아황산 가스를 방부제로 너무 많이 썼기 때문이다. 반대로 은은하고 좋은 냄새가 나는 것은 좋은 와인임을 보장한다. 와인의 향은 수천 가지가 존재하지만 크게 두 가지로 나뉠 수 있다. 원료 포도 자체에서 느껴지는 향을 아로마(aoma) 라고 하고 Fruity 과일향,Flower 꽃향, Grassy 풀잎향 등이 이에 속한다. 또 제조 과정 즉, 발효나 숙성 등의 와인 제조자의 처리 방법에 따라 생겨지는 향을 부케(Bouquet) 라고 한다. 부케는 아로마보다 미묘해서 파악하기 힘들지만 와인 전체의 입맛을 결정하는 중요한 향이다. 오크통에서 오랫동안 숙성 기간을 거쳐 오크향이 배어 나는 것을 부케의 좋은 예로 들 수 있다. 부케는 일반적으로 화이트보다 레드 와인에서 더 꼼꼼히 따지는 향으로, 아로마가 천연의 향이라면 부케는 인공적인 향이라고 할 수 있다.

과일향	감귤류	레몬, 자몽, 오렌지
	열대류	파일애플, 바나나, 리치, 멜론
	인과	머스캣, 사과, 서양배, 마르멜로(quince)
	적색류	딸기, 래즈베리, 레드커렌트
	흑색류	블랙커렌트(cassis), 월귤(bilbery), 블랙베리
	핵과	체리, 살구, 복숭아
	건과(dried)	아몬드, 말린자두, 호도
식물향	채소	피망
	균류(fungus)	버섯, 송로버섯, 이스트
	나무류	삼나무, 소나무, 감초
	엽류	블랙커렌트 싹, 건초, 타임(thyme)
	향신료	바닐라, 계피, 정향, 후추, 사프란
꽃향	산사나무꽃(hawthorn), 아카시아, 린덴(보리수), 꿀, 장미꽃, 제비꽃	
동물향	가죽, 사향, 버터	
훈연향	구은빵, 볶은 아몬드, 볶은 헤즐넛, 카라멜, 커피, 진한 쵸컬릿, 연기	

③ 미각

향을 맡았다면 이제 본격적으로 와인을 마셔보자. 먼저 와인을 한 모금 마시고 입안에서 굴린다. 그리고 와인을 입안에 둔 상태에서 외부 공기를 들이마신다.이 때에 '추

으읍'하고 들이키는 소리가 나도 예의에 어긋나는 것이 아니니 신경 쓰지 않아도 된다. 이런 방법을 통해서 와인의 맛과 향을 좀더 자세히 느낄 수 있다. 그런 다음 완전히 와인을 삼키면서 마신다. 고급 와인일수록 더 다양한 맛을 지니고 있기 때문에 맛과 향의 미묘한 변화를 감지할 수 있다

바디(Body)

와인의 무게라고 하며 입안에 넣었을 때 느껴지는 무게감을 의미한다. 예를 들어 저지방 우유인 경우 산뜻한 느낌인 반면 일반 우유는 약간 입안에서 꽉 찬 느낌이 든다. 와인의 바디는 wine에 함유되어 있는 성분의 농도에 의해 정해진다.

균형(Blance)

이상적 와인은 조화와 균형이 이루어진 와인이라고 하는데 이 말은 탄닌, 산, 단맛, 과일향과 다른 성분의 적절한 배합을 의미한다. 유럽의 북부 한랭지대의 와인은 산이 너무 많아 당분이 부족하기 쉽다. 거꾸로 남부의 극히 더운 지역의 와인은 알코올과 탄닌이 너무 많아 산이 부족한 경향이 있다.

당분(Sweetness)

와인의 당분은 특히 화이트 와인의 경우 중요하다. 당분은 일조랴,포도 품종에 따라서도 결정 되지만 재배 기술, 발효 기술에 따라서도 달라진다.주정 강화 와인(포트, 쉐리)의 경우 당을 일부러 첨가하기도 하지만 발효를 중단시켜 당분이 자연스럽게 남게한다.

산도(Acidity)

산도가 너무 많으면 와인이 날카롭게 느껴진다. 그러나 산도가 부족하면 너무 밋밋하고 향이 오래 지속되지 못하는 단점이 있다. 와인의 신맛을 주도하는 것은 사과산, 젖산(유산), 구연산이다.

탄닌(Tannin)

간혹 산도와 혼동하는 사람도 있지만 탄닌과 산도는 엄연히 다르다. 탄닌은 떫은 맛으로 포도 품종과 일조량,양조 기술, 숙성 정도에 따라 달라지며 와인을 숙성, 보호하는데 중요한 역할을 하는 성분이다.

알코올(Alcohol)

알코올은 당분이 이스트의 작용에 의해 나타나는 것으로 와인의 향과 바디를 결정하는 중요한 요소이다 여운(Finish) 와인을 삼키고 난 후에도 맛이 얼마동안 입 속에 남아 있는데 이것을 롱 피니쉬(Long finish) 라고 한다. 모젤처럼 라이트한 와인은 향기가 좋은데 이것은 빨리 없어져 버린다. 보통 와인은 여운이 오래될수록 고급와인에 가깝다.

와인 테이스팅 할 때 주의할 점

· 와인을 테스트 할 때는 드라이한 와인으로부터 스위트한 와인을 또 영(Young) 와인에서부터 오래 숙성된 와인을 마셔야 한다.

· 시음자는 공기를 들이마시면서 입안에서 와인을 혀와 점막 위에서 돌리면서 가글하게 되면 입안의 감각 수신체 들이 충분히 배어들 수 있게 된다.

테스팅 용어 가이드

와인이 어렵게 느껴지는 가장 큰 원인은 복잡한 테이스팅 용어 때문일 수도 있다. 도저히 술을 평가한 것이라고는 믿기 어려울 정도로 시적인 언어와 많은 표현들이 존재한다. 역으로 생각하면 그만큼 와인이 섬세한 음료라는 이야기도 된다. 현재 와인에 관한 용어는 이미 200여 개에 달한다. 이 모든 용어를 일반인이 익힌다는 것은 불가능하다. 단지 정해진 몇 가지 기본적인 용어를 익히고 이에 맞춰 자신만의 테이스팅 노트를 작성하면 된다. 와인과 친해지면 친해질수록 노력하지 않아도 멋진 표현들을 저절로 (?)생겨날 것이다.

색에 의한 테이스팅 용어

투명도 (Limpidity)E 산도, 탁도	채도 (DepthofColor) 양조, 묽기	점성도 (Viscosity) 당도, 알코올	색상 (Color) 숙성도
Watery 묽은 Pale엷은 Medium중간 Deep진한 Dark아주 진한		Slight Sparkle 약발포성 Watery묽음 Normal보통 Heavy진한 Oily유질	WHITE GreenTinge초록색을 띤 PaleYellow담황색 GoldBrown황금색
			RED Purple자줏빛 PurpleRed자줏빛 적색 Red적색 RedBrown진한적색
선명한 (star bright) 짚색 (straw) 호박색 (amber) 황갈색 (tawny) 진홍색 (ruby) 검붉은색 (garnet) 흐릿한 (hazy) 불투명한 (opaque)			

아로마 & 부케 용어

구분	야채향	꽃향	과일향	동물성	광물성	기타
영 와인	감초, 향신료 풀 까막까치밥나 무열매 나무향 목질	장미, 모란 제비꽃 레몬향 식물 금작화	바나나 아몬드 오디 사과 파인애플	고기 고양이 오줌	먼지	유제품 자극적인것
숙성 와인	피망 건초 까막 까치밥 나무열매 코코아,담배 버섯, 린넨 계피,후추	장미, 보리수 아카시아 포도나무 꽃 자스민 들장미꽃 인동덩굴, 접시꽃	건포도, 체리 자두 살구 배 개암	불치 가죽 해물 내장	총탄 땅 흙	베이클라이트
묵은 와인	커피, 생강 향, 건초 서양삼나무 정향 송로버섯	시든장미꽃잎 꽃무우 국화 카모밀라 오렌지꽃	절인포도 버찌 건무화과 곶 감 호두	사냥짐승 고기 땀 사향	휘발유 부식토 볶기	농익은 과일

맛에 의한 용어

당도 Sweetness	탄닌 Tannin	산도 Acidit	밀도 Body	뒷맛 Length	균형 Balance
Bone Dry 매우 드라이 Dry 드라이 Medium Dry 미디엄드라이 Medi-um Sweet 미디엄 스위트 Very Sweet 매우 스위트	Astringent 떫은 Hard 하드 Dry 드라이 Soft 소프트	Flat 산도없음 Refreshing 상쾌한 Marked 째나는 Tart 시큼한	Very Light & Thin 가볍고 엷은 Light 가벼운 Medium 미디엄 Full Bodied 진한 Heavy 아주진한	Short 짧은 Acceptable 괜찮은 Extend-ed 오래 가는 Lingering 아주오래남는	Unbalanced 불균형 Good좋은 Very well Balanced 균형이 잘잡힌 Perfect 완전한

능금 맛apple), 강렬한 맛(burning), 까막까치밥나무 열매(blackcurrants), 카라멜 맛 (caramel), 밋밋함 (dumb), 싱싱한 (green), 달콤한맛 (mellow) ,금속성 맛 (metallic), 곰팡이내 나는 (mouldy), 나무 열매의 맛 (nutty) ,짠 맛 (salty) ,매끄러운 맛 (silky) , 향신료 맛(spicy), 싱거운 맛 (watery), 쓴 맛 (bitter), 흙 맛 (earthy), 연약한 맛 (flabby)

총체적인 평가 용어

조악함(coarse) 열등함 (poor) 괜찮음 (acceptable) 좋음 (fine) 뛰어남 (outstanding)	유연한 (supple), 정교하고 세련됨 (finesse) 우아한 (elegance) 조화로운 (harmonious) 풍요한 (rich) 섬세한 (delicate)

■ 와인 테이스팅의 목적

와인을 마시기는 쉽다. 그냥 잔에 따라 마시면 되니까.

그러나 와인 테이스팅은 또 다른 의미를 지니고 있다. 적절한 테이스팅을 위한 도구들과 환경, 와인에 대한 지식과 기억력 그리고 우리가 가지고 있는 모든 감각들을 최대한 열어야만 와인이 주는 묘미를 한껏 즐길 수 있다.

멋진 피카소 그림을 감상할 때, 개인마다 다가오는 느낌은 각자 다를 것이다. 단순히 예쁘다 내지는 독특하다라고 생각할 수도 있겠다. 그러나 평소 그림에 심취되어 있다면 이들이 보는 피카소의 작품이 내포하고 있는 의미와 가치 그에 따른 감동과 즐거움은 남다르다. 이것은 음악을 연주하거나 즐길 때에도 그리고 심각하게 음식을 만들

때에도 비슷한 이치가 될 것이다. 우리가 사는데 있어서 이런 남다른 정열은 꼭 필요로 하지 않다고 한다면 그럴 수도 있겠다. 그렇다고 이러한 정열이 결코 헛된 노력이 되는 것은 아니다. 왜냐면 우리의 삶을 훨씬 더 풍요롭고 여유롭게 만들기 때문이다.

와인도 마찬가지 이다. 와인 애호가들은 와인 테이스팅을 통해 와인의 깊은 세계를 알고자 한다. 단순히 술이 주는 즐거움 이상이 이 속에 녹아 있기에 그것에 감동하고 감사한다. 그리고 좀 더 열정적으로 와인을 맛보고자 한다.

진정한 테이스팅은 일상적인 우리 식생활에서 또 다른 차원의 즐거움을 주며 삶에 대한 축배로 바꾸어 놓는다. 테이스팅의 진정한 목적은 와인 속에 녹아 있는 메시지를 읽어 내기 위한 것이다. 가령 세기적인 와인 1961년산 샤또 라뚜르(Chateau Latour)를 테이스팅 한다고 치자. 우리는 이 와인을 통해 1961년 이라는 최고의 빈티지가 준 뜨거운 태양을 상상할 수도 있을 것이며 샤또 라뚜르가 지니고 있는 제왕과도 같은 강인한 기운이 수년간을 거쳐오면서 품어내는 연륜에 감동할 수도 있다. 마치 역사적인 인물을 만난 것처럼.

국내에서 돌풍을 일으켰던 일본의 와인 만화 '신의 물방울'의 작가는 자신의 와인에 대한 열정과 창의적인 상상력을 동원하여 와인에 대한 표현을 더욱 아름답게 구사하면서 독자들의 관심을 끌었다.

테이스팅 기술은 와인을 명확하게 인식하고 분석하는 능력을 높인다. 이러한 기술들은 간단하지는 않다. 그렇다고 너무 어렵게 생각할 필요도 없다. 필자가 제시하는 몇 가지 스텝들을 잘 따라 한다면 와인 속에 녹아있는 메시지를 읽어낼 수 있을 것이다.

먼저 상황을 고려한다. 그리고 모든 와인이 분석할 가치가 있는 것은 아니다. 파티 장소나 피크닉을 가서 종이컵에 든 화이트 진판델을 두고 와인의 색을 보고 향기도 맡는 등 심각하게 테이스팅을 한다는 것은 아무런 의미가 없다. 전문가들이 하는 테이스팅은 냄새가 없는 조용한 방에서 자연 조명과 함께 흰색 테이블 보를 깔고 테이스팅 전용 글라스에 와인을 따른 후 조용하고 진지하게 테이스팅을 하게 될 것이다. 그러나 와인을 즐기는 사람들에게 이러한 절차는 부담스럽다.

즐거운 테이스팅 방법은 편안한 자리에서 친구들과 어울리는 것이다. 적절한 저녁 식사 자리를 잡아 적절한 와인 잔에 적절한 온도의 와인을 서빙 한다. 부드러운 조명과 음악, 편안한 의자 그리고 맛있는 음식들이 있는 자리에서 편안하고 자연스럽게 테이스팅을 하는 것이다.

우리는 가볍게 테이스팅을 통해 자신이 좋아하는 와인을 찾아 낼 수 있다. 꼭 기억해야 할 것은 "본인 입맛에 맞는 와인이 좋은 와인" 이 최고 라는 것을 염두하자. 주변 와인 애호가이든 와인 전문가이든 이들이 좋아하는 와인에 완전히 얽매일 필요는 없다. 남들이 좋다고 하지만 내 입맛에 맞지 않다면, 그 와인은 나에게 맞는 와인이 아니다. 음식을 예로 든다면, 남들이 이 집의 음식이 맛있다고 하여 본인 입맛에 맞으란 법은 없다는 것과 비슷한 이치이다. 즉, 테이스팅 결과에 대한 정답은 본인에게 있다는 것을 명심하자.

아주 좋은 와인을 묵묵히 홀로 마시는 것만큼 비극은 없을 것이다. 좋은 와인일수록 그 와인을 함께 나누며 이야기하고 싶어하는 것이 와인 애호가들이 갖는 공통적인 특성이다. 그래서 우리는 와인을 가지고 사교(社交)적이라고도 말 한다.

가끔씩 와인전문가들이 하는 말이 있다. "와인은 대화의 술이다" 라고. 난 이 말에 전적으로 동감한다. 테이스팅의 목적은 단순히 다른 사람들이 설명하는 맛과 향을 와인으로부터 찾는 것이 아니라 자신의 지각 능력을 가지고 자신만의 표현법을 개발을 하는 것이며 이를 가지고 커뮤니케이션을 하는 것이다.

와인을 통한 테이스팅의 묘미는 여러 사람들과 함께 나누었을 때 가능해 진다. 몇몇이 모여 각각 가지고 온 와인을 나누고 와인에 대한 이야기를 하면서 와인이라는 술이 주는 즐거움을 더해 더욱 큰 의미의 즐거움을 가지게 되는 것이다

■ 와인테이스팅 파티

와인을 제대로 알려면, 많이 마셔보는 것이 최고!

와인을 이해하는데 있어서 가장 좋은 방법은 와인을 많이 마셔 보는 것이다. 아무리 책을 많이 읽고 이론적으로 와인을 많이 알고 있다고 한들, 직접 와인을 마셔본 사람 앞에서는 아무런 이야기도 할 수 없다.

이는 외국인에게 우리의 김치 맛이 아무리 좋다고 설명을 하는 것 보다는 직접 먹어 보는 것이 더욱 효과적인 것과 마찬가지다. 제주도를 이해하기 위해 책을 읽고 사진을 본다고 한들, 한번이라도 갔다 와 본 사람이 하는 이야기는 더욱 생생하다.

와인 시음의 체계적인 체험을 통해 우리는 좀 더 쉽게 와인 세계를 이해하고 이를 더욱 즐길 수 있는 계기가 될 수 있다. 직접 자신이 주체가 되어 주변의 친한 친구들이나 지인들을 불러 와인 테이스팅 파티를 열어보자. 이는 와인에 대한 지식뿐만 아니라 즐거운 사교 모임으로 승화할 수도 있을 것이다. 물론 당신은 이날의 가장 멋진 주인공이 될 것이다.

와인 테이스팅 파티 연출법

① 가능한 한 10명 미만으로 구성 해서 한 병의 와인을 모든 사람들이 마실 수 있게 한다.

② 제대로 된 와인 잔을 충분히 준비해 둔다. 일인당 마시게 될 와인 1병씩 해당하는 와인 잔을 준비하는 것이 가장 이상적. 즉, 6가지의 와인을 테이스팅 한다면 일인당 배당되는 와인글라스도 6개가 있는 것이 좋다. 만약에 와인 잔이 부족하다면 적어도 일인당 화이트와인과 레드 와인용으로 각각 1개씩은 준비한다.

③ 몇 가지 와인을 마셔야 하는지 특별한 기준은 없다. 그러나 필자가 개인적으로 생각하기에는 6종류가 적당하다. 더 많이 마시면 와인의 맛을 보는 능력이 떨어지는 경우가 많으며 너무 많은 알코올을 마시면 거침없이 와인을 마시게 되는 경향이 있다.

④ 충분한 물을 준비. 왜냐하면 너무 와인을 많이 마시면 탈수현상이 있을 수 있다. 탄산수가 와인 잔을 헹구는 데에도 좋고 입안에 남아 있는 와인을 제거하는 데에도 효과적이다.

⑤ 빈 물통을 준비해 사람들이 입안에 있는 와인을 뱉어 버릴 수 있게 한다. 이것은 와인을 즐기는 것이 아니고 단지 와인의 맛을 보고자 하는 사람에게는 특별히 중요하다.

⑥ 와인과 함께 먹을 수 있는 치즈, 비스킷 혹은 식빵을 준비 한다. 특별한 맛과 향이 없는 심플한 비스킷이나 식빵은 입안을 깨끗하게 하는 역할을 하기에 다음 와인을 시음할 때 좋다. 또한, 치즈를 사용하는 것도 좋은데 사실 치즈는 와인의 맛을 더욱 높이는 역할을 하기도 한다. (혹은 치즈의 맛을 높인다고 할 수도 있겠다.)

⑦ 날씨가 더울 때엔 에어컨이 있는 서늘한 방에서 와인을 시음하도록 권장한다. 그렇지 않으면, 와인을 제대로 즐길 수 없을 것이다.

⑧ 적당한 분위기는 훨씬 더 즐겁고 유쾌한 와인 시음 파티가 되도록 도와준다. 적당한 조명과 부드러운 백그라운드 음악(재즈음악 같은)은 훨씬 더 큰 효과를 준다. 물론, 진짜 와인 프로는 아마도 이러한 분위기를 싫어할 수도 있겠다. 심각한 시음이라면 햇빛에 가까운 밝은 조명으로 와인의 색을 잘 볼 수 있게 밝히고 조용한 분위기가 더욱 이상적일 수 있다.

⑨ 종이와 펜을 준비하여 사람들이 와인 시음 시 자신들의 테이스팅 노트를 쓸 수 있게 한다.

⑩ 마지막으로, 마음껏 즐겨라. 구태의연하고 고리타분한 행사로 만든다면 당신이 가지게 되는 마지막 와인 테이스팅 이벤트가 될 수도 있다.

■ 이상적인 테이스팅 파티 유형들

단계 1 : 초보자 단계 - 포도 품종별 테이스팅

이 유형은 다른 포도품종의 와인들을 비교하는 형식이다. 가능하다면 같은 생산업체 혹은 지역 그리고 같은 빈티지 년도를 가진 와인들을 가지고 시음 한다. 가장 인기 있는 대표 포도품종들을 사용하여 비교 시음을 해본다. 예를 들면, 레드 와인에는 까베르네 소비뇽(Cabernet Sauvignon), 피노누아(Pinot Noir), 멜로(Merlot), 진판델(Zinfandel) 그리고 가메이(Gamay)를 준비하고 화이트와인에는 샤도네(Chardon-nay), 소비뇽 블랑(Sauvignon Blanc), 세미용(Semillon), 리슬링(Riesling) 그리고 게뷰르츠트레미너(GewÜrtztraminer)를 준비한다. 각 포도품종에 따른 와인의 색과 맛의 차이를 확인하는 것을 배우게 된다.

단계 2 : 중급 단계 - 각 나라별 테이스팅

이 유형은 각기 다른 나라에서 생산되는 같은 포도품종을 비교하는 형식입니다. 특히 프랑스나 스페인과 같은 와인의 역사가 오래된 국가부터 미국이나 호주와 같은 새로운 와인의 역사를 가지고있는 나라들 까지 다양하게 선택 하는데 같은 범주의 와인을 선택하시기 바랍니다. 와인의 가격은 같은 품질인데도 나라 혹은 지역에 따라 다를 수 있으므로 올바른 방향을 주지는 못할 것 입니다. 와인을 만드는 스타일 특히 오크의 정도 질감과 와인의 과일성향을 평가하는 것을 배우시기 바랍니다.

단계 3 : 중급 단계 - 와인 가격에 따른 테이스팅

이 유형은 같은 포도품종이지만 가격 별로 다른 품질을 비교하는 형식이다. 한가지 방법은 프랑스의 경우, 보르도와 같은 큰 단위의 지역에 있는 각기 가격이 다른 특정 샤또 (Chateau = 와이너리)의 와인들을 비교하는 것이다. 또 다른 방법은 같은 생산자가 만드는 와인 중 리저브 급의 와인이 그 아래 등급의 와인들을 비교하는 것도 좋다. 이러한 시음은 와인의 가격에 따라 표현되는 와인의 향기와 질감을 배울 수 있다.

단계 4 : 고급 단계 - 버티칼 빈티지 테이스팅

같은 생산자인데 다른 빈티지(생산년도)의 와인들을 비교 하는 방식이다. 이런 경우 한 지역에서 생산되는 포도로 만든 와인들을 가지고 다른 빈티지의 와인들을 맛보는 것이다. 이 정도 단계가 되면 와인들의 선택은 적어도 중급 이상의 고급 와인들을 선택하는 것이 좋다. 날씨가 와인에 어떠한 영향을 주는지를 배우게 될 것이다. 일반적으로 좋은 해의 와인들은 과일 맛과 향이 강하고 입안에 남은 여운이 더욱 좋은 경우가 많다.

단계 5 : 고급 단계 - 블라인드 테이스팅

이 단계 까지 오면 어떤 와인이든지 간에 좋다. 와인 병을 천으로 가리고 와인의 맛을 보고 포도품종, 지역 그리고 심지어는 와인의 빈티지를 추측해 보는 것이다. 블라인드 테이스팅은 대체적으로 아주 좋은 와인들을 가지고 시음을 하는 경우가 많다.

실제로 위에서 서술한 5가지 유형에서 좀 더 다양한 형식으로 변화 시킬 수 있을 것이다. 여러 사람들과 함께 어우러지면서 더욱 즐거운 테이스팅 파티를 하기 위해서는 주최하는 당신에게 전적으로 달려있다.

■ 와인 테이스팅의 기술 – 와인의 색, 향, 맛

와인 테이스팅의 기술 - 와인의 색, 향, 맛

와인 맛을 보고 그 와인을 평가하고 인정한다는 것이 많은 사람들이 와인을 마시게 하는 이유가 될 것이다. 또한 이것은 그리 쉬운 일이 아니다. 그러나 특별할 것도 없다. 와인을 평가하기 위해서는 여러 복잡한 방법들이 있겠지만 여기에 서는 쉬운 방법으로 와인을 평가할 수 있는 방법 들을 나열해 보았다.

와인의 맛을 평가하는 데에는 세 가지의 기본 요소가 있는데 처음에는 와인의 색을 보고, 그 다음에는 와인의 향기, 마지막으로 와인의 맛을 본다.

3) 와인의 색

먼저 와인의 색을 보자. 와인 글라스에 와인을 약 3분의 1정도만 따르는데 절대 와인 잔의 반이 넘지 않도록 한다. 그리고 와인 글라스의 다리를 잡는다. 와인의 볼(bowl) 부분을 잡는 경우를 흔히 보게 되는데 이런 경우 와인의 색을 제대로 볼 수 없고 잔이 얼룩지기 때문에 시각적인 관찰이 힘들어 진다. 또한 손의 온도가 전달되어 와인의 온도가 높아지기 때문이다. 와인의 온도는 최상의 와인 맛을 내는데 있어서 중요하다.

그리고 나서 와인의 투명도를 살피기 위해 와인 잔을 불빛에 비추어 보거나 흰 배경에서 와인의 색상을 본다. 이를 통해 와인이 맑은지 뿌연지를 알 수 있다. 맑은 색으로 반짝거리며 빛이 난다면 이 와인은 상태가 좋은 것이지다. 하지만 흐리거나 뿌연 그림자가 있다면 이 와인은 오래 되었거나 보관 상태가 좋지 않다는 것을 알 수 있다. 흰색 테이블이나 흰 종이 위에 와인 잔을 올려 두고 위에서부터 똑 바로 내려 보면 와인의 색상의 농도를 볼 수 있다.

와인의 색상은 너무나도 아름다워 많은 사람들이 와인의 색을 보석에 비유하기도 한다. 가령 루비 색이라든가 황금 색 등으로 표현을 한다. 와인의 색은 사용된 포도 품종에 따라 그리고 기후나 지역 그리고 빈티지에 따라서도 달라진다.

그런 후 와인의 잔을 돌린다. 와인 잔 돌리기는 숙련이 되지 않으면 많이 어색할 수 있다. 심지어 와인이 밖으로 튕겨 나와 이웃에 얼룩을 주기도 하기에 조심해야 한다. 이렇게 와인 잔을 돌리는 것은 후각적인 관찰을 위한 것이다. 잔을 돌리기 가장 쉬운 방법은 와인 잔을 테이블 위에 놓고 엄지와 검지 손가락으로 잔의 다리를 잡고 부드럽게 돌린다. 가능한 한 시계 반대 방향(오른손 잡이라면)으로 돌리면 옆의 사람에게 와인이 튈 염려가 없을 것이다.

와인이 글라스 입구까지 다다를 정도로 소용돌이 치면 멈춘다. 와인이 잔의 표면을 따라 불규칙 적으로 흘러내리는 것을 볼 수 있는 데 이것을 와인의 "눈물" 또는 "다리(leg)"라고 부른다. 와인 전문가들이 종종 여기에 심오한 의미를 붙이기도 하나 사실 이것은 단지 와인의 알코올 농도가 높을수록 더 많이 흘러 내릴 뿐이다.

4) 와인의 향

와인 잔을 돌리는 것은 와인이 병 속에서 잠자고 있었던 향기를 공기 접촉을 통해 잠에서 깨우는 역할을 한다. 와인이 글라스에서 소용돌이쳐 공기와의 접촉이 충분히 되면 와인의 향기를 맡아 보자. 최대한 코를 와인 잔 속으로 넣어 자신의 후각적인 감각을 최대한 살려 와인의 향기를 깊이 맡아 본다. 잠에서 깬 와인은 그 속에 숨어 있었던 갖가지 아로마(Aroma)와 부케(Bouquet)를 발산한다. 와인 테이스팅을 즐기는 사람들은 이 과정에서 연관되는 향기를 찾아내면서 즐거워하는 경우를 많이 보게 된다. 사실, 와인은 단순히 포도로만 만들었는데도 지구상의 모든 향기가 화학적인 반응을 통해 나타난다는 것이다.

와인의 향기는 시음에 있어서 지극히 중요한 역할을 하는데 우리의 후각은 뇌로 바로 전달되어 기억과 감정을 자극한다. 와인의 향기는 과거에 경험했거나 맡았던 냄새라든가 특정 장소 내지는 추억들을 연상하기도 한다.

와인을 만들 때 사용되는 품종은 매우 다양한데 지구상에 존재하는 품종만 해도 수백 가지가 된다. 우리가 자주 접하는 대표적인 포도 품종들은 약 40-50가지 인데 그 중에서도 가장 많이 맛보게 되는 대표적인 포도 품종 별로 표현되는 일반적인 향기들은 아래와 같다.

화이트 와인

· 샤도네(Chardonnay) : 배, 사과, 파인애플, 멜론, 레몬, 바닐라, 클로버
· 슈넹 블랑(Chenin Blanc) : 배, 복숭아, 잘익은 멜론, 레몬, 셀러리
· 게뷰르츠트레미너 (Gewurztraminer) : 장미, 리치향
· 리즐링(Riesling) : 녹색사과, 살구, 복숭아, 꿀
· 소비뇽 블랑(Sauvignon Blanc): 자몽, 레몬, 신선향 허브향, 잔디향, 연기, 부싯돌
· 세미용(Semillion) : 잔디, 레몬, 땅콩, 버터
· 비오니어(Viognier) : 살구, 신선한 꽃향기

레드 와인

· 까베르네 소비뇽 (Cabernet Sauvignon) : 나무, 시가 박스, 민트, 블랙 커런트, 클로버, 계피향, 고추, 올리브, 쵸코렛, 크림향
· 가메(Gamay) : 신선한 딸기, 딸기소다, 계피 크림
· 그르나슈(Grenache) : 토양, 검은 후추, 자두, 커피, 매운향
· 메를로(Merlot) : 쵸코렛, 바이올릿, 오렌지, 자두, 블랙
· 피노 누아(Pinot Noir) : 나무연기, 습기찬 토양, 버섯, 딸기, 헛간냄새,크림향
· 산지오베제(Sangiovese) : 담배, 연기, 매운향, 건포도
· 쉬라(Sirah) : 검은 후추, 블랙베리쨈, 블랙베리, 오렌지, 자두
· 템프라니오(Tempranillo): 토양, 버섯, 나무
· 진판델(Zinfandel) : 라스베리, 쵸코렛, 블랙체리, 클로버. 검은후추

변질된 와인

식초 향, 흙, 고무, 석유, 양배추, 황, 생선, 젖은 모, 메니큐어 에나멜, 젖은 카드보드, 강한 코르크 향, 곰팡이 냄새.

5) 와인의 맛

와인의 맛을 통해 우리는 와인 테이스팅의 절정에 도달한다. 후각으로 느낀 와인의 향기를 그대로 느끼면서 와인을 약간 마셔 본다. 와인 맛의 비밀을 알아 내려면 바로 삼키면 안된다. 와인을 입안 모든 접촉 가능한 부분에 닿을 수 있도록 입안에서 최대한 굴려 본다. 혀가 가지고 있는 다양한 부분별 맛은 다르기 때문이다. 떫은 맛의 탄닌(Tannin)은 뺨 뒤쪽에서 느껴 지고 단맛은 혀끝에서 느껴 진다. 알코올의 타는 듯

한 느낌은 목 뒤쪽에서 느껴 진다.

이러한 맛의 지각 강도는 전문적인 기술에 의해 증폭될 수 있는데 사실 이런 경우는 전문적인 테이스팅 장소에서나 어울릴 것이다. 그러나 식탁에서도 너무나 훌륭한 와인이 있다면 이렇게 시음하고 싶을 지도 모르겠다.

첫째, 입안에 와인을 문 채 입술을 오므리고 입으로 살짝 숨을 들이마신다. 아마도 "후르루" 하는 소리가 날지도 모르겠다. 이는 기화 작용을 통해 와인 아로마를 강화시키게 한다. 그리고 나서 혀로 와인을 굴리기도 하고 씹기도 하는데 이것은 와인의 풍미와 뉘앙스를 느끼기 위함이다. 마지막으로 와인을 삼키고 난 후 부드럽게 그리고 천천히 코와 입을 통해 숨을 내쉬는 것을 잊지 말자. 목과 코를 연결하고 있는 코 뒤쪽의 통로는 아로마를 느낄 수 있는데 와인을 삼키고 나서도 한동안 아로마가 남아 있는 곳이다.

좋은 와인일수록 더욱 복합적이고 심오하며 잔향이 오래 남는다는 것을 알 수 있을 것이다. 이것을 우리는 피니쉬(Finish) 라 하는데 오래 여운이 남을수록 훌륭한 와인으로 인정하는데, 이 여운은 그 어떠한 술이나 음료에서도 느낄 수 없기에 최고의 순간이라 할 수 있다.

와인 드링커들은 와인을 가지고 오감을 즐긴다고 한다.

앞서 말한 와인의 색(시각), 향(후각), 맛(미각)이 있다면 그 나머지는 잔으로 부딛히는 소리 (청각) 그리고 마시면서 목에서 오는 (촉감)이 아닐까 싶다.

자. 와인의 오묘한 맛을 위해 건배 !

블라인드 테이스팅의 묘미

아니 눈을 가리고 와인을 테이스팅 한다 구요?" 눈에 두건을 두르고 와인을 테이스팅 한다고 생각했던 어느 와인 초보의 이야기다.

음식 드라마 '식객'에서는 한우의 맛을 보기 위해 눈을 가리고 고기의 맛을 맞추는 장면이 나온다. 아마도 그는 이러한 장면을 연상했을 지도 모르겠다. 그러나 와인은 다르다. 엄격하게 말한다면 와인을 가리고 테이스팅 한다는 것이 더욱 정확할 것이다. 그러나 가끔씩 눈을 가리고 테이스팅 할 때도 있다. 이런 경우는 와인의 맛을 처음 배울 때 사용하는 방법이기도 한데 와인의 색을 보지 않고 테이스팅 하는 것이다. 이는 레드 와인과 화이트 와인을 맛으로 구분해 보는 것이다.

"에이. 화이트 와인과 레드 와인도 구분 못할까 봐서요?" 라고 탄닌이 주는 떫은 맛을 상상하면서 비웃을 지도 모르겠다. 그러나 화이트 와인 같은 레드 와인이 있다. 또한 레드 와인 같은 묵직한 느낌의 화이트 와인도 있기에, 적과 백을 구분하기 위해 블라인드 테이스팅에 도전한 사람들에겐 신선한 충격이 될 것이다.

와인을 맛보는데 있어서 블라인드 테이스팅은 꽤 재미있는 요소들이 많다. 이는 와인에 박혀 있는 고정 관념을 깬다는 데에도 큰 의미를 지니고 있다.

가끔씩 우리는 특정 명품 브랜드의 고급 와인이나 특급 와인 내지는 고가의 유명 와인을 맹신(?)한 경우는 없는지 한번 정도는 생각해 볼 필요가 있다. 와인 애호가들을 불러놓고 블라인드 테이스팅을 한다고 하면 자신의 와인 실력이 들통날 거라는 부담감을 가진다. 그러나 이러한 가식이나 허세에서 벗어나 좀 더 솔직하게 와인을 접해 보는 것이다.

자신의 미감과 본능에 맞춘 나만의 와인을 찾는 것도 와인을 마시는데 있어서 또 다른 즐거움이다. 몇몇 마음이 통하는 와인 친구들을 7-8명 구성하여 몇 가지의 와인들을 가져다 놓고 와인 병을 천으로 싼 후 그 와인들의 맛을 보고 평가한 후 그 와인을 공개하는 것이다.

이는 많은 와인 전문가들이 와인에 대한 평가를 할 때 적용하는 방법인데 우리는 우리 입맛에 맞는 맛있는 와인을 찾아 보는 것이다. 이런 방식으로 와인을 찾다 보면, 와인을 맛보는 사람의 감각은 최대한 열려있고 집중할 수 있다.

한국 와인의 역사와 현황

국내에 본격적으로 와인이 들어오기 시작한 것은 1987년으로 88올림픽을 계기로 국내 와인 수입이 자율화가 되면서부터이다. 당시 특급호텔에서부터 시작하여 상류층과 외국인을 대상으로 와인이 판매되었다. 물론 그 이전에도 국산 와인이 생산되고 판매되기는 했지만 마주앙 정도였고, 나머지는 엄밀하게 와인이라 하기엔 무언가가 부족했다.

1997년이 되면서, 레드 와인이 건강에 좋다는 의학적 보고인 프렌치패러독스French Paradox(적당한 레드 와인의 섭취는 레드 와인이 보유하고 있는 폴리페놀 성분으로 인하여 심장병을 예방 할 수 있다는WHO의 연구 보고)가 국내에 알려지자 급작스런 판매 기록을 보여주기도 하였다. 그러나 뒤따른 IMF의 갑작스러운 여파로 과다 수입을 하였던 많은 수입상들이 타격을 받아 한동안 침체를 보였다.

1999년부터 경기가 어느 정도 회복되면서 다시 건강 지향적인 음주 문화 확산과 함께 급속한 와인 소비 현상을 보이면서 본격적으로 와인 시장이 자리를 잡아가는 시기가 되었다. 2000년대, 급속한 인터넷의 보급으로 PC통신을 통해 와인 동호회가 시작되던 이 시절, 와인 동호회를 통한 와인 인구가 빠르게 증가하는 추세를 보였다. 보졸레 누보 축제를 통한 언론의 보도기사를 통해 사람들에게 단순히'와인'이라는 이름

이상으로'보졸레 누보Beaujolais Nouveau'란 와인이 알려졌고 폭발적인 인기와 함께 판매는 예상을 뛰어넘었다. 당시국내에서 운영되고 있는 와인 전문바는 5개 미만이었다. 수입 와인 규모가 약 2천만 불에 이르게 되면서 40~50대 중심의 와인 소비 패턴이20~30대 직장인과 여성 및 주부 등으로 옮겨지고 와인 대중화로 접어들기 시작하였다.

2003년, 와인 시장은 경기 침체에 상관없이 지속적으로 늘어났다. 놀랍게도 IMF 당시의 경기보다 훨씬 더 악화되어 있음에도 불구하고 웰빙열풍과 함께 불어온 와인에 대한 관심도는 높아져 다른 소비 상품들만큼 수입과 판매에 큰 변화를 주지 않는다는 것이었다.

2008년이 되면서 와인을 다루는 전문샵과 와인바 및 레스토랑의 수는 약 2000개 이상까지 늘어난 것으로 추정되고 있다. 게다가 대부분의 레스토랑은 훌륭한 와인 전문 셀라를 구비하고 있었으며 국내 와인 전문바는 약 300여 개가 오픈되어 있다는 것이 업계의 이야기다. 심지어 한식 전문 레스토랑에서도 와인 리스트를 구비하고 있는 곳이 많아졌고 대부분의 칵테일 전문바에서는 전혀 찾아볼 수 없었던 와인이 이제 기본적으로 구비되고 있는 것이다. 앞으로도 와인 시장은 지속적으로 더욱 발전할것이라는 것이 업계 전문가들의 의견이다.

6) 와인의 보관

와인을 고르고 테이스팅하는 것도 중요하지만 사실 무엇보다 가장 신경 쓰이는 부분은 보관일 것이다. 혹 좋은 와인을 싸게 많이 구입했다하더라도 제대로 보관하지 않는다면 고급 와인이 식초로 전락하게 될 것이다. 와인 역시 농산물이라 우유처럼 상할 수 있다. 와인을 가치 있게 보관하기 위한 몇 가지 방법을 소개한다.

오픈 전에는 이렇게

지금도 유럽의 상류 가정에서는 아이가 태어나면 그해 생산된 와인을 몇 상자씩 구입해 보관하는 전통이 있다고 한다. 특별히 잘 저장되는 이 와인들은 아이가 성인이 된 해 맞이하는 생일날 개봉된다. 이 경우 물론 와인은 오래 숙성시켜 특유의 향과 맛을 즐길 수 있는 최고급 품질이어야 하겠지만. 정석대로 따르자면 와인은 뉘여서 코르크 마개가 젖어 있도록 보관하며, 통풍이 잘 되고 청결한 곳에서 14℃ 정도의 온도와 80%정도의 습도가 항상 유지되는 지하 저장고 같은 곳이 이상적이다. 그러나 일반 가정에서는 저장고가 있을 리 만무하다.

지하 저장고를 대체할 만한 것이 바로 와인 냉장고이다. 최근 냉장고들은 와인의 종류에 따라 보관온도가 달라지는 멀티 온도계 시스템을 이용하거나 간단한 치즈와 햄을 보관 할 수 있는장소 등 사용하기 편리한 제품들이 시중에 많이 나와있다. 단, 집에서 보관할 경우 주의할 점은, 아파트 베란다와 같이 기온 변화가 심하며 직사광선을 받기 쉬운 곳은 피해야 한다. 또한 진동이 많거나 습한 장소도 피하는 것이 좋다. 보관 시설이 없다면 와인을 구매할 때는 장기 보관을 염두에 두지 말고, 적당량을 구입하여 소비하는 것이 가장 이상적이다.

최근 냉장고들은 와인의 종류에 따라 보관온도가 달라지는 멀티온도계 시스템을 이용하거나 간단한 치즈와 햄을 보관 할 수 있는 장소 등 사용하기 편리한 제품들이 시중에 많이 나와있다. 단, 집에서 보관할 경우 주의할 점은, 아파트 베란다와 같이 기온 변화가 심하며 직사광선을 받기 쉬운 곳은 피해야 한다.

또한 진동이 많거나 습한 장소도 피하는 것이 좋다. 보관 시설이 없다면 와인을 구매할 때는 장기 보관을 염두에 두지 말고, 적당량을 구입하여 소비하는 것이 가장 이상적이다.

오픈 후 보관방법

와인은 일단 개봉돼 공기와 접촉하면 당장 산화가 진행돼 변질되는 것으로 알고 있는데, 이는 조금 잘못된 인식이다. 물론 한번에 다 비우는 것이 가장 이상적이겠지만 설사 조금 남더라도 몇 일 안에 마실 경우는 크게 걱정할 필요가 없다. 물론 개봉 후 오래 되면 산화라는 화학적 변화에 의해 와인의 향과 맛이 변한다. 와인은 공기와 접촉하면 산화가 진행되므로 가능한 공기에 노출되는 부분을 적게 하는 것이 필요하다. 그러므로 마시다 남은 와인을 깨끗하게 씻어 물기를 제거한 작은 병에 옮겨서 병목부분까지 따른 후 견고한 마개를 해 섭씨 5~6도의 냉장고에 넣어두는 것이 좋은 방법이다. 이것이 번거로울 경우에는 그냥 와인 병에 코르크 마개를 다시 막은 채 냉장고에 보관 해도 괜찮다. 와인이 담긴 병을 눕혀서 보관하는 것도 좋으나 기간이 길지 않기 때문에 세워 두는 것도 무방하다

와인 병 속에 있는 산소를 제거해 진공상태로 만들어주는 미니펌프(vaccum savor)

세트를 구입해 남은 와인의 맛을 상당기간 유지시키는 방법도 있다. 와인 병목 부분에 특수 재질의 고무마개를 낀 후 펌프질을 해 병 속을 진공 상태로 만들어 결과적으로 남은 와인의 산화를 방지해 주는데 이 기구를 이용할 경우 와인을 냉장고에 넣을 필요가 없으며 상당 기간 동안 와인의 맛을 보존할 수 있다. 그러나 일부 와인 애호인들은 산화 방지를 위해 와인 속에 첨가된 항산화제(아황산가스)마저 펌프질을 통해 빠져나갈 가능성이 있다며 미니펌프 사용에 부정적인 견해를 보이기도 한다.

천연의 저장고, 까브(CAVE)

와인을 보관하기에 가장 좋은 장소는 까브이다. 프랑스의 유명 샤토를 비롯한 대부분의 와이너리들은 훌륭한 까브 시설을 갖추고 있다. 프랑스, 독일 등 구대륙의 와이너리는 오래된 성의 지하 창고가 바로 까브이다.어떤 곳은 까브 그 자체만으로도 구경거리를 제공할 만큼 아름답게 꾸며진 곳도 있다.

그렇다면 까브가 되기 위해선 어떤 조건이 갖춰져야 할까?

좋은 까브란 와인을 적합한 조건에서 보존시키는 것 뿐 아니라 숙성시키는 장소를 의미한다. 까브에서 오래 동안 숙성된 와인은 전보다 훨씬 더 뛰어난 맛과 향을 지니게 된다.

까브의조건을살펴보면...

① 어두워야 한다. 어둠은 포도주의 조화로운 장기 숙성에 필요하다.

② 지하창고의 이상적 온도는 11℃이나 14℃까지이다. 또한, 가능한 한 지하 창고를 북쪽으로 향하게 해서 햇볕에 의한 온도변화를 막아야 한다. 기온변화와 같은 물리적인 충격은 포도주에 좋지 않다.

③ 습도를 일정하게 유지하고 급격한 습도 변화가 초래하는 해로운 결과를 막기 위해서, 저장실의 바닥 전체를 콘크리트나 타일 등의 인공적인 물질로 처리하는 것을 피하고, 작은 자갈이나 잘게 부순 돌, 혹은 고운 기와조각으로 채운 공간들을 마련하는 것이 좋다.

④ 악취가 없는 곳이어야 한다.

⑤ 각각의 와인에 대한 정보를 기입하는 간단한 장부를 마련하여 다음 항을 기록하면 편리하다. 포도주 원산지 명칭 , 양조연도 , 생산자 명, 혹은 공급 도매상 명 , 창고 입고 날짜 , 정기 검사 및 시음 때의 평가, 재고 병 수.이런 조건이 갖춰진 까브에서 오랫동안 보관된 와인, 그 중에서 그야말로 명품이라고 부를 만한 고급 와인이 탄생하는 것이다.

7) 와인 액세서리

패션과 마찬가지로 와인을 즐기는데 악세사리가 반드시 필요한 것은 아니다. 그러나 작은 악세사리 하나로 의상이 확 돋보일 수 있듯이 와인 악세사리가 있다면 와인 맛을 이해하는데 훨씬 많은 도움을 준다.

와인 관련 악세사리에는 와인글라스, 병따개(Cork Screw), 디캔더(Decanter), 진공마개(Vacum pump) 등이 있다. 이 중에서도 가장 중요한 것은 바로 와인글라스이다.

■ 와인글라스

와인글라스에 따라 와인 맛이 달라진다

리델 글라스의 홍보 문구처럼 적절한 잔을 선택하면 최상의 맛을 시음할 수 있다. 먼저 기본적인 와인 잔의 조건을 설명하자면

- · 외형에서 튤립 모양으로 볼록해야 한다.
- · 잔의 가장자리(rim)는 안쪽으로 휘어 있어 와인의 향기를 모아 한껏 들이마실 수 있어야 한다.
- · 잔의 몸체(body)는 깊어야 공기와 접하는 면적이 좁아서 향기를 모을 수 있다.
- · 잔의 지지대는 손으로 몸체를 잡지 않아도 될 만큼 충분히 길어야 한다.
- · 때에 따라서 화이트 와인은 손의 접촉에 의해서도 온도가 상승하는 경우가 있다
- · 잔의 크기는 충분히 커야 한다. 특히 향기와 와인의 눈물을 보기 위해 잔을 돌릴 때 넘치지 않는 크기가 좋다. 즉, 한번에 서비스되는 와인의 양이 보통 90ml 임을 감안할 때 잔의 크기는 최소한 280ml 정도 되는 것이 적당하다. 간혹 어떤 레스토랑에서는 더 큰잔을 사용하기도 하는데 이는 최상급 레드 와인 서비스에서 많이 이용된다.
- · 샴페인의 잔은 이와 달리 긴 플룻 형태가 가장 좋다. 플룻 샴페인 잔은 색깔과 거품을 관찰할 수 있도록 제작하였기 때문에 작은 기포가 올라오는 시각적인 즐거움을 누릴 수 있다.
- · 와인글라스는 매끄럽고 각이 져서는 안 된다. 가장 이상적인 와인글라스는 고순도의 투명한 크리스탈로 와인의 특성을 왜곡 없이 관찰할 수 있다.

이러한 기본적인 조건을 갖춘 것 이외에 각 지역의 와인에 특성에 맞게 제작된 글라스가 있다. 가장 유명한 회사는 리델(Riedel)이라는 오스트리아 회사로 보르도잔, 보르도 그랑크뤼잔. 부르고뉴잔, 샤도네이잔 등 종류만 수십 가지에 이른다. 같은 레드 와인잔이라 해도 보르도 잔은 약간 길고 부르고뉴잔은 그에 비해 옆으로 더 넓은 모양이다. 앞에서 이미 밝혔듯이 와인 애호가에게 와인글라스는 와인을 이해하기 위한 최상의 도구이다. 잔 하나로 와인이 주는 기쁨을 누릴 수 있다면 과감한 투자도 결코 아깝지 않을 것 같다.

■ 와인 글라스의 비밀

글라스에 따라 와인 맛이 달라진다.

자… 지금 여러분 앞에는 5개의 각기 다른 모양의 와인 잔에 올려져 있습니다. 잔에 담긴 와인의 향과 맛을 보시기 바랍니다. "

어느 유명 와인 글라스 제조업체가 개최한 와인 글라스 시음회가 열리고 있는 자리

였다.

앞에는 볼이 매우 넓은 큼직한 글라스, 타원형의 글라스, 좀 더 작은 글라스 등 5개가 나란히 놓여 있었다. 사람들은 각기 다른 모양의 글라스를 흔들어 향도 맡아보고 맛을 보기도 한다.

"그럼… 가장 마음에 드는 와인이 있었나요?" 사회자가 다시 묻는다.

사람들은 각자 좋아하는 와인들을 나름대로 찍는 듯 했다. 각 와인 잔에 담겨있는 와인들이 표현하는 향기와 느낌이 묘하게 다르다는 느낌을 가졌다. 어떤 와인은 향기가 더욱 풍부했고 어떤 와인은 산미가 강하게 느껴지기도 했다.

"지금 여러분이 마신 5개의 글라스에 있었던 와인들은 모두 로버트 몬다비의 피노누아 였습니다" 라고 사회자는 말을 한다. 사람들은 믿기지 않는 듯 다시 글라스에 담긴 와인의 냄새를 맡아보고 맛도 보았다.

시음에 사용되었던 글라스는 레드 와인으로는 보르도풍 레드 와인 글라스와 버건디풍 피노누아 레드 와인 글라스, 화이트 와인을 위한 샤도네 품종을 위한 글라스와 리슬링 품종을 위한 글라스였으며 일반적인 두툼한 느낌의 유리글라스가 마지막에 있었다. 물론 대부분의 사람들은 유리글라스에 담긴 와인에 가장 낮은 점수를 주었던 것이다.

이 독특한 글라스 시음회는 수년 전 시행했던 유명 와인 글라스 메이커였던 리델(Riedel)에서 자신들의 글라스가 어떻게 다른지를 직접 보여준 행사였다.

리델 측에 따르면 와인의 색과 향기 체온의 전달을 막기 위해 와인 잔의 다리가 긴 것은 기본이고 쓴맛, 단맛, 신맛을 느끼는 혀의 부위에 따라 와인을 처음 맛보는 느낌은 다르다는 것이다. 따라서 이들은 와인 스타일에 따라 와인 잔의 모양과 크기가 달라지는 것이다. 즉, 인체의 구조와 와인의 특성을 감안하여 글라스가 만들어진다는 것이다.

그 이후, 진지하게 와인을 마시려고 했던 사람들은 글라스부터 구비하는 일부터 시작한 것이다. 고급 레스토랑이나 와인 바들은 고급 크리스탈 글라스가 필수아이템이 되었고, 와인 애호가들은 자신의 진열장에 포도품종에 따라 달라지는 글라스를 종류별로 사서 진열하기도 했다. 크리스탈 이기에 글라스가 약하다는 단점은 크게 문제가 되지 않는 듯했다. 설거지 한번 하지 않았던 남성 와인애호가들이 와인 글라스만큼은 자신이 직접 닦는다고 고백(?)하는 사람들도 한번씩 만날 수 있었다.

요즘은 리델에 버금가는 슈피겔라우(Spiegelau)와 같은 강도 있는 튼튼하고 가벼운 글라스의 이미지로 사람들의 눈길을 끌기도 하고 저렴한 가격대에서도 좋은 품질과 디자인을 보여주는 유리로 만들어진 실속 형 글라스도 등장하여 소비자의 선택의 폭이 더욱 넓어 지고 있다.

그렇다면 정말로 와인 잔에 따라 맛이 달라진다는 것일까?

사실, 와인 글라스가 달라졌다고 해서 그 본래의 맛이 달라졌다고는 할 수 없을 것이다.

그러나 글라스의 모양에 따라 분명히 맛은 달라진다는 것은 간단한 실험을 통해서도 알 수 있을 것인데 가장 간단한 방법은, 화이트 와인을 소주잔과 화이트 와인 잔에 따라 맛을 비교해 보거나 맥주잔과 볼이 넓은 와인 잔과 비교하는 것도 재미있는 경험이 될 것이다. 물론 개인마다 느껴지는 강도는 있겠으나 분명히 차이를 느낄 것이라 생각한다.

가장 이상적인 와인 잔은 아무런 문양이나 장식이 없는 크리스탈과 같이 맑고 투명한 것이 좋다. 와인 잔의 큰 볼은 와인이 공기와 더욱 쉽게 접촉하여 복합적이고 풍부한 향기를 더욱 느낄 수 있게 한다는 것이고, 길쭉한 와인 잔의 다리(손잡이)는 체온으로부터 전달되는 열로부터 차단하여 적절한 온도에서 표현되는 최상의 와인 맛을 계속해서 즐길 수 있다는 것이다. 그래서 와인 전문가들은 와인 잔을 잡을 때에는 볼을 잡지 말라고 하는 것이다.

와인 스타일에 따라 글라스의 모양과 사이즈가 달라지는 사실에 대해 가장 공감하는 부분은 샴페인 글라스이다. 길쭉한 튜울립형 글라스는 끊임없이 올라가는 샴페인의 기포를 유지한다. 이는 시각적(별처럼 반짝이며 올라가는 기포)으로, 미각적(입안에서 느껴지는 거품이 주는 상쾌함)으로 충분히 즐길 수 있다. 반면 이탈리아의 아스티지방에서 생산되는 달콤한 맛의 스푸만떼의 경우에는 산미가 강한 샴페인 글라스와 달리 입구가 넓고 납작한 스타일의 글라스가 더욱 적절하다.

와인1병 다 채울 수 있을 것 같은 아주 큰 고급 레드 와인 잔은 볼이 넓을 때 풍겨오는 향기를 더욱 많이 느낄 수 있기에 사람들은 선호한다. 물론 이 잔에 와인을 가득 채우는 것은 아니다. 상황 별 차이는 있겠으나 750ml 용량의 와인 1병을 가지고 6-7잔 정도로 나눌 수 있는 분량이 가장 이상적일 것이다.

가끔씩 연기가 자욱한 불고기나 삼겹살을 굽는 식당에서 아주 커다란 와인 글라스를 가지고 와인을 마시는 경우가 있다. 물론 좋은 와인을 즐기려면 큰 와인 잔이 좋다고 생각하고 아예 잔을 들고 다니면서 마시기도 했으니까. 그러나 이런 상황이 부담스럽게 느껴질 때가 있다. 강한 양념들은 와인 잔을 금방 얼룩지게 하고 잔에서 맡게 되는 향기는 마늘과 같은 강한 양념과 육류의 비린내가 와인 향기와 뒤섞여지기 때문이다. 별로 유쾌한 향기는 아니었다는 생각이다.. 오히려 이러한 상황 에서는 화이트 이든 레드 이든, 와인 잔의 높이는 낮고 볼이 작았을 때가 더욱 마시기 편했다는 개인적인 생각이다.

■ 와인 글라스를 세척할 때 주의사항

와인 잔은 될 수 있는 대로 세제를 많이 사용하지 않는 것이 좋으며 특히 샴페인 잔은 세제를 사용하지 않고 세척해야 한다. 물론 식기세척기에 넣어 씻지 않도록 한다. 세제가 와인 잔에 남아 있을 경우 와인의 맛에 나쁜 영향을 주고, 샴페인의 기포를 줄어들게 해 상쾌한 맛을 빼앗아 갈 수도 있다.

스크류 (Cork Screw)

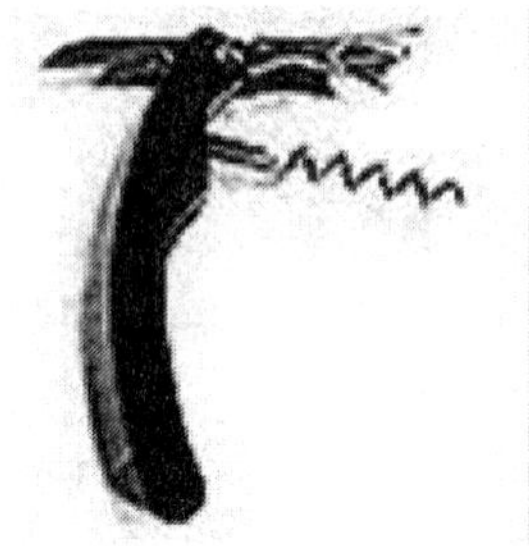

와인은맥주와달라서오픈할때부터까다롭다는생각을 종종하게된다. 코르크 마개를 따는 일은 경험한 사람은 알겠지만 그다지 쉽지 않다. 힘이 최고라며 무조건 당겨보지만 코르크는 두 동강이 나서 와인 속에서 가끔 코르크 조각을 건져가며 마셔야 할 때도 있다. 이럴 때 필요한 것이 바로 코르크 스크류.

코르크 스크류 역시 다양한 모양과 그에 따른 기능을 가지고 있다. 가장 단순한 스크류 형태부터 시작해서 오토 스크류에까지 시중에서 구입이 가능하다. 최근에는 스크류 자체 기능 뿐만 아니라 시각적 요소도 고려하여 디자인된것이 많아 선택의 폭이 넓다.

이 중 가장 보편적으로 쓰이는 스크류는 일명 웨이터스 나이프(waiter's knife)라 하여 레스토랑이나 와인바에서 소믈리에들이 많이 이용하여 붙여진 이름이다. 나선 모양의 마개뽑이와 병목의 캡슐을 깨끗하게 잘라내기 위한 칼이 부착되어 있다.

진공펌프(Vacum Pump)

와인은원칙적으로는오픈하면그날다마시는것이좋지만그렇지못할경우보관을어떻게해야할지고민하게 된다. (와인의 보관 방법에 관해서는 이미 와인 보관법에서 설명한 적이 있다.)

이럴 때 사용하는 것이 바로 진공펌프. 와인은 공기와 접촉하면 그 때부터 산화작용이 시작되기 때문에 보관할 때에 공기를 빼서 진공 상태로 만들어 주면 보관 기간을 연장할 수 있다. 일단 진공 병 마개로 병 입구를 막은 다음 펌프질을 하게 되면 와인 병은 진공 상태가 된다. 와인병을 열면 다 마셔야 한다는 조급함을 버리고 진공 펌프를 이용한다면 훨씬 즐겁게 와인을 마실 수 있을 것이다.

디캔더(Decander)

장기 숙성한 레드 와인을 마실 경우, 간혹 병의 바닥에 침전물을 발견할 수 있는데 이 때 침전물을 걸러주는 작업을 디캔딩이라 하고 이 때 사용하는 기구를 디캔더라고 한다. 디캔더는 바닥이 넓고 주둥이가 긴 투명한 병이다. 바닥이 넓은 것은 침전물을 잘 가라앉히기 위해서이고 주둥이가 좁고 긴 것은 따라 놓은 와인이 향이 미리 달아나도록 하지 않기 위해서이다. 이솝우화의 여우와 학이 먹었던 병 모양을 한 디캔더, 손잡이가 달린 디캔더 등 여러 디자인이 있지만 기본 모양은 모두 비슷하다. 일반 가정에서는 그다지 실용적이지 못하지만 고급 레스토랑이나 와인을 전문으로 마시는 곳에서는 반드시 필요로 한다.

■ 디켄팅(Decanting)의 비밀

"이 와인 디켄팅(Decanting)하시겠습니까?" 라고 어느 고급 와인 바의 소믈리에가 와인을 주문한 고객에게 정중히 물어 본다. 일행 중 한 명이 주문했던 와인은 이탈리아 피에몬떼 지방에서 생산되는 바롤로(Barolo)라는 꽤 강건하고 묵직한 스타일의 고급 와인이었다.

고객의 승인과 함께 소믈리에는 크리스탈로 만들어진 고급 유리 디켄터(Decanter)와 초를 준비해 가지고 왔다. 능숙하게 코르크 마개를 딴 후 주문한 고객에게 마개를 확인해 보인다. 고객은 코르크 마개의 상태를 살펴보곤 고개를 끄덕인다. 그런 후, 소믈리에는 병에 있었던 와인을 매우 조심스럽게 그러나 능숙하고 우아한 모습으로 투명한 디켄터에 따른다. 그 아래 비추어진 촛불은 와인 병에서 디켄터로 흘러 드는 루비 색 와인을 더욱 투명하게 반짝인다.

마치 무슨 의식처럼 행해 지는 이 작업은 소믈리에 경연대회에서도 중요하게 다룰 정도인데 디켄팅의 멋지고 세련된 모습을 보여 주기 위해 소믈리에들은 많은 연습을 하기도 한다.

와인을 디켄팅하는 데에는 몇 가지 목적이 있다. 가장 원초적인 목적은 탄닌이 많은 묵직한 스타일의 와인들이나 오래된 와인들의 경우 자연 발생적으로 생긴 찌꺼기를 분리하기 위함이다. 그래서 초를 밝혀 디켄터로 옮겨 지는 와인에서 찌꺼기가 들어가지 않도록 한다. 또 한가지는 영 빈티지의 어린 와인의 경우 와인 병을 금방 따면 발효 과정에서 생겨났던 유황과 같은 잡 냄새를 빨리 없애고 과일의 향을 높여 주는 역할을 하며 탄닌으로 인한 단단한 와인을 유연하고 부드럽게 한다.

"이 와인이 입을 꽉 다물고 있네" 바롤로를 시킨 친구가 디켄터를 들고 크게 원을 그리듯 한 바퀴 돌리며 중얼거린다. 한 10년 정도 된 이 바롤로의 묵직함이 꽤 기대가 되었지만 와인 향기의 꽃이 피려면 시간이 꽤 걸릴 것 같은 느낌이었다.

"아무래도 이 와인이 입을 열려면 한 2시간 정도는 기다려야 할 것 같으니까 우리 화이트 와인이라도 마시면서 기다려야 할 것 같아요" 라며 그는 다시 소믈리에를 부른다.

수 년 혹은 수십 년간 잠잤던 꽤 묵직하고 단단한 느낌의 레드 와인을 따면 처음에는 특별히 매력스러운 향기를 느끼지 못할 것이다. 그러나 디켄팅 작업을 하고 기다리다 보면 와인은 공기와의 접촉을 통해 어느 순간이 되면 마치 꽃이 봉우리를 열 듯 향기를 발산하게 된다.

영(Young)와인이든 올드(Old) 와인이든 와인의 맛과 향기가 최대 정점에 도달했을 때 마시는 것이 가장 좋다. 이 정점을 놓쳐 너무 산화가 되었다면 와인은 향기를 잃어버리고 맛은 맹물을 탄 것처럼 밍밍해 진다. 그리고 와인 향기의 꽃이 피기도 전에 너무 성급하게 빨리 마셔 버리면 그 와인의 진정한 모습을 못 보게 되는 경우도 있다. 와인은 매 분마다 산소와의 접촉을 통해 변화를 일으키는데, 마시는 순간 순간마다 와인의 향기와 혀에서 느껴지는 맛의 차이를 즐기는 재미가 있다.

"이봐요 소믈리에… 나도 디켄팅 좀 해주세요" 라고 옆 테이블에서 진행되는 디켄팅 모습을 보고 이야기 할 수도 있겠다. 와인이 국내에 알려 지면서 와인 바나 와인을 갖추고 있는 레스토랑에서는 와인을 주문하는 손님들이 '디켄팅'을 해 달라는 요청이 부쩍 늘었다고 하는데 그렇다면 와인은 모두 디켄팅을 해야 하나?

아니다! 모든 와인이 디켄팅의 대상은 아니다. 와인에 따라 달라지며 개인 취향에 따라 주관적으로 달라지기도 한다. 잠자는 와인을 빨리 깨우고 싶다면 디켄팅을 해도 좋을 것이나 과다한 공기 접촉으로 인해 와인 향기의 정점을 놓치고 오히려 산화될 수도 있으므로 조심해야 할 것이다. 보졸레나 부르고뉴의 가벼운 와인들 내지는 피노 누아나 그와 유사한 품종으로 만든 신선하게 마시는 레드 와인들은 따로 디켄팅이 필요 없다고 필자는 생각한다. 물론, 대부분의 화이트 와인들도 디켄팅이 필요 없는 경우가 많으며 오히려 디켄팅을 하면 역효과를 볼 수 있다.

칠레나 호주와 같은 묵직한 바디 감과 탄닌이 주는 적절히 거칠고 입안을 꽉 조여주는 단단한 맛을 그대로 즐기고 싶다면 디켄팅을 하기 보다는 잔을 흔들어 공기를 접하게 하면서 천천히 즐기는 것이 오히려 더 좋을 수 있다. 왜냐면 디켄팅을 통한 많은 공기의 접촉은 와인을 너무 유연하고 축 처지게 할 수도 있기 때문이다. 또한 신대륙의 와인들은 병을 따고 바로 마셔도 좋은 심플한 와인들을 만드는 경우가 많다. 이러한 와인들을 잘못 디켄팅하면 와인의 복합적인 향기는 단순해 지고 단단한 바디는 너무 유연하게 풀어질 수 있다.

섬세하거나 오래된 와인의 묵직한 바디 감은 그대로 유지하면서 향기를 최대한 살리기 위해서 사용하는 방법이 바로 더블 디켄팅 (Double Decanting)이다. 더블 디켄팅이란, 와인을 디켄터에 부으면서 잡 냄새를 제거하고 좋은 향기를 피워 낸 후에 바로 다시 와인 병으로 옮겨 공기와의 접촉을 최소화 하는 것이다. 이 방법은 부르고뉴의 섬세한 고급 와인들이나 너무 오랜 기간 보관하여 기력을 다한 와인들에게 적용하는 경우이다.

디켄팅을 통해 빛을 발하는 와인을 이야기 하라면 프랑스의 경우 보르도나 론 지방의 대부분의 강인한 와인들 그리고 이태리의 바롤로나 바르바레스코와 같은 조밀하고 단단한 느낌의 와인들이나 스페인의 리오하 와 같은 꽤 풀 바디의 강인하면서도 단단하여 입을 꾹 다물고 있는 듯한 느낌의 와인들이 될 것이다. 이러한 와인들은 와인에 따라 다르겠지만 적게는 1시간 많게는 2시간 이상 디켄팅을 해야 하는 경우가 많다.

디켄팅을 해야 할지 말아야 할지 고민스럽다면 와인에 대한 지식이 어느 정도 있는 레스토랑이나 와인 바의 소믈리에와 의논하는 것도 좋을 것이다. 아니면 본인 스스로 몸으로 체험하면서 내공을 쌓은 방법도 있을 것이다.

5. 와인과 음식

가장 좋은 와인이란 그 요리에 가장 잘 맞는 와인을 말한다. 그러므로 와인은 식사의 종류와 조화를 고려하여 제공한다. 와인의 선택은 식사전, 식사중, 식사후 또는 음식의 내용에 따라 다르다. 와인은 음식에 맞춰 선택해야하며, 일반적으로 무겁고 달콤한 와인을 제공하기 전에 가볍고 드리이한 와인을 제공하고, 숙성이 오래 된 와인은 숙성이 짧은 와인을 제공한 다음에 제공한다.

1) 식전의 포도주

식전와인(aperitif)을 마시는 경우에는 주정강화 와인 중에서 달지않은 것(dry)을 마시는데, 일반적으로 버머스나 셰리가 적당하다. 4가지 식욕증진용 셰리에는 만자닐라(Manza-nilla),피노(Fino),아몬틸라도(,Amontillado),비노 드 파스토(vino de Pasto)가 있다. 버머스 중에서는 이탈리안 버머스가 적당하며, 토리노(Torino)지역에서 생산되는 마티니 롯시(Matini Rossi), 신자노(Cinzano),카파노(Carpano) 등이 있다. 애피타이저.수프.샐러드에는 가볍고 드라이한 리슬링(Resling),샤블리(Chablis),무스카데(Muscadet),세미용(Semillon) 과 같은 와인이 좋다. 짙은 맛의 고기와 닭고기 수프에는 드리이 셰리(Dry Sherry)가 좋다

와인과 음식

일반적으로 레드와인은 붉은색 육류, 화이트 와인은 생선이나 흰색 육류가 잘 어울린다고 한다. 물론 요즘은 이를 무시하고 색상과 관계없이 자신이 좋아하는 와인을 즐기기도 한다. 식초는 와인에 있어 천적이라 할 수 있다. 따라서 샐러드를 먹을 때는 와인을 피하는 것이 좋다. 반면 애피타이저는 내용에 따라 가벼운 와인을 선택할 수도 있다. 쇠고기와 양고기는 드라이한 레드와인이 잘 어울린다. 카베르네 쇼비뇽, 피노누와 등의 레드와인은 육류맛을 한결 북돋운다. 생선은 거의 대부분 화이트 와인과 어울리는데, 깔끔하거나 상쾌한 맛의 화이트가 권장할 만 하다. 물론 레드와인을 잘 선택한다면 생선과도 어울릴수 있다. 예컨대ㅏ 레드와인의 포도맛이 강하고 탄닌산이 적다면, 고등어나 등푸른 생선 같은 기름지고 풍부한 맛을 내는 생선과도 잘 어울린다. 붉은색 생선이나 홍합 등 어두운 색으로 풍요로운 맛을 내고자 한다면 레드와인이 좋고, 바닷가재요리나 가리비 종류는 화이트와인이 아주 잘 어울린다. 흰색 육류인 닭고기.돼지고기,송아지고기 등은 화이트 와인이 좋으며, 그릴에서 구웠거나 로스트 형식으로 볶았다면 레드와인이 오히려 적절하다. 채식성 요리는 와인과 궁합을 맞추기가 다소 어렵다. 그러나 콩으로 만든 요리는 레드 와인과 잘 어울리고, 녹색계열의 야채에는 화이트 와인을 겸하는 것이 좋다

– 매일경제신문 2000.8.25.

2) 식사중의 포도주

일반적으로 식사와 곁들이는 기본적인 포도주의 원칙은 생선요리에서는 화이트 와인, 육류요리에서는 레드와인이 적합하며, 로제와인은 어느요리에나 모두 잘 어울린다. 간단한 저녁식사에서는 처음부터 끝까지 한 가지의 와인만을 서브하는 것이 상례이며, 주요리에 알맞은 와인을 선택한다.

생선과 포도주

생선요리에는 샤블리, 무스카데, 캘리포니아산 쇼비뇽 블랑 같은 드리이한 화이트 와인이나 이와 유사한 신 맛의 와인이 좋다. 쇼피노나 부이야베스 같은 강한 생선 스튜요리는 토마토와 마늘이 많이 들어 가므로 캘리포니아 버건디 같은 가벼운 레드 와인이나 프랑스 남서부산 레드 와인이 훌륭한 맛을 낸다.

치킨과 흰 육류와 포도주

치킨과 흰 육류요린에는 화이트 와인이나 레드와인 어느것이나 좋다. 크림 소스가 제공될 때는 화이트 버건디나 세미용이 좋은 조화를 이룬다. 로스트비프나 이탈리아 음식에는 보졸레나 키안티 같은 레드와인이 좋다

붉은 육류와 야생조류와 포도주

붉은 육류와 야생조류요리에는 좋은 품질의 레드와인과 잘 어울린다. 스테이크에는 전통적으로 레드와인이 제공된다. 레드 버건디는 로스트 비프와 잘 어울린다. 사슴고기나 맛이 진한 야생조류는 에르미따쥬 같은 론 지방의 레드와인이나 오스트리아 쉬라즈가 좋다. 바비큐한 고기는 향이 진한 캘리포니아 페트슈라 또는 진펀델 같은 와인이 좋다.

3) 식후의 포도주

식후의 포도주에는 꼬냑이나 리큐르가 적당하다.

■ 와인과 음식의 잘못된 만남

"흠… 이 화이트 와인은 생선회랑 마시기는 좀 부담스러운데요" 어느 일식 횟집에 번개 모임으로 참석한 와인 클럽 회원 중 누군가가 와인 잔 속에 코를 깊이 박아 긴 숨을 들이키듯 냄새를 맡아보면서 중얼거린다.

"그래요? 어디 한번 봐요" 가지고 온 와인 병을 받아 들었다.

"아.. 캘리포니아산 리저브급 샤도네 이군요. 꽤 고급 와인을 가지고 오셨는데…?"

와인을 먼저 음미해 보았다. 갓 구운 식빵의 구수한 향기와 아몬드와 같은 너트류 그리고 바닐라 아이스크림 같은 향기가 전체적으로 깔린다. 그러다가 아카시아 꽃 그리고 사과와 같은 과일의 무르익은 향기… 마지막에는 꿀과 같은 달콤함이 느껴지는 와인이었다.

"그럼… 어디 한번 도미 회와 한번 먹어 볼까요" 준비된 활어 회를 씹으면서 이 와인을 들이켜 보았다. 의외로 바닐라의 향기가 돌출되어 왠지 느끼하다. 아무리 좋은 와인이라 할 지라도 음식과 잘 어우러져 균형 잡힌 일체감을 주지 않는다면 오히려 반감되는 경우였다.

가끔씩 주변에서 이 와인은 이 음식과 최고의 궁합을 준다는 전문가들의 이야기를 많이 듣는다. 그러나 와인과 음식과의 좋은 궁합의 정도는 매우 주관적일 수도 있다. 그럭저럭 좋다 내지는 환상적이다 라는 차이가 개인마다 많이 달라진다. 쉬운 예로, 내가 평소에 자주 즐기는 음식점의 음식이 좋다고 소개해도 사람들이 느끼는 반응은 제각기 다르게 나타난다. 이는 개인마다 경험한 음식의 수준(?) 정도나 식성의 강도에 따라 달라진다는 것을 경험 했을 것이다.

음식과 와인의 최고 궁합을 찾는 것은 이론적인 것 보다는 본인이 직접 체험하면서 얻게 되는 주관적인 의견들이 다양하게 있다면, 최악의 음식은 아마도 공통적으로 공감하는 부분일 것이다. 누구나 공감할 수 있는 음식과 와인의 조화가 깨어지는 최악의 경우도 따지고 보면 그렇게 많지는 않다. 본인의 호기심 때문이 아니라면, 그러한 체험은 미리 피하는 방법도 시간 절약, 돈 절약 그리고 스트레스 예방 차원에서 더욱 권장하고 싶다.

화이트 와인이 생선에 어울린다고 해서 모든 화이트 와인이 어울리는 것은 아니다. 생선도 생선 나름인데 생선 회, 생선 초밥, 튀긴 생선, 양념에 조림한 생선등과 같은 요리 기법에 따라 함께 마시는 와인의 맛도 달라질 수 있다. 물론 그에 따른 개인적인 취향도 저마다 다를 수 있겠으나 특별히 싫어하는 기준들은 일반적으로 공통적인 의견들을 가지고 있는데 그것은 음식과 와인의 조화에서 서로 융화가 되지 않고 균형이 깨어질 때 하는 이야기이다.

고급 와인과 정성이 들어간 음식의 잘못된 결합으로 저녁식사 시간을 망치고 싶지 않다면, 꼭 피해야 할 몇 가지 사례를 소개한다.

4) 와인과 음식의 최악의 궁합 사례

· 일식 집에서 흰살 생선회를 시켜놓고 프랑스 보르도의 까베르네 소비뇽(Cabernet Sauvignon) 포도품종을 주종으로 한 와인 – 쇠와 같은 메탈의 비린 맛이 첫 느낌이자 마지막 느낌이 된다.

· 석화나 생굴 과 함께한 오크통 숙성을 진하게 한 화이트 와인 – 오크통 숙성을 제대로 한 샤도네 품종으로 만든 화이트 와인과 함께한 신선한 굴은 상한 것 같은 착각이 들 정도로 비리다. 당연히 레드 와인은 더욱 어울리지 않는 경우가 많다. 샴페인이나 오크통 숙성을 하지 않은 샤블리는 훌륭하다.

· 흰살 생선회 오크통 숙성을 진하게 한 화이트 와인 (주로 고급 샤도네들) : 바닐라의 느끼함이 강하게 느껴진다. 그러나 버터에 구운 생선요리나 해물 찜과 같은 요리들은 의외로 환상적일 수 있다.

· 너무 비린 생선들도 어우러지는 와인이 없다. : 일단, 생선이 비리면 와인의 향기는 죽어버리고 비린 향을 강조하는 경우가 많으므로 조심해야 할 것이다. 그 좋은 예로 간장 게장이라든가 고등어 나 꽁치를 들 수 있겠다.

· 마른 오징어 안주와 떫은 맛이 강한 레드 와인 : 메탈의 비린 맛이 강해진다. 마른 오징어와 와인은 화이트 이든 레드 이든 전반적으로 어우러지지 않는 편이다.

· 달콤한 케 과 피노누아 품종을 이용한 레드 와인 혹은 산미가 강한 드라이 화이트 와인 : 케이크와 와인의 맛 모두 죽어 버린다. 케이크는 아무래도 달콤한 디저트 와인이나 샴페인이 제격이다.

· 스테이크와 매우 달콤한 디저트 와인 : 예전에 어느 TV드라마에서 달콤한 와인과 스테이크를 시켜 먹는 장면을 본 적이 있다. 아이스 와인과 같은 꿀 같은 맛의 화이트 와인과 육류 스테이크는 독특한 미감의 소유자가 아니라면 추천하고 싶지 않다.

· 짜고 매운 음식들과 어우러지는 와인은 아직까지 찾지 못했다. 예를 들면 아귀찜이나 매운탕과 같은 음식들 이었는데 개인적으로 이 음식을 좋아해서 맵고 짠 맛을 줄여주는 약간 달달한 화이트 와인 내지는 레드 와인을 시도하기도 했지만…뭐…그럭저럭…

그 외에도 몇 가지 더 있겠으나, 이 정도의 와인과 음식의 잘못된 만남 정도만 피한다면 우리는 좀 더 즐거운 와인과 음식 체험을 가질 수 있을 것이다.

■ 화이트 와인과 음식의 조화

와인과 음식의 조화는 개개인의 선택에 맞추는 것입니다. 각 개인의 맛에 대한 감각도 다르죠. 일반적으로 와인과 음식의 맛을 좋게 하기위해 어떻게 조화를 이루어야 할지를 결정해야 하는데 와인을 이제 막 접하기 시작한 사람들에게는 여간 어려운 일이 아닙니다.

그래서 아래에 소개하는 것은 일반적인 와인과 음식의 조화를 소개하는 가이드 라인일 뿐입니다. 머지않아 여러분이 좋아하는 여러분만의 맛으로의 취향을 빠르게 느낄 수 있습니다. 맛에 대한 평가는 여러분 만이 내릴 수 있으며 맛으로의 즐거움은 오로지 여러분만이 느낄 수 있는 것입니다.

화이트 와인 종류에 따른 음식의 조화

보르도 지역의 와인 (BORDEAUX) - SEMILLON/SAUV.BLANC	
요리	연어요리 (salmon w/hollandaise), 바닷가재, 굴, 조개류, 회무침 / 해파리 냉채
치즈	고트 치즈(Goat Cheese)
버건디 지역의 샤도네 (BURGUNDY - CHARDONNAY)	
요리	로스트 송아지 요리, 조개류, 연어, 흰살생선류, 참치류 / 참치회 / 붉은색 생선류
치즈	브리 (Brie)
샤블리 지역의 샤도네 (CHABLIS - CHARDONNAY)	
요리	크림소스가 없는 조개요리, 아보카도, 새우요리, 전채요리, 매운 음식류, 생선 초밥, 흰살 생선회
치즈	Jalsburg
뉴월드 샤도네 (NEW WORLD - CHARDONNAY)	
요리	레몬 소스를 곁들인 연어요리, 시저 샐러드 /굴요리, 게요리, 바닷가재, 닭고기류 / 닭 튀김
치즈	Cantal
게뷔르츠 트레미너(GEWURZTRAMINER)	
요리	훈제 연어, 칠면조 요리, 전채요리, Pacific rim , Muenster, 탕수육, 중국 요리류
치즈	Med.dry to med.
피노그리지오 (PINOT GRIGIO - PINOT GRIS)	
요리	훈제 연어, Antipasto, 매운맛의 요리, 생선 파스타, 족발
치즈	St. nectaire
뿌이 퓌세 - 샤도네 (POUILLY-FUSSE) - CHARDONNAY	
요리	가벼운 소스의 송아지 요리, 꿀을 곁들인 구운 햄, 갑각류, 아보카도를 곁들인 조개요리, Prosciutto, 닭 냉채, 해파리 냉채
치즈	Pecorino

뿌이 푸메 - 소비뇽 블랑 (POUILLY ?FUME) - SAUVIGNON BLANC	
요리	꼬르돈 블루 닭요리, 훈제 연어, 크림소스를 곁들인 송아지 요리, Gazpacho, 기름진 생선류, 고등어, 참치
치즈	고트 치즈(Goat cheese)
독일 라인강 유역의 리즐링 (RHEIN) - RIESLING	
요리	크림소스의 생선요리, Salade nicoise, 순한 커리요리, Mild curries, Sauteed scallops, 소시지, 햄
치즈	고다 치즈(Gouda)
로제(ROSE) - WHITE ZINFANDEL	
요리	마늘이 곁들인 매쉬드 포테이토, 로메스코(romesco)를 곁들인 새우요리, 구운 돼지고기, 핫도그, 김밥, 생선 초밥, 회덮밥
치즈	St.andre
소테른(SAUTERNES) - SEMILLON	
요리	대표적인 디저트 와인으로 그냥 마셔도 좋다. 라스베리 타르트, 소간전, Roquefort
치즈	X
소비뇽 블랑/상세르 (SAUVIGNON BLANC/SANCERRE)	
요리	케이준 요리류(Cajun food), 그릴에 구운 생선류, Grilled fish, 부활절 햄면조 요리, 에피타이저(전채요리)
치즈	고트치즈
스파클링 와인 (SPARKLING WINES) - CHARDONNAY /PINOT NOIR	
요리	프렌치 메뉴들, 과일 타르트, 굴, 캐비어, 토스트 + 햄 / 까나페 / 식전주
치즈	까망베르 (Camembert)
쉐리 (SHERRY) - PALOMINO	
요리	Consomme soup / Almonds / Tapenade / Green olives / N/a / Dry-sweet
치즈	

■ 레드와인과 음식의 조화

와인과 음식의 조화는 개개인의 선택에 맞추는 것입니다. 각 개인의 맛에 대한 감각도 다르죠. 일반적으로 와인과 음식의 맛을 좋게 하기위해 어떻게 조화를 이루어야 할지를 결정해야 하는데 와인을 이제 막 접하기 시작한 사람들에게는 여간 어려운 일이 아닙니다.

그래서 아래에 소개하는 것은 일반적인 와인과 음식의 조화를 소개하는 가이드 라인일 뿐입니다. 머지않아 여러분이 좋아하는 여러분만의 맛으로의 취향을 빠르게 느낄 수 있습니다. 맛에 대한 평가는 여러분 만이 내릴 수 있으며 맛으로의 즐거움은 오로지 여러분만이 느낄 수 있는 것입니다

멀로(MERLOT)	
요리	Lamb shank, 그릴드 오리요리, Carpaccio, 호도, 갈비, 등심
치즈	까망베르 미디엄(Camembert med.)
피노누아 (PINOT NOIR)	
요리	팬 로스티드 연어요리(Pan roasted salmon, 그릴드 참치, Pork loin , 구운 햄, 생선 구이, 생선 찜
치즈	Port Salut soft-med
포트 (PORT) - TOURIGA NACIONAL, 여러 포도품종으로 블렌딩	
요리	호도와 치즈, 쵸코렛 디저트, 팥 경단, 그냥 마셔도 좋다.
치즈	Stilton soft med.
리오하 (RIOJA) - TEMPRANILLO	
요리	버섯을 곁들인 라비올리, 버섯요리, Toumedos Rossini, Paella, 피자, 양고기(Rioja Reserva 인 경우), 갈비 (Rioja Reserva 인 경우, 김치 볶음밥 (일반 리오하 인 경우)
치즈	Manchego med
쉬라/쉬라즈(SYRAH / SHIRAZ)	
요리	매운 소스를 곁들인 닭고기 요리, Cassoulet, BBQ , 커리요리, 부대 전골류 / 닭도리 탕
치즈	St. Nectaire hard
발폴리 첼라(VALPOLICELLA) - CORVINA / MOLINARA	
요리	시금치 요리, ricotta, 파스타, 소시지, 스파게티, 커리요리, 해물 파전
치즈	Pecorino medMaytag Blue hard
진판델 (ZINFANDEL)	
요리	Chili con carne, Cioppino, 데리야끼 케밥(Teriyaki kebabs), 나쵸류(Nachos), 비빔밥
치즈	Maytag Blue hard

바베라(Barbera) 지역 와인들 - Barbera	
요리	버섯 리조또(risotto), 향이 강한 버섯류, 파스타, 그릴에 구운야채, 살라미, 된장 샐러드, 쌈밥, 두부 간장 조림
치즈	폰티노 (Fontino Med.)
보졸레(Beaujolais) 지역 와인들 - Gamay	
요리	그릴에 구운 닭고기, 꾸쉬 (Quiche), 간단한 스낵류, Cold cuts roast, 비프, 잡채, 육회
치즈	체다 소프트(Cheddar soft)
보르도(BORDEAUX) 지역 와인들 - CAB. SAUV/MERLOT/CAB.FRANC	
요리	로스트 양고기, Gome, 로스트 비프, 그릴드 오리요리, 등심, 안심, 갈비류
치즈	까망베르 / 딱딱한 치즈류 (Cammenbert / hard)

비건디(BURGUNDY) 지역 와인들 – PINOT NOIR	
요리	Beef bourguignon / Coq au vin / 버섯을 곁들인 송아지 요리 / 토끼요리, game / 오리 고기류 / 훈제 요리
치즈	귀레 미디엄(Gruyere med.)
까베르네 소비뇽 (CABERNET SAUVIGNON)	
요리	Steak au poivre, 로스트 양고기, Grilled squab , 초코렛, 갈비찜
치즈	잘 숙성된 고다 치즈 (Aged Gouda hard)
끼안띠 (CHIANTI) 와인들 – SANGIOVESE)	
요리	레드소스를 곁들인 파스타, Spice rub lamb, 피자, Minestrone / 비빔 국수 / 라볶기 / 토끼 요리
치즈	폰티노 치즈로 딱딱한 종류 (Fontino hard)
꼬뜨듀 (COTES DU RHONE)지역 와인들 – GRENACHE/SYRAH /CINSAULT	
요리	가벼운 소스를 곁들인 닭요리, 허브를 곁들인 가벼운 육류, 아이올리를 곁들인 그릴드 야채류, 생선 스튜, 청고추가 가미된 폭지리 / 해물탕
치즈	모르비에 미디엄 (Morbier med.)

■ 알아두면 유익한 와인 상실들

토스카나를 대표하는 두 곳의 와인 협회

Consorzio del Vino Brunello di Montalcino
꼰소르지오 델 비노 브루넬로 디 몬탈치노

Address. Piazza Cavour, 8 53024 Montalcino (SI)
Tel. +39 0577 848246
Fax. +39 0577 849425
Email. info@consorziobrunellodimontalcino.it
Web Site. www.consorziobrunellodimontalcino.it

1967년에 만들어진 브루넬로 디 몬탈치노 와인협회는 해를 거듭할수록 다양해진 활동으로 몬탈치노의 DOC 와인(브루넬로 디 몬탈치노, 로쏘 디 몬탈치노, 모스카델로 디 몬탈치노, 산타 안티모)들을 외부에 알리고 또 보호하는 일을 하고 있다. 협회는 가입된 와이너리의 규모와는 상관없이 꼼꼼하고 세심한 배려로 와이너리의 발전 상황, 문제점, 그리고 해외 진출 등에 힘을 실어주고 있다. 이 협회에 가입된 와이너리들은 100% 이탈리아 와인을 양조하여야 하며 이탈리아 농업부로부터 보호도 받지만 규제 법규 또한 지켜야 한다.

현재 총 250개의 와이너리가 가입되어 있으며 이들 중 병입 라인을 가진 와이너리는 208개에 해당된다. 가입된 총 포도밭은 몬탈치노 3,500ha, 브루넬로 디 몬탈치노 2,100ha, 모스카델로 디 몬탈치노 480ha, 그리고 나머지가 산타 안젤로 DOC, IGT로 나누어진다.

협회의 연간 생산량은 850만병이며 이 중 브루넬로 디 몬탈치노가 400만병, 로쏘 디 몬탈치노가 8만병, 모스카델로 디 몬탈티노 50만병 그리고 나머지가 산타 안티모 지역이다. 생산량의 약 65%가 해외 와인 시장에 수출되고 있으며 평균 와인 부분의 매출 총액은 1억5천 유로이다.

Consorzio Vino Chianti Classico
꼰소르지오 비노 키안티 클라시코

Address. Via Sangallo, 41 Loc. Sambuca 50028 Tavarnelle Val di Pesa (FI)
Tel. +39 055 82285
Fax. +39 0558228173
Email. marketing@chianticlassico.com
Web Site. www.chianticlassico.com

키안티 클라시코 조합은 토스카나의 피렌체와 시에나 사이의 산지오베제가 재배되는 키안티 클라시코 지역의 와인의 우아함과 가능성을 알리는 것을 목표로 하고 있다. 키안티 클라시코 지역은 와인의 우수한 품질과 지역이 가지고 있는 특수성으로 이탈리아 내에서도 가장 역사가 오래된 곳이라고 이야기 할 수 있다.

키안티 클라시코는 1716년 코지모 3세의 토지 정리에 대한 법규 칙령으로 이미 오래 전부터 와인 생산의 영역을 갖춘 곳이다. 그 이후 2세기가 지난 1924년에 33개의 지역 와이너리를 구성원으로 키안티 클라시코의 조합이 시작되었고, 이때부터 고대 키안티 군사의 심벌이였던 검은 수탉을 협회의 상징으로 삼게 되었다. 검은 수탉은 키안티 클라시코 DOCG 와인에 품질을 증명하는 표시로 병 목에 부착하고 있다.

이 조합은 키안티 클라시코의 마크를 달고 생산되는 와인을 보호하고 알리는 업무에 적합한 현대적이고 전문적인 자질을 가진 협회로서 거듭나고 있으며, 가입된 와이너리의 수는 570개로 키안티 클라시코 생산지정의 95%를 차지하고 있으며 이 중 병입 라인을 갖춘 와이너리는 350개이다.

변질된 와인 구분법

레스토랑에서 웨이터나 소믈리에가 주문한 와인 병을 테이블로 가지고 와 와인 병을 오픈하고 코르크 마개를 당신에게 건네주고 약간의 와인을 서빙하게 된다. 아마도 당신은 습관적으로 코르크 마개의 냄새를 먼저 맡아 보기도 하겠지만 와인과의 어떠한 상관관계가 있는지를 정확하게 알고 있지는 못했을 것이다.

사실, 소믈리에가 코르크 마개를 보여주는 것은 코르크의 향을 맡으라는 것이 아니고 코르크 마개의 상태를 확인하라는 의미이다. 코르크 마개가 너무 말라 부스러지지는 않는지 혹은 너무 물러져 있거나 코르크 마개의 3분의 2이상이 젖어있다면 일단은 그 와인의 상태를 의심해 볼 필요가 있다. 와인은 생산 과정에서 혹은 유통과정이나 보관이 잘못되는 등과 같은 이유로 가끔씩 변질된 와인을 만날 때도 있기 때문이다.

그런 후 소믈리에가 약간 따라준 와인의 향기를 맡아보고 맛을 보면 더욱 정확하게 와인의 상태를 가늠할 수 있다. 만약에 와인의 첫 향기에서부터 마시고 싶지 않을 정도로 역하게 느껴진다면 그 와인은 상했을 가능성이 매우 높다.

이럴 때에는 소믈리에 에게 와인의 향기와 맛을 감정해 달라고 요청하면 소믈리에는 그 와인을 확인한 후 변질된 것 같으면 다른 와인으로 교환해 줄 것이다. 그러나 명심할 것은 단순히 와인의 맛이 좋지 않아서 혹은 당신의 취향이 아니라는 이유로 와인을 바꾸어달라고 한다면 곤란하다.

와인은 아래와 같이 다양한 요인들로 변질될 수 있으며 이를 구분하고 방법들을 소개한다.

콜크드(Corked) 와인

불어로는 부쇼네(bouchonné)라고도 부르지만 대부분은 영어식으로 "콜크드" 혹은 "콜키하다"란 표현을 많이 사용한다. 와인의 코르크 마개가 오염된 경우로 곰팡균의 접촉으로 인해 코르크 마개가 오염되면서 콜크드 된 경우이다. 곰팡 균에 장기간 노출되었을 경우 콜크드한 와인의 구분은 매우 명백해지지만 아주 미세하게 영향을 받은 경우도 있는 경우는 구분하기가 쉽지않다.

콜크드된 와인의 경우 일단은 와인이 주는 과실의 향기가 많이 떨어지고 맛의 발란스가 깨어지는 경우가 많다. 그리고 젖은 마분지, 기분 나쁜 버섯냄새, 곰팡이, 신발 깔창 냄새 등과 같은 냄새가 느껴지며 맛을 보면 와인 고유의 쓴맛이 아닌 기분 나쁜 쓴맛이 매우 강한 경우도 있다. 이런 경우 이 와인은 완전히 변질되었기에 마시지 않는 것이 좋다.

단, 독일의 달콤한 와인들 중 코르크 마개 윗부분이 곰팡이로 얼룩진 경우가 있다. 그러나 이러한 경우 코르크 마개를 따보아야 더욱 정확하게 알 수 있는데 와인에 접촉된 부분이 깨끗하다면 그리고 와인이 맛과 향이 좋다면 와인의 상태는 지극히 정상이므로 걱정할 필요가 없다.

산화된 와인

와인은 매우 미세한 숨쉬기 작용을 하면서 숙성을 하게 된다. 장기간 숙성하면 할수록 약간씩 와인의 탄닌이 떨어지면서 산화가 되기 시작한다. 와인에 따라 장기간 숙성하면 더욱 깊은 맛과 풍미를 발산하기도 하지만 오히려 반감되는 와인들도 있다.

보관 가능 기간이 짧은 중저가 와인의 경우가 그러한데 이러한 경우 싸구려 쉐리 와인과 같은 향이 느껴지며 와인의 색을 보면 갈색 톤이 비쳐진다. 좋은 오래된 와인에서도 유사하게 느껴질 수 있기에 와인 내공이 없다면 가끔씩 혼돈할 수도 있다.

또한 와인을 장기간 세워두었을 경우인데, 말라버린 코르크 마개를 통해 과도한 공기가 침투하여 와인에 영향을 준 경우이다. 우리가 와인을 오픈하고 수시간 혹은 수일간 지난 후 맛보았을 때 식초와 같은 신맛이 강한 경우도 바로 산화된 경우이다. 이는 잘못 보관된 신 김치와도 유사한데 와인에 따라 좀 다를 수 있으나 마셨을 때 역하지 않다면 크게 무리가 없으며 요리용으로 사용하는 것도 좋다.

끓은 와인

와인의 보관 과정에서 높은 온도에 방치되었을 경우 우리는 와인이 끓었다(영어론 Cooked wine)라고 한다. 와인의 가장 이상적인 보관 온도는 15~20도 사이를 유지해야 한다. 만약에 와인이 25도 이상 한번이라도 올라간 적이 있다면 장기간 숙성하는 것은 바람직 하지 못하다. 또한 와인의 보관 온도의 차이가 수시로 심하게 변하는 경우에도 그 와인은 일단 의심해야한다.

이러한 와인들은 코르크 마개를 보면 쉽게 구분할 수 있다. 만약에 외관상으로 코르크 마개가 병 밖으로 약간이라도 빠져 나온 듯 하거나 와인이 밖으로 흘렀던 자국이 있다면 그 와인은 확실이 끓은 와인이라 할 수 있다.

또한 오픈 된 와인의 코르크 마개가 반 이상 젖어있거나 혹은 불규칙 적으로 젖어 있었다면 그 와인도 끓었을 가능성이 높다. 끓어버린 와인의 경우, 와인의 과실적인 향기는 거의 없어지며 맛은 밋밋하고 식초처럼 신맛이 강해진다. 그리고 뒤에 남는 여운이 거의 없는 경우가 많다. 물론 마셔도 문제는 되지는 않는데 요리할 때 사용하는 경우가 많다.

침전물이 있는 와인

장기간 보관 하였던 와인들의 경우 자연 발생적으로 침전물이 생기가 마련이다. 그래서 수십 년의 매우 오래된 와인의 경우 와인을 마시기 전에 하루 정도 와인을 세워두었다가 찌꺼기를 가라앉힌 후 매우 조심스럽게 디캔팅을 하여 와인의 찌꺼기를 분리하여 마시게 된다. 찌꺼기는 인체에 해를 주지는 않으나 와인의 맛을 최대한 즐기는데 있어서는 어느 정도 방해가 될 수 있다.

화이트 와인에서도 크리스탈과 같은 투명한 침전물을 발견할 때도 있다. 주로 잘 만들어진 화이트 와인에서 발견되므로 걱정할 필요가 없다. 크리스탈과 같은 침전물은 먹어도 무해하고 아무런 맛이 느껴지지는 않는다.

그러나 너무 오래되지 않은 와인의 색이 투명하지않고 뿌옇게 혼탁할 경우에는 일단 의심하고 봐야할 것이다.

변질된 와인에서 쉽게 발견되는 대표적인 냄새들.

시큼한 식초, 흙, 고무, 석유, 양배추, 황, 생선, 젖은 모, 메니큐어 에나멜, 젖은 마분지나 카드보드, 강한 코르크 향, 곰팡이 냄새등과 같은 역한 냄새가 느껴진다면 이 와인들은 마시지 않는 것이 좋다.

■ 레스토랑에서 와인을 주문하는 방법

많은 사람들이 레스토랑에서의 와인 주문을 꺼려한다. 왜냐면 와인에 대한 지식이 별로 없는 상태에서 와인에 대해 제대로 물을 수도 없기에 자신이 원하는 스타일의 와인을 제대로 주문하지 못할지도 모른다는 두려움 때문이다. 심지어는 와인 종류의 이름을 제대로 발음 했는지도 걱정이 되기도 할 것이다. 분명히 나에게 맞는 좋은 와인을 고른다는 것은 쉬운 일이 아니다. 와인 산지와 생산국가, 포도품종, 양조법에 따른 와인 스타일이 모두 다르고 가격 또한 매우 다르기 때문이다.

레스토랑에서 와인을 준비할 때 알아 두면 좋을 몇 가지 팁을 소개한다.

1) 미리 준비할 것

레스토랑에 예약하기전 미리 와인과 음식을 예산에 따라 정하는 것이다. 와인 가격대는 천차만별이라 와인 예산을 미리 정해 두면 도움이 된다. 또한, 음식에 맞추어 레드 와인을 주문할 지 화이트 와인을 주문할 것인지를 결정하는 것이다.

2) 와인 담당 웨이터 혹은 소믈리에 에게 물어보라

특히 고급스런 레스토랑에서는 다양한 종류의 와인을 구비하고 있으며 와인 담당자(소믈리에 혹은 소믈리에르)들은 리스트에 있는 와인과 음식을 잘 알고 있다. 그렇기 문에 소믈리에에게 자신의 원하는 맛의 취향과, 예산 그리고 어떤 음식을 주문할 것인지 이야기 하고 조언을 구하는 것이다. 또한, 와인을 전문으로 하는 레스토랑들은 좋은 와인들을 선택하여 잔으로도 제공을 하고 있다. 이런 곳에서는 식사와 함께 몇 가지 와인들을 시도해 볼 수 있어 와인 맛을 비교하는데 좋다. 화이트 와인으로 먼저 시작하여 주요리를 시작할 때 레드 와인을 주문하고 식후에 디저트 와인을 주문해서 마신다면 가장 이상적이다.

3) 관습/의식에 의해 당황하지 말 것

와인을 주문하고 나면 웨이터는 와인을 테이블로 가지고 와 당신이 주문한 와인이 맞는지 확인시켜 주기 위해 와인 라벨을 보여 준다. (빈티지가 맞는지도 확인한다.) 그리고 나면, 웨이터는 코르크 마개를 오픈하고 코르크 마게를 보여준다. 이때, 건네 받은 코르크 마게는 코르크 마게가 반 이상 젖어 있거나 너무 무르지는 않은지 혹은 너무 말라 부스러지지는 않는지를 확인한다. 만약에 코르크 마게가 이런 상태라면 일단 보관 상태를 의심해야 할 것이다.

서빙하기 전 소믈리에는 와인을 주문한 사람에게 약간의 와인을 따라 주고 승인을 기다린다. 이때 와인의 색을 보고 와인 잔을 돌려 향기를 맡아보고 난 후 와인의 맛을 본다.

와인이 괜찮다면, 웨이터에게 고개를 끄덕여 신호를 하거나 괜찮다는 표현을 한다. 그러면 웨이터는 다른 사람들에게 와인을 따라 줄 것이다. 만약 와인의 맛이 변질된 것 같다면 웨이터에게 이야기하여 새로운 와인으로 교환해 달라고 하면 된다. 그러나 와인이 맛이 없다는 이유로 교환을 요청한다면 곤란하다.

■ 와인 샵에서 와인 고르는 법

와인 샵에서 실패하지 않고 와인 고르는 법

와인 초보가 와인을 고른다는 것은 쉽지 않다. 하늘의 별만큼 많은 와인들 중 내 입맛에 맞는 와인을 고르는 다는 것은 꽤 부담스러울 수 있다. 왜냐면 와인 한 병 가격이 만만치 않기 때문 이다. 그러나 맛있는 와인을 발견하면 보석을 고른 듯 매우 흡족할 수 있을 것이다.

1. 단골 와인 전문 샵을 정해라 그리고 전문가의 조언을 구해라.

지속적으로 와인을 배우고 마시고자 한다면, 일단은 본인이 단골로 갈 수 있는 믿을만한 와인 전문샵을 정하는 것이 좋다. 와인 샵에 비치되어 있는 와인들이 최적의 상태로 보관되고 있다면 일단 그 와인 샵은 믿을만하다. 요즘의 와인 전문샵들은 예전과 달라 와인에 있어서 매우 전문가이거나 준 전문가 수준의 지식들을 가지고 있는 사람들이 많다. 이들에게 자신이 좋아하는 스타일이나 맛을 이야기 한다면 이들은 그에 가장 적합한 와인을 골라 줄 것이다.

와인 전문샵이 아닌 슈퍼마켓이나 할인점의 경우 비교적 저렴한 가격대의 부담 없는 와인들이 많이 판매 되고 있다. 그러나 와인에 대한 전문적인 지식을 가지고 있는 점원을 만나기는 쉽지 않으므로, 와인을 고르는 본인이 이미 와인에 대해서 어느 정도 알고 있으면 좋다.

2. 와인의 보관 상태

보관상태만 좋다면 대부분의 와인들은 모두가 좋은 맛을 가지고 있다. 와인은 살아있는 유기물이기에 와인의 보관환경은 중요하다. 만약에 와인이 햇빛에 심하게 노출되어 있었다거나 와인이 있는 장소의 온도의 변화가 심하거나 장기간 병을 세워서 보관했다면 이 와인들은 일단 의심해야 한다.

사실 와인은 일단 따보기 전 까지는 그 와인의 상태를 알 수가 없지만 외관상으로 와인의 코르크 마개가 완전히 젖어 있거나 밖으로 흘러내린 흔적이 있거나, 코르크 마개가 밖으로 나온 경우 그리고 와인이 와인 병의 어깨 위까지 차 있지 않은 경우는 피하는 것이 좋다.

3. 초보 라면 너무 비싼 와인은 피하는 것이 좋다.

비록 좋은 와인의 가치가 가격과도 관련이 되기도 하지만, 처음 와인을 배우는 초보인 경우 한 병에 1-5만원 정도 하는 와인을 권한다. 그러나 너무 싼 와인도 제대로 된 맛과 향기를 느낄지 못할 가능성이 많으므로 피하는 것이 좋다.

4. 시음회를 통해 미리 맛을 본다.

와인의 세계는 너무나도 다양하기에 본인의 입맛에 맞는 와인을 고르려면 맛을 미리 보는 것이 좋다. 진지하게 와인을 배우면서 즐기고 싶다면 괜찮은 와인 동호회를 통해 와인을 맛보는 것도 좋고 단골 와인샵에서 진행하는 시음회를 활용하는 것도 방법이다. 시음회에서 마신 마음에 드는 와인은 잘 기억해 두었다가 싫증날 때까지 즐기다가 새로운 와인을 찾는 것도 방법이다.

5. 내 입맛에 맞는 와인이 최고

와인을 구매할 때 최종적인 목적은 와인이 본인의 입맛과 취향에 맞아야 한다. 판매원이나 친구들이 이 와인이 좋다고 한다고 해서 그 와인이 본인의 입맛에 만든다고 할 수는 없다. 또한, 다른 사람이 본인이 선택한 와인이 좋은 것이 아니라고 한다고 부끄러워하거나 고민할 필요가 없다. 와인의 맛을 알고 결정하는 사람은 오로지 와인을 구매해서 마시고자 하는 자신 뿐이다.

6. 모험심을 가져라

처음 와인을 마시는 사람들은 알고 있는 와인만 마시려고 하는 경향이 있다. 와인 세계는 무척이나 다양하다. 일부 와인들은 본인의 취향이 아닐 수도 있다 그러나 이러한 모험을 걸고 와인을 고르다 보면 더욱 다양한 와인 맛의 세계를 터득하게 되고 자신에게 맞는 가장 좋은 와인을 선택할 수 있는 지혜가 생기게 된다. 더욱 재미 있는 것은 예전에 좋아하지 않았던 와인이라도 지금 다시 마셔보면 그 느낌이 다르다는 것. 포도 품종에 따른 다양한 와인 스타일과 맛도 즐기고 다양한 와인 산지에서 생산된 여러 와인 종류를 마셔보면서 지역적인 특징들을 이해하는 것도 와인을 알고 즐기는 묘미이다

6. 와인산업과 직업의 세계

소믈리에(Sommelier)란?

소믈리에(Sommelier)는 와인에 관심을 가지게 되면 자주 듣게 되는 단어이다. 이는 프랑스어로 "맛을 보는 사람" 이란 의미를 지니고 있으며, 중세 유럽 수도원에서 식음료를 담당하는 사람에서부터 유래 되었다. 지금은 고급 레스토랑이나 와인 바 혹은 호텔에서 실제로 와인을 서빙하고 관리하는 사람들에게 사용되어지고 있다.

소믈리에는 레스토랑의 와인 리스트 작업과 직원 트레이닝을 하게 되며 손님에게 적합한 와인 추천은 물론 추천한 와인을 마시는 손님이 최대한 편안한 마음을 갖도록 신경 써 주어야 하고 음식에 대한 지식도 함께 있어야 한다. 이들은 요리사와 함께 일하면서 와인과 음식의 조화를 이루어 내는데도 중요한 역할을 하는데 매우 전문적이다.

소믈리에들은 고급 희귀 와인 테이스팅과 훌륭한 음식을 맛볼 수 있는 기회가 많으며 와인 산지나 독특한 음식을 찾아 여행 할 수 있는 기회도 많다.

소믈리에가 가져야 기본적인 자질이라면 끊임없이 와인을 맛보고 또 맛보아야 한다는 것이다. 물론 이들에게 있어서 미각이 뛰어나야 하는 것은 기본이다. 또한 일에 대한 열정과 서비스 정신이 있어야 한다. 항상 까다로운 와인 애호가나 고객을 접해야 하는 경우가 많은데 고객에 대한 서비스 마인드는 소믈리에가 갖추어야 할 중요한 기본 요소 중 하나이다. 통상적으로 이들은 매니저급 이상의 타이틀을 가지고 있는 경우가 많다.

와인을 전문으로 다루는 사람들, 즉 와인에 관련된 직업을 가지고 있는 사람들에 대한 직업 세계를 보면 소믈리에 이외에도 매우 다양하다. 포도원에서부터 우리 테이블에 와인이 올려지기 까지는 글자 그대로 수백 가지의 와인관련 직업들이 존재한다. 와

인 직업의 세계에서는 크게 3가지의 카테고리로 구분하는데 생산 부문(와인 메이커, 컨설턴트, 빈야드 메니저, 셀라 마스터, 통 제조업등), 유통 부문(수입, 수출, 유통, 마케팅, 경매, 영업등) 그리고 소매부문(레스토랑, 와인샵, 소믈리에, 와인교육, 와인 작가 혹은 저널리스트등)으로 나뉘게 된다.

국내에서 가장 많은 직업이 소믈리에 이고 그리고 와인 수입회사에서 영업직에 종사하는 사람들이다. 그 외 홍보 및 마케팅에 종사하는 인력들은 와인이나 마케팅에 있어서 학력이나 경력을 중요시 여기는 경우가 많다. 물론 영어는 기본이고 프랑스어나 이태리어를 구사하는 해외 유학파 인재들도 꽤 많이 발견된다.

소믈리에의 사례

"무슨 와인을 선택해야 할지 잘 모르겠어요. 혹시 추천하고 싶은 좋은 와인이 있나요?". 어느 고급 레스토랑에서 검고 긴 앞치마를 두른 소믈리에 에게 어떤 와인이 좋은지를 물었다. "혹시 드시고자 하는 음식은 결정 하셨나요? 와인 가격은 어느 정도를 원하시는 지요?"

"네 에피타이저는 모짜렐라 토마토 셀러드 이고 토마토 해산물 스파게티를 먹으려고 해요. 그리고 가격은 너무 비싸지 않은 것으로…"

그러자 그가 와인 리스트를 훑어 보더니 말한다.

"그렇다면 토마토 스파게티와 잘 어울리는 니포자노 리제르바 키안티(Nipozzano Risera Chianti) 는 어떨까요? 이 와인은 너무 무겁지도 가볍지도 않은 중간 바디의 과일향이 좋은 푸루티한 와인이랍니다. 여성분들이 좋아하죠. 가격도 부담스럽지 않을 것입니다"

소믈리에는 주문한 와인을 들고 와 와인 병의 라벨을 보여 확인하고는 약간의 와인을 따라 맛을 보게 한다. 그리곤 승인 신호를 기다렸다. 그는 승인 사인과 함께 능숙한 솜씨로 와인을 서빙 했다. 밝은 루비 색의 이탈리아의 와인을 마시면서 우리는 매우 만족스런 저녁 시간을 가질 수 있었다.

■ 와인직업의 세계

포도원에서부터 우리 테이블까지 오는 와인을 만들기 위해서는 글자 그대로 수백가지의 직업들이 있다. 그래서 와인 산업에서 필요로 되어지는 주요 직업과 그에 따른 자격요건과 업무 내용들을 조사하였다. 이해를 돕기 위해, 3가지의 큰 카테고리로 구분하였는데 생산 부문(와인 메이커, 컨설턴트, 빈야드 메니저, 셀라 근무, 통 제조업), 유통 부문(수입, 수출, 유통, 마케팅, 경매, 세일즈) 그리고 소매상 (레스토랑, 와인샵, 소믈리에, 와인교육, 저널리스트) 등으로 나누었다.

■ 와인 직업의 세계 – 생산부문

와인 메이커 (Wine Maker)

한마디로 와인 메이커의 일은 훌륭한 와인을 제조하는 하는 것이다. 와인 메이커는 모든 와인 제조 과정을 책임지는데 포도 품종의 선택부터 수확시기를 결정하고 병입은 언제해야 하는지 그리고 최종적으로 와인 출고하는 것 까지 담당한다. 또한 시설물 구매와 생산자와 디스트리뷰터(distributor)들과의 거래 및 직원 고용 과 교육을 책임지고 심지어는 물리와 화학, 생물학 그리고 인사 관리 및 마케팅 까지 약간씩은 알고 있어야 한다.

특징 : 훌륭한 와인들을 테이스팅하고 최고의 레스토랑에서 식사를 하거나 프랑스, 이태리, 남미등지와 같은 와인생산국을 여행할 수 있는 기회가 많다. 와인메이커의 경우에는 많은 갑부들이나 유명인들과 잘 어울리는 경우가 있어서 좋은 삶과 훌륭한 음식 그리고 재미있는 사람들을 많이 접할 수 있다. 반면에 이 직업은 꽤 한정되어 있다는 점이다. 또한 뛰어난 와인메이커라도 대자연의 조화에 따라 실망할 수 있으며 어리석은 돈 많은 졸부들과도 잘 어울려야 한다는 점

자격 조건 : 대학에서 포도주 양조학 (Enology) 학위를 받아야 한다. 주요 와인 제조관련 대학은 프랑스, 미국, 이태리와 호주 등 와인 생산국에 있으며 다양한 국가에서 실제로 일한 경험이 있으면 많은 도움이 된다. 특히 포도 품종에 따라 일한 경험이 있으면 좋은데 예를들면 Sangiovese 혹은 Nebbiolo 를 생산해 보고 싶다면 이태리를 가거나 Riesling 은 독일로 가야할 것 이다. 이곳에서 실제로 포도원에서 일하거나 실험실에서 분석가로 혹은 셀러에서 일을 해 보아야 한다. 진정한 와인메이커로 인정 받으려면 와인메이커 보조업으로 5-6년 경험을 해야 한다. 그 다음 단계로는 와이너리의 총 메니저로 일할 수 있는데 이때는 자신의 고유한 브랜드를 개발하게 된다.

컨설턴트 (Consultant)

포도재배자(Grower) 와 양조인(Vintner) 들을 대상으로 포괄적인 내용들을 컨설팅 하는데 여기에는 포도원의 개발과 와이너리 디자인, 시설물 구입, 허가요건 과 규정, 포도원에서의 실질적인 업무, 마케팅 과 인사등 다양하다. 와인 시음과 평가도 하게 된다. 이 사업은 적절한 시기가 중요하며 각 와이너리의 특성을 잘 수용하여야 한다. 그래서 와인 제조에 있어서의 다른 스타일을 잘 포용하여야 한다. 프랑스나 이태리와 같은 고전적인 스타일만을 고집해서는 안되고 신세계의 와인제조 방법도 중요한 것이다.

특징 : 여행이 많은 편이며 결정권은 본인에게 있다. 가르치는 것이나 조언하는 것을 즐긴다면 적성에 맞다. 단, 자신의 의견에 집착하는 경향이 강하고 저돌적으로 밀고나가는 스타일이라면 힘든 직업이다.

자격조건 : 와인산업의 전반적인 지식이 필요하다. 또한 이 분야에서 다양한 부분에 일한 경험이 잇어야 하며 주요 와인 스쿨에서 학위를 받아야 한다. 다음단계로는 자신의 와이너리를 운영하여 성공적인 은퇴를 할 수 있지 않을까…

빈야드 메니저 (Vinyard Manager)

매일 빈야드에서 일어나는 플랜팅, 주수, 가지치기, 스프레이, 페스트 컨트롤, 수확에 관련한 전반적인 관리를 하며 업무 일정, 고용자 관리, 법규 및 예산 관리등 와인메이커나 셀러 마스터, 마케팅 디렉터와 업무 의논 및 결정한다.

특징 : 지신의 스케쥴은 자신이 만들고 관리하며 여러 빈야드로 여행하는 기회가 많으나 일반적으로 오전 6시에서 저녁 늦게까지 일해야 하는 경우가 많으며 특히 수확기에는 더하다. 또한 예측할 수 없는 기후로 스트레스가 많은 편이다.

자격조건 : 주로 대학이나 전문 교육 기관에서 양조학, 발효학 학위를 이수하고 그 이론을 돋움으로 현장 경험이 있어야 한다.

셀라 마스터 (Cellar Master)

와이너리로 재배된 포도가 도착하는 순간부터, 모든 작업이 완료되어 운송이 될 때까지의 모든 업무를 관할해야 한다. 독특한 그들만의 스타일의 와인을 만들기 위해 와인 메이커와 항시 같이 일을 해야 한다. 또한 셀라 내의 모든 일 (관리, 인사)를 책임지고 관리한다. 탱크, 배럴, 병, 크레이트 등 기계주문 도 관리한다

특징 : 여러 종류의 와인 테이스팅을 한다. 많은 노동으로 인해 수확기 동안은 살이 많이 빠질 정도로 힘들며 이 기간동안은 하루에 15시간 이상 일하는 경우가 많다.

자격조건 : 셀라 마스터가 되려면 셀라에서 허드렛일부터 시작해야 하며 와이너리가 어떻게 운영되는지부터 와인 제조법에 대한 방대한 지식이 필요하다. 양조학 학

위는 도움이 될 수도 있으나 필수는 아니다.

셀라 직원 (Cellar Rat)

기계 청소 및 관리가 주 업무이다.

특징 : 와인이 만들어지는 모든 과정과 테이스팅을 현장에서 몸소 체험하며 배울 수 있다. 특별히 다른 운동을 하지 않아도 많은 운동량으로 인하여 살이 빠지고 균형잡힌 몸매를 유지할 수 있다. 일하는 시간이 일정하게 정해져 있지 않고 육체적인 노동이 많은 편이다.

자격조건 : 튼튼한 척추와 와인을 배우고자 하는 의지가 있어야 한다.

통 제조업자 (Cooper)

와인의 독특한 향을 주기 위해서는 오크 통의 역할이 크다. 통널(stave) 을 구부려서 장작불 위에서 천천히 그을리며 그 모양새를 잡는다.

특징 : 수작업을 즐기는 사람에게는 행복한 직업이 될 수있다. 오크통이 장작불 위에서 그을려질 때 향기를 즐기는 것이다.

자격조건 : 특별한 트레이닝 코스는 없으나 견습기간을 통해 직접 일을 하며 배우는 경우가 많다.

■ 와인 직업의 세계– 디스트리뷰션 부문

수입/수출 (Importer/Exporter)

다양한 와인 생산 국가들과 친밀한 관계를 유지하며 신상품을 맛보고 전체 산업 트랜드를 놓치지 않고 따라야 한다. 세일즈에 관여하는 인력 고용 및 트레이닝을 한다. 유통업계와도 관계를 유지한다.

특징 : 좋은 와인과 훌륭한 레스토랑을 자주 접하게 되며 국외로의 잦은 여행을 하면서 생산자들을 대표하여 와인을 소개하는 역할을 하게 된다. 많은 사람들을 만나게 되면 친구도 많이 사귀게 되지만 까다로운 사람들도 상대해야 하며 지정된 퇴근시간이 없다.

자격조건 : 판매나 유통에 경험이 필요하다. 와인을 알고 와인과 음식과의 조화에 대해서도 알아야 하며 함께 일하고자 하는 나라의 언어와 문화를 이해를 하는 것이 필요하며 와인 스쿨이나 요리학교에서 학위를 받은 경우 도움이 된다.

수입상으로서의 마케팅 디렉터 (Marketing Director)

마케팅 자료 (소책자, 보도자료, 뉴스레터, 광고) 의 디자인이나 개발 및 수입하고자 하는 와인을 정하고 가격을 책정한다. 국내 와인 시장을 분석하여 어느 판매망을 통하여 얼마만큼 팔지를 계획한다. 무역 박람회에 참가해야 하고 고객의 소리에 귀를 기울여야 한다. 취급하는 와인을 홍보하며 수준 있는 레스토랑, 와인 샵, 백화점 등의 유통업체에 홍보하여 판매를 돕는 것이다.

특징 : 여행이 많으며 많은 사람들을 만나고 인간관계를 넓힌다. 실적에 따라 보너스도 지급되나 항상 일이 많아 시간에 쫓기는 일이 많다.

자격조건 : 가능하다면 마케팅 부문의 학위, 유명학교의 MBA 가 많은 도움이 된다. 와인에 대한 정열과 와인 산업에 대한 확실한 이해가 있어야 한다.

경매인 (Auctioneer)

경매인은 가격대를 조정하는 데 도움이 되고 와인의 카타로그 제작이나 잠재적 고객과도 잘 알아야 한다. 경매 동안에는 스탠딩 코미디언이 되어야 하고 능력있는 세일즈맨이 되어야 한다. 왜냐하면 경매에 참가한 사람들의 주목을 끌어야 하고 비딩을 이끌어 가야하기 때문. 무대 매너도 필요하면서 와인의 이름을 제대로 발음 할 수 있어야 주위를 끌고 신뢰감을 줄 수 있다.

특징 : 여행이 많으며 희귀 와인을 테이스팅 할 수 있다..

자격조건 : 이 직업은 꽤 한정되어 있으므로 극히 소수의 전문 경매인들이 있어 경매인이 되기가 쉽지 않다. 특별한 교육을 위한 전문코스는 없으나 경매 하우스내에서 직원을 위한 교육이 있을 뿐이다.

수입업자 / 유통업 (Distributor)

유통업이란 와이너리와 와인샵, 슈퍼마켓, 레스토랑, 호텔 사이의 중개인 역할을 하는 것이다. 유통업자는 다양한 생산자로부터 소매점을 통한 소비자 까지 도달하게 하는 작업을 한다.

특징 : 좋은 와인과 함께 식사할 기회가 많다.

자격조건 : 이 분야는 경쟁이 치열한 편이다. 주류 법규에도 충분한 지식을 가지고 있어야 하며 돈의 흐름도 알아야 하면서 와인에 대해서도 잘 알고 있으면서 유통에 대한 전반적인 지식이 필요하다.

영업 (Sales)

레스토랑, 호텔, 와인샵등을 방문하여 샘플을 제시하고 주문을 받아내는 것이다. 고객관리는 물론 신상품 출시등의 자료에서 항상 귀 기울여야 한다. 주로 레스토랑 소믈리에, 요리사나 와인샵에 종사하는 사람들을 주로 만나게 된다.

특징 : 좋은 음식과 좋은 와인과 함께 할 기회가 많으며 국내외 여행기회도 있으며 거래로하고 있는 호텔이나 레스토랑에서 디스카운트 혜택 등을 받을 수 있는 장점이 있으나 늦은 시간까지 일하는 경우가 많은 편이다.

자격조건 : 와인과 음식에 대한 열정이 있어야 하며 탁월한 영업 감각이 있어야 한다.

■ 와인 직업의 세계- 소매와 레스토랑 부문

와인바 / 레스토랑 메니저

와인리스트를 만들고 정리한다. 바람직한 와인 서비스를 위한 직원 고용과 트레이닝, 새로운 뉴스와 신상품에 민감하여야 한다. 와인을 사랑하고 좋은 와인에 돈을 쓸 각오가 되어 있어야 한다. 좋은 와인이 있으면 구입하고 그 와인에 어울리는 와인을 만드는 것.

특징 : 훌륭한 와인 과 음식 그리고 훌륭한 사람들을 접할 기회가 많으며 와인 생산지로의 여행도 할 수 있는기회가 많다. 그러나 정해지지 않은 업무시간과 까다로운 고객을 상대해야 한다.

자격조건 : 다양한 와인을 자주 테이스팅 하게 된다. 와인 서비스 업계나 레스토랑에서 탄탄한 경험이 밑돋움이 되어야 한다. 장차 개인적으로 레스토랑을 오픈할 수 있다.

와인디렉터 / 소믈리에

레스토랑의 와인 리스트 작업과 스탭 트레이닝을 하게 되며 손님에게 적합한 와인 추천은 물론 추천한 와인을 마시는 손님이 최대한 편안한 마음을 갖도록 신경 써 주어야 한다. 소믈리에는 역시 요리사와 함께 일하면서 와인과 음식의 조화를 이루어 낸다.

특징 : 고급 희귀 와인 테이스팅 과 훌륭한 음식을 맛볼 수 있는 기회가 많으며 와인 산지나 독특한 음식을 찾아 여행 할 수 있다. 와인과 음식에 관심이 있는 유명인사를 만날 기회가 많다. 단점이라면 밤 낮이 없는 근무를 하게 되는데 유명 레스토랑 소믈리에의 경우 보통 정오보다 좀 이른 시간에 시작하여 새벽까지 업무를 계속한다. 그러나 와인을 진정으로 사랑한다면 문제될 것이 없다.

자격조건 : 끊임없이 와인을 마시고 또 마셔보아야 한다. 소믈리에 다음단계로 와인 컨설턴트, 교육기관의 강사, 개인사업으로 이어지는 경우가 많다.

와인작가 (Writer)

어떤 주제를 가지고 쓰느냐에 따라 무궁무진한 선택이 있다. 유명 와이너리나 와인 메이커, 와인 에티켓, 주목할 만한 새로운 상품이나 상점 등 주제는 끝이 없다.

특징 : 훌륭한 레스토랑에서 훌륭한 와인을 접할 기회가 많으며 각종 이벤트에도 참여하는 경우가 많다. 단점은 속물과도 상대를 해야 한다.

자격조건 : 진정으로 와인을 사랑하고 아껴야 한다. 그 다음단계로 와인 관련 책을 출간.

와인샵 오너 / 메니저

편안하고 우호적인 분위기를 만들고 스탭을 고용하고 트레이닝 한다. 어느정도의 재정적인 기반이 필요하다. 손님에게 음식과 와인의 조화를 설명하고 조언해 주어야 하며 새로운 뉴스와 신상품에 민감하여야 한다.

특징 : 다양한 사람들을 만날 수 있으며 다양한 삶의 이야기를 엿들을 수 있으나 조언에 귀 기울이지 않는 성급한 고객도 만나게 된다.

자격조건 : 소매업에 경험이 있으며 와인에 대한 지식이 있으면서 정열이 있어야 한다. 그 다음 단계로는 와인샵을 더욱 번창 시키거나 와인바 혹은 레스토랑을 오픈하는 경우가 많다.

와인 교육자 (Educator)

와인 교육에 종사하는 사람은 대게 두 종류로 나뉘게 된다. 첫째, 전문 교육기관에서의 강사 와 둘째로는 아마츄어를 위한 개인적인 강사가 있다. 큰 교육업체의 강사들은 학생들을 가르치는데 쓰이는 시간보다도 와인 생산자나 와인산업에 대한 연구에 더욱 많은 시간을 할애한다.

특징 : 훌륭한 음식과 와인을 접할 기회가 많으며 다양한 사람들을 만난다.

자격조건 : 우선은 와인과 교육에 열정이 있어야 한다. 와인 셀라, 와이너리, 리서치에 직접적인 경험은 필수 이며 전문 기관에서의 학위, 화학이나 원예학, 생물학, 생태학, 병상/병리학 학위도 도움이 된다. 장차 개인사업이나 컨설팅을 하게 되는 경우가 많다.

한국의 와인 관련 직업의 세계

와인이 대중에게 알려진 것은 오래되지 않은 와인 문화 역사(?)를 가지고 있다. 따라서 국내에서는 특별히 와인과 관련된 종사자들의 종류와 그 수가 극히 적은 편이며 앞으로 이 분야가 많이 발전될 것이라 기대한다.

주로 전문 와인샵이나 호텔 레스토랑에서 실질적으로 일하면서 전문 경험을 쌓는 경우가 많으며 지인을 통해 취업되는 경우가 많다.

와인 수입업자는 실제로 와인뿐만 아니라 다양한 주류를 취급하는 업체가 많으며 와인만을 전문으로 하는 수입상은 극히 드문 편이다. 비교적 까다롭고 엄격한 주류 수입에 관련한 모든 법규와 절차들을 잘 파악하고 있어야 하며 국내 시장에 잘 맞는 와인을 선택할 수 있어야 한다.

국내 수입업 에는 좀 더 구체적으로 마케팅, 영업, 무역업으로 나뉜다.

수입업 - 마케팅 부 :

기본적으로 와인을 알고 있어야 하며 국내 시장도 잘 파악하여야 한다. 수출업자와 잦은 교류를 하게 되며 신상품을 위한 홍보 혹은 신상품 발굴, 카다로그 제작 및 와인 홍보를 위한 이벤트 등을 기획하게 된다.

자격요건 : 와인에 관한 지식이 있으면 많이 유리하다. 또한 외국어(특히 영어) 구사 능력이 있어야 하며 마케팅에 관한 전반적인 이해를 하는 것이 좋다.

수입업 - 영업부 :

일반적으로 와인 뿐만 아니라 기타 주류를 맡는 경우도 많다. 호텔이나 레스토랑 혹은 와인샵 과 친밀한 관계를 유지하여 좋은 인간관계를 만드는 처세술이 많이 필요 되는 직업. 때로는 거래처 사람들과 술자리를 하는 경우도 많다.

자격요건 : 와인에 관한 기본지식과 영업 기술이 필요함. 경력이 있을수록 더 많은 인정을 받는다.

수입업 - 무역부 :

마케팅과 같이 하는 경우도 많은데 와인에 관한 지식 보다는 수입 절차에 따른 전문지식이 필요하다.

자격조건 : 일반 무역업에 대한 경험이 있다면 특별히 문제될 것이 없다.

소믈리에 / 호텔 서버 (Server)

한국에서는 2000년대 초반 까지만 해도 와인을 전문으로 하고 있는 소믈리에를 국제적인 특급호텔이 아니고서는 만나보기가 힘들었다. 심지어 특급호텔 에서도 와인 전문 소믈리에가 없는 경우도 많다. 그러나 점차로 그 숫자가 확산되고 있으며 많은 고급 레스토랑에서도 와인 전문 소믈리에를 만날 수 있다.

한국 특급호텔의 경우 소믈리에는 장기간의 호텔 서버(웨이터/웨이츄레스) 로서 일한 경험이 있는 경우가 많은 편이다. 주로 레스토랑이나 호텔에서 헤드 웨이터나 메니저인 경우이다. 외국에서 특별히 와인을 공부를 하였다고 하더라도 가장 낮은 직급에서 시작하는 경우가 많으며 연령제한이 있는 편이다. 근무시간은 정확하게 8시간제로 3 교대이며 늦은 밤에 일하는 경우도 많다.

호텔 서버의 직급 체계

호텔에 따라 달라질 수 있는데 일반적인 직급 체제는 Trainee (트레이니) → Waiter (웨이터) → Captain (캡틴) → Head Waiter (헤드 웨이터) → Asst. Manager (보조 메니저) → Manager (메니저) → 차장 → 부장 으로 구성.

국내 와인샵 의 경우

최근들어 전문 와인샵이 늘어나면서 와인샵 종사자들에게 와인에 관한 교육을 강화하고 있는 곳을 많이 발견한다. 심지어 호텔에서 소믈리에로서 일한 경험이 있는 사람이 와인샵을 운영하는 경우도 많으며 스스로 와인이 좋아서 일하면서 경험을 쌓으려는 경우도 많다.

특별한 자격 조건이라면 와인에 관한 전문 지식이 있어야 하는 것은 기본이며 고객에게 편안한 느낌을 줄 수 있는 인상과 매너가 있으면 더욱 유리할 것이다.

와인 칼럼니스트 혹은 전문 강사

최근 들어 와인 전문 강사와 와인 전문 칼럼니스트들이 있으나 주로 프리랜서로 활동하는 경우가 많은데 그 숫자는 극히 적은 편이다. 주요 일간지나 잡지에서 글을 올리거나 본인이 책을 쓰는 경우도 많다. 이 직업의 장점은 많은 사람들을 만나게 되며 다양한 행사나 시음회에 초청되는 일이 많다.

이 분야에서는 실제로 소믈리에나 와인을 수입함으로써 다년간 경험한 경우가 많거나 혹은 와인 생산지의 포도원/양조장 에서 일해 본 경험이 있거나 전문 교육기관에서 교육을 이수 하였으며 실전 경험이 있다면 유리하다. 능력에 따라 수입이 다양하다.

간단한 와인 용어

· 까브(Cave) : 와인을 보관하는 지하 셀러를 일컫는 프랑스 어.

· 그랑크뤼 : '특급 포도밭'이라는 뜻. 보르도 지방이 메독지구에서는 5단계. 생테밀리옹 지구에서는 2단계로 나눠 등급을 매니는데, 그 중 톱 클래스를 가리킨다. 브르고뉴 지방의 경우는 최고의 특급 포도받을 말한다.

· 귀부와인 : 매끄럽고 향기로우며 맛있는 디저트 와인. 보트리티스 시네레아 균이라는곰팡이의 일종이 번식한 포도로 만드는 맛이 단 와인을 말한다.

· 네고시앙(Negociant) : 와인상인이나 중간 제조 업자로 와인을 구입하여 숙성, 블랜딩, 병입하여 판매하는역할을함.

· DRC : 도멘 드라 로마네 콩티의 약자. 부르고뉴 지방에 있는 최고봉 양조장. 유명한 '로마네 콩티'도 만든다.

· 마이크로필터(Microfilter) : 정밀 여과기. 일반 세균까지 여과되어 무균 여과기라고 함.

· 매그넘(Magnum) : 750ml 일반 와인병의 두배에 해당하는크기. 일반적으로 작은 사이즈의 와인병 보다 큰 병의 와인병이 장기보관에 유리함.

· 밀레짐므(Millesime) : 프랑스어로 "수확연도"를 나타내는 말.

· 바리끄(Barrique) : 나무통을 지칭하는 프랑스어. 용량은 225리터 이다.

· 버라이어틀(Varietal) : 와인에 사용된 주요 또는 유일한 포도 품종을 와인 명칭에 사용한 경우 버라이어틀 와인이라한다. 품종별로 비교테이스팅을 하는경우버라이어틀 테이스팅이라 명칭한다.

· 버티컬 테이스팅(Vertical Tasting) : 수직 테이스팅으로 같은 와인으로 서로 다른 빈티지를 비교하는 것.

· 보메(Baume) : 프랑스 당도 단위를 나타내는 단어.

· 보틀링(Bottling) : 술이나 음료를 병에 넣는 행위를 나타내는 단어.

· 부케(Bouquet) : 숙성을 통해 와인에서 느낄 수 있는 향을 묘사하는 단어.

· 부쇼네 : 코르크로 인해 와인에 곰팡이 냄새 같은 것이 배는 것. 이 부쇼네의 특징을 정의하는 것은 무척 어려워서 처음 경험하는 사람은 제 3자가 알려주지 않으면 인식하지 못할 정도로 미묘하다고 한다.

· 비피(Beefy) : 진하고 무게감이 있으며, 견고한 상태를 이르는 말로 레드 와인에만사용하는용어.

· 빈뉴(Vigne) : 포도나무를 나타내는 프랑스어.

· 빈티지 챠트(Vintage Charts) : 특정 산지별 와인을빈티지(포도수확연도)에 따라

그 품질을 평가한 챠트.

· 산도(Acidity) : 포도의 타르타르산으로 생성되는 맛의 요소로 신맛을 나타내는 단어.

· 산화(Oxidation) : 와인이 산소에 과다하게 노출되어 와인의 맛이 시큼하게 변질된 상태.

· 서플(Supple) : 실크처럼 부드럽고, 어색한 맛이 없다.

· 쉬르 리(Sur Lie) : 르와르 지방에서 사용하는 특수한 양조방식으로 발효가 끝난 화이트와인의 침전물이 있는 상태에서 수 개 월간 숙성시킴. 이 과정으로 와인에 풍미와 복잡함이 생성 됨.

· 스토키(Stalky): 와인 줄기에서 발생하는 좋지 않은 또한 풀과 비슷한 맛.

· 스트럭처(Structure): 과일 향, 산도, 당도, 타닌 등의 기본 요소들의 균형이 잘 잡힌 상태. 즉, 좋은 와인은 스트럭처가 견고하고 좋지 않은 와인은 스트럭처가 약하다.

· 쎄빠주(Cepage) : 포도품종을 나타내는 프랑스 어.

· 오스티어(Austere) : 맛이 약하고 강하며 과일향이 없는 상태를 나타내는말.

· 어택 : 와인을 입에 댔을 때 첫인상. 명확함이 결여돼 있으면 인상이 약한 와인이 된다.

· 에티켓 : 에티켓은 독일어로 '예의'를 의미하며, 와인에서는 라벨을 가리킨다. 포도품종, 원산지, 수확연도 등이 명기돼 있는, 소위 와인의 신분증명서

· 에지 : 와인이 가장자리, 그 색조와 투명도, 색의 농담 등을 보고 와인의 포텐실을 표현할 수 있다.

· 재미(Jammy) : 졸인 과일 맛, 농축된 상태를 일컫는 말로 신선함이 떨어지는 상태.

· 제로보암(Jeroboam) : 병의 크기를 나타내는 말로 보르도 스타일의일반적인 750ml 와인병보다 6배 큰 병.

· 주석 : 빈티지가 오래된 적포도주에서 많이 보이는 침전물을 말한다.

· 캐스크(Cask) : Barrel과 같은 의미로 나무통을 지칭하는 단어. 주로 이동성이 없는 나무통을 지칭하는 경우에 사용.

· 코르키지(Corkage) : 레스토랑 바 등에서 손님이 들고 간 와인을 마실 경우 마개를 따주고 지불하는 금액.

· 코어스(Coarse) : 조잡하고 거친.

· 콕트 와인(Corked Wine) : 코르크 상태가 좋지 않아 와인이 오염된 상태이다. 이

경우 젖은 판지 및 불쾌한 냄새가 날 수 있다.

- 콤플렉스(Complex) : 다양하고 복합적인 특징이 있는 상태.
- 클라레(Claret) : 보르도 레드 와인을 일컫는용어.
- 테루아르 : 와인 맛에 영향을 미치는 토양, 지형, 기후 등. 포도밭에 놓인 환경과 그 토지의 특성을 총칭하는 말
- 펀트(Punt) : 와인 숙성시 생기는 주석이나 침전물을 거르기 위해 만든 와인병 바닥의 오목하게 들어간 부분.
- 포워드(Forward) : 보관 기간에 비해 숙성된.
- 플랜지 탑(Flange-Top) : 와인을 따를 때 화인 흘림을 방지하기 위한 것으로 병 입구 부분을 넓게 만든 형태.
- 피아스코(Fiasco): 짚으로 둘러싼 키안티 와인병을 명칭하는 것.
- 하드(Hard) : 타닌이나 산도가 너무 높고 강한.
- 허베이셔스(Herbaceous) : 풀 또는 풀잎의 풍미.
- 호러즌틀 테이스팅(Horizontal Tasting) : 같은 빈티지의 다른와인들을서로비교하는 것.

저자 신형섭

세종대학교 대학원 호텔관광경영학과 석사 · 박사 졸업
Germany Babaria Hotel Manament School 연수 수료
Enderun Colleges 연수
Lyceum University 연수
인터컨티넨탈호텔 근무
리베라호텔 서울 마케팅부 외 관광업체 12년 근무
American Hotel & Motel Association CHA 총지배인 자격 취득
투어에스코터 자격 취득
와인 소믈리에 & 커피 바리스타 자격 취득
호텔 서비스사 자격 취득
국내 관광안내사 자격 취득
관광여가 레크레이션 자격 취득
호텔업 등급결정 평가 심사위원
조주기능사 심사위원
와인 소믈리에 & 커피 바리스타 심사위원
E-Trinning 심사위원
호텔 서비스사 및 국내관광안내사 면접위원
한국호텔경영관리사 협회 자문위원
(주) 원광여행사 상임감사
한국호텔리조트카지노산학학회 총무부회장
한국호텔외식경영학회 이사
한국호텔관광학회 정책부회장
문화관광발전위원회 위원장
(사) 공정관광문화포럼 사무총장
전주TBN교통방송 고정 출연
아리랑 방송 고정 출연
현) 원광보건대학교 호텔관광과 교수

저서

호스피탈리티 경영실무 외 다수

논문

호텔 기업문화가 조직구조특성과 노사안정성과 조직성과에 미치는 영향 연구 외 다수

저자 박진희

광주대학교 대학원 호텔관광경영학과 박사 수료
전주 코아호텔 근무
세화여행사 근무
㈜ 코레벵 보나베띠 매니저 근무
한국호텔관광학회 이사
호텔 서비스사 자격 취득
커피바리스타(2급) 자격 한국커피교육협의회
와인소클리에 컨설턴트(1급) 자격증 한국와인소믈리에학회
조주기능사 자격 취득
투어에스코터자격 취득
청운대학교 호텔관광컨벤션학과 외래교수
㈜ 기와 총괄지배인 근무
현) 원광보건대학교 호텔관광과 겸임교수

저서

호텔관광용어 외 다수

논문

와인 전문레스토랑 점포이미지가 소객지향성과 추천의도에 미치는 영향 외 다수

Understanding Wine Sommelier

와인소믈리에의 이해

2015년 8월 20일 1판 1쇄 인쇄 / 2015년 8월 25일 1판 1쇄 발행

지은이. 신형섭 · 박진희 공저

펴낸이. 윤 용 호 | 펴낸곳. 석학당 출판사 121-856 서울시 마포구 신수동 313-2

등록. 2001.10.23. 제10-2238호 | 전화. 02)719-6116 | 팩스. 02)719-6120

홈페이지. www.shdbooks.co.kr | E-mail. shd6116@chol.com

이 책은 저작권법에 의거 보호됩니다.

ISBN. 978-89-93158-89-2 가격 15,000원